KB018319

청소년을
위한
파이썬
300제

청소년을 위한 파이썬 300제

1판 1쇄 찍음 2023년 3월 2일
1판 1쇄 펴냄 2023년 3월 10일

지은이 김현정

주간 김현숙 | **편집** 김주희, 이나연
디자인 이현정, 전미혜
영업·제작 백국현 | **관리** 오유나

펴낸곳 궁리출판 | **펴낸이** 이갑수

등록 1999년 3월 29일 제300-2004-162호
주소 10881 경기도 파주시 회동길 325-12
전화 031-955-9818 | **팩스** 031-955-9848
홈페이지 www.kungree.com
전자우편 kungree@kungree.com
페이스북 /kungreepress | **트위터** @kungreepress
인스타그램 /kungree_press

ISBN 978-89-5820-819-8 43000

청소년을 위한 파이썬 300제

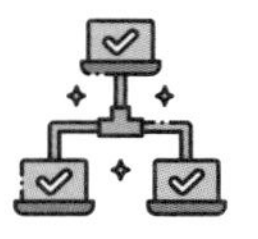

파이썬 개념을 300개 문제로
쉽고 재미있게 익힌다

김현정 지음

궁리
KungRee

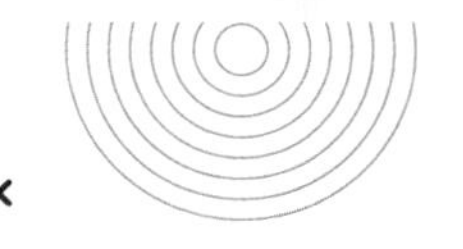

들어가며

많은 사람들이 코딩의 필요성을 이해하고 열심히 코딩 공부를 시작합니다. 책에 있는 코드를 따라 하다 보면 코딩이 재미있고, 자신감이 생길 것 같지만, 막상 본인이 생각하는 것을 코드로 작성하라고 하면 막막하기만 합니다. 여러분만 이런 경험을 하고 있는 건 아닙니다. 사실, 코딩의 새로운 개념과 문법이 어려워 코딩을 포기하는 경우도 적지 않거든요.

우리나라에서 초등학교 때부터 소프트웨어 교육이 의무화되어 많은 학생들이 엔트리, 스크래치 등과 같은 블록코딩을 배웁니다. 블록코딩 덕분에 우리가 생각하는 바를 블록으로 조립해 코딩할 수 있어, 텍스트 코딩을 접하기 전에 코딩의 원리를 재미있게 즐길 수 있습니다. 그럼에도 불구하고 텍스트 코딩을 배우기 시작하면 코딩 문법을 어려워합니다. 텍스트 코딩을 위해 단계별로 익숙해지는 시간이 필요하지만, 코딩책들은 청소년들에게 거리감이 있는 건 사실이지요.

수학의 원리를 배웠다고 바로 응용할 수 있는 학생은 거의 없을 겁니다. 그래서 학생들은 수학 공부를 위해 다양한 문제집을 풀며 수학의 원리를 깨우치지요. 그런 의미에서 수학 문제집은 우리의 수학 실력을 높여주는 고마운 존재입니다.

수학 문제집처럼 청소년을 위해 코딩 이론을 탄탄하게 다져줄 문제집이 있으면 좋겠다는 생각이 들었습니다. 어른들을 위한 코딩책들이 코딩 문법과 다양한 함수들의 사용법을 소개해주는 데 집중했다면, 청소년들을 위해 코딩의 개념을 찬찬히 설명하고, 이 개념을 연습해볼 수 있는 다양한 문제가 있는 그런 책 말이지요. 그래서 이 책 『청소년을 위한 파이썬 300제』를 준비하게 되었습니다.

다른 언어도 많은데 왜 파이썬이냐고요? 파이썬은 '모든 사람을 위한 컴퓨터 프로그래밍'이라는 철학을 가지고 탄생한 프로그래밍 언어입니다. 누구나 활용할 수 있고 이해하기 쉬운 프로그래밍 언어를 위해 1991년 귀도 반 로섬에 의해 만들어진 코딩 언어인데요. 이 책에서 코딩 언어를 파이썬으로 정한 이유는 파이썬이 다음과 같은 다양한 장점을 가지고 있기 때문입니다.

첫째, 파이썬의 코드 문법은 영어와 비슷합니다. 그래서 초보자가 배우기에 훌륭한 언어랍니다. 그리고 버그가 있는 위치를 친절하게 알려주지요.

둘째, 파이썬은 공유와 나눔의 철학이 담긴 오픈소스입니다. 파이썬 개발 환경을 무료로 제공하니 회사뿐만 아니라 학교에서도 많이 이용하고 있어요.

셋째, 다른 언어에 비해 문법이 어렵지 않습니다. 그래서 코딩에 쉽게 익숙해질 수 있고 프로그램도 금세 만들 수 있어요. 그런 면에서 파이썬은 배움의 즐거움을 선물하는 언어이죠.

넷째, 파이썬은 실제로 다양한 분야에서 사용되는 언어입니다. 빅데이터 솔루션, 웹 애플리케이션, 게임 등에서 사용되므로 배울 만한 가치가 충분히 있어요.

다섯째, 파이썬은 방대한 표준 라이브러리를 제공합니다. 도서관(라이브러리)에 많은 종류의 책이 있으면 공부에 유용하듯, 파이썬은 라이브러리를 통해 개발자가 활용할 수 있는 다양한 모듈을 제공한답니다.

이쯤 되면 파이썬이 왜 글로벌 1위 언어인지 아실 수 있겠죠?

어른들을 위한 코딩책이 많이 있지만, 이들은 청소년들이 보기에는 매우 어렵습니다. 그래서 차근차근 코딩을 배울 수 있도록 코딩 개념과 더불어 문제 300개를 이 책에 담았습니다. 청소년들이 다양한 수학 문제를 풀면서 수학의 원리를 깨우치는 것처럼 이 책에서도 다양한 문제를 통해 코딩의 원리를 알아나가도록 구성했습니다.

코딩 공부를 한다는 것은 우리가 생각하는 바를 코드로 작성할 수 있는 능력을 키우는 것을 뜻합니다. 이 책에서는 간단한 과제부터 복잡한 미션까지 단계별로 다양한 코딩 미션을 제공해 이를 해결하면서 코딩의 자신감을 가질 수 있도록 구성하였습니다.

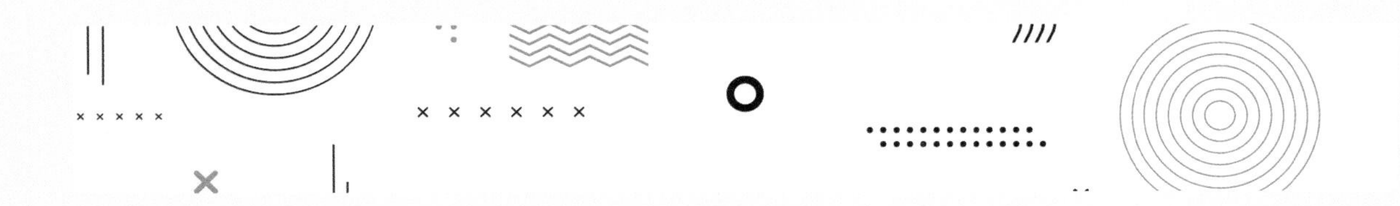

코딩의 개념을 정확히 이해하고, 이를 연습하는 과정을 거치면서 코딩 실력을 높일 수 있도록 이 책은 다음에 중점을 두고 있습니다.

첫째, 코딩의 개념을 길고 복잡하지 않은 단순명료한 문장으로 설명하고 있습니다.

둘째, 코딩을 연습해볼 수 있도록 빈칸 채우기 문제, 사지선다형 문제, 오류 해결 문제 등을 통해 코딩 개념을 제시하고 있습니다.

셋째, 다양한 코딩 문제를 풀어본 후 더 도전적인 문제를 풀 수 있도록 단계별 미션을 제시하고 있습니다.

넷째, 문제별 다양한 설명으로 코딩의 개념을 반복해 이해할 수 있도록 하였습니다.

이 책은 5개의 장으로 구성되어 있습니다.

1장에서는 코딩과 친해지는 단계로, 파이썬 코딩 문법을 단계별로 익숙해지도록 다양한 문제를 풀어봅니다.

2장에서는 코딩에 본격적으로 익숙해지는 단계로, 조건에 따라 코드를 실행하거나, 반복적으로 코드를 실행하는 반복문에 대한 문제를 풀어봅니다.

3장에서는 함수를 이해하는 단계로, 함수를 정의하고 호출하는 방법에 대한 문제를 풀어봅니다.

4장에서는 모듈을 이해하는 단계로, 다양한 모듈에서 제공하는 함수 사용방법에 대한 문제를 풀어봅니다.

5장에서는 종합적으로 실습하는 단계로, 다양한 미션을 해결하는 문제를 풀어봅니다.

어떤 과목이든 연습과 반복이 최고의 공부방법입니다. 여러분도 이 책의 다양한 문제와 미션을 차근차근 해결하면서 코딩 공부에 자신감을 가지고 문제해결능력을 키울 수 있기를 기대합니다.

차례

2단계: 제어문 연습하기

3단계: 함수 이해하기

4단계: 모듈 활용하기

5단계: 종합 실습하기

PYTHON

0단계

파이썬 설치하기

1 — 개발환경 준비하기

컴퓨터에 파이썬 IDLE(Integrated Development and Learning Environment)이 설치되어 있어야 컴퓨터가 파이썬 코드를 이해할 수 있습니다. 파이썬 IDLE에는 파이썬 코드를 바이너리 코드로 번역해주는 인터프리터가 포함되어 있기 때문인데요. 이뿐만 아니라 파이썬 에디터, 인터프리터, 표준 라이브러리 등이 포함되어 프로그램 개발환경을 만들어줍니다.

본격적인 시작에 앞서 파이썬 IDLE 설치법을 살펴보겠습니다.

Step 1 파이썬 웹사이트(www.python.org)에 접속해 'Downloads' 메뉴를 클릭합니다.

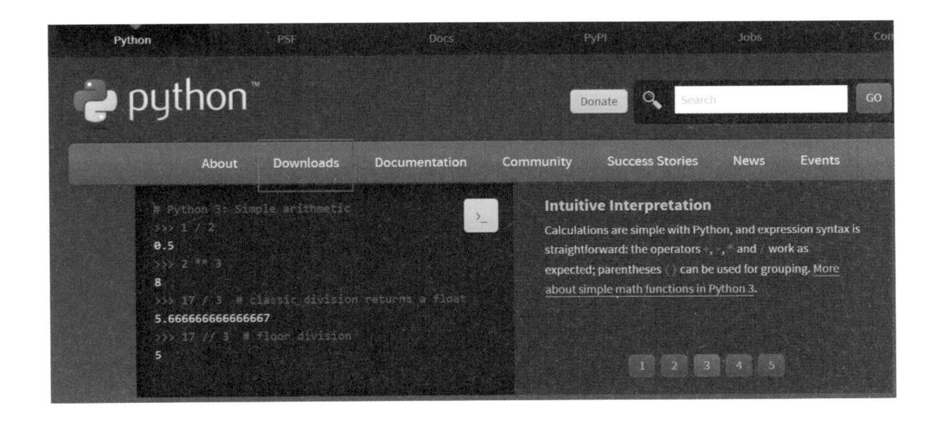

Step 2 'Download Python 3.10.4' 버튼을 클릭해주세요. 버전이 3.10.4보다 클 수도 있습니다.

Step 3 웹브라우저 왼쪽 아래쪽에 다운로드한 파일이 표시됩니다. 이 파일을 클릭해주세요.

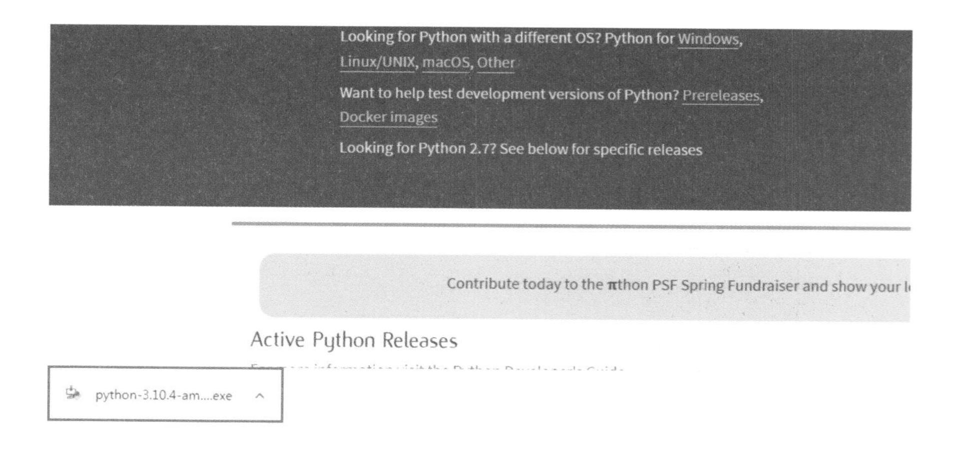

Step 4 프로그램 설치창이 아래와 같이 나타나면 'Add Python 3.10 to PATH'를 체크하고, 'Install Now'를 클릭해주세요.

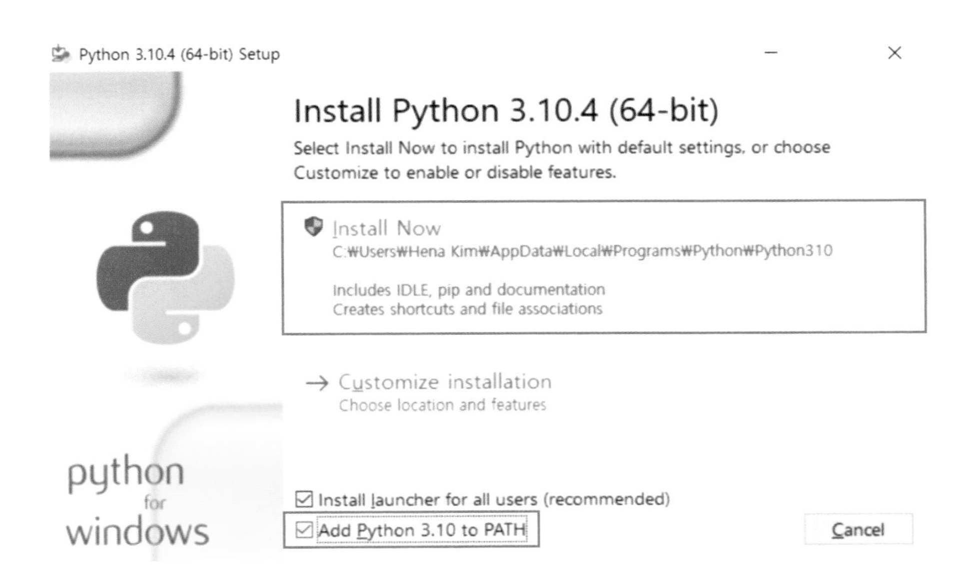

Step 5 프로그램이 설치되면 다음과 같은 진행사항이 표시됩니다.

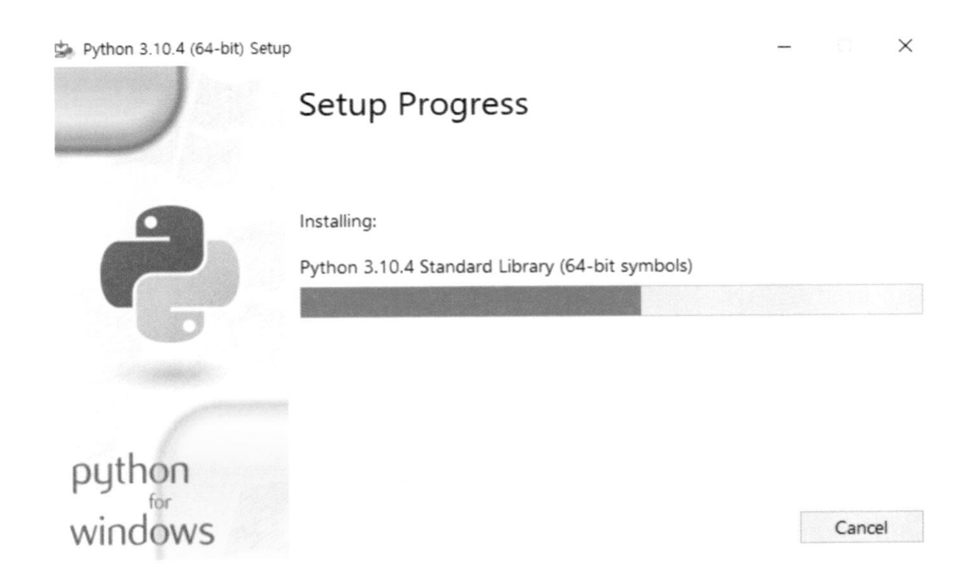

Step 6 설치가 성공적으로 완료되면 'close' 버튼을 클릭해주세요.

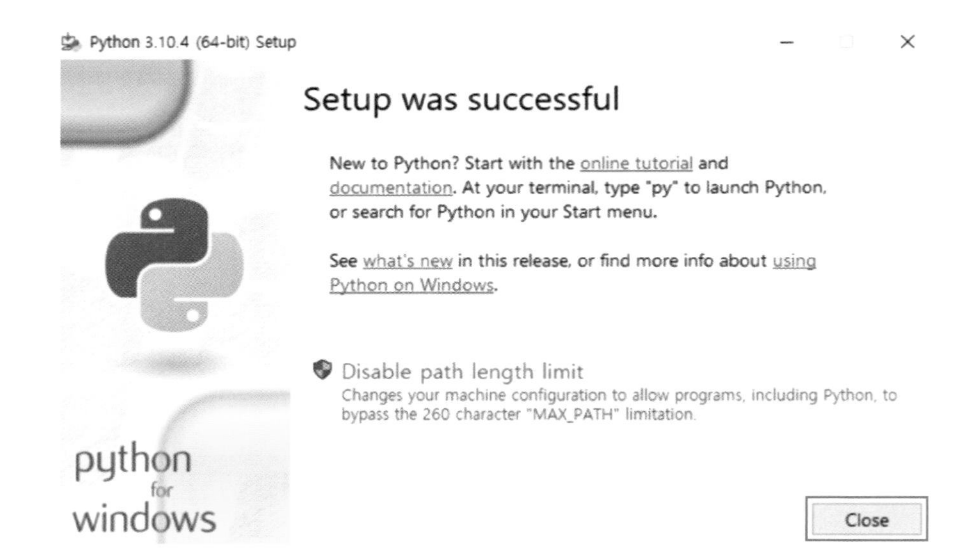

2 — 파이썬 IDLE 실행

Step 1 바탕화면에서 왼쪽 아래에 위치한 돋보기 아이콘을 클릭합니다.

Step 2 'python'이라고 입력하면 'IDLE(Python 3.10.4 32-bit)'가 메뉴로 나타납니다. 이 메뉴를 클릭하면, 파이썬 셸이 실행됩니다.

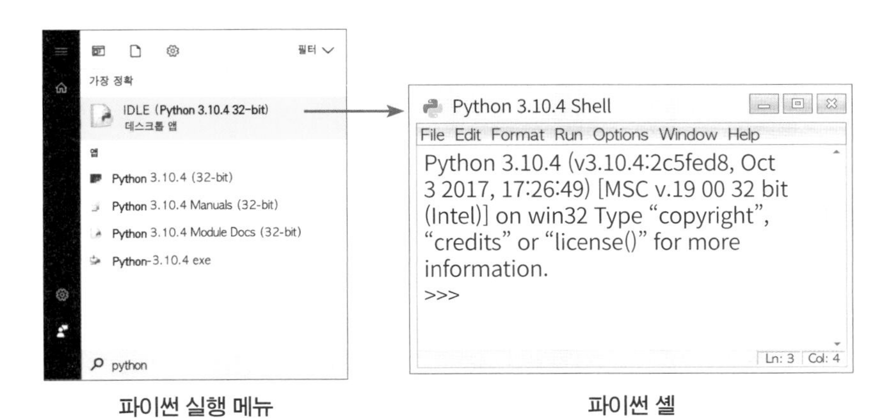

파이썬 실행 메뉴 　　　　 파이썬 셸

Step 3 메뉴에서 File → New File을 실행합니다.

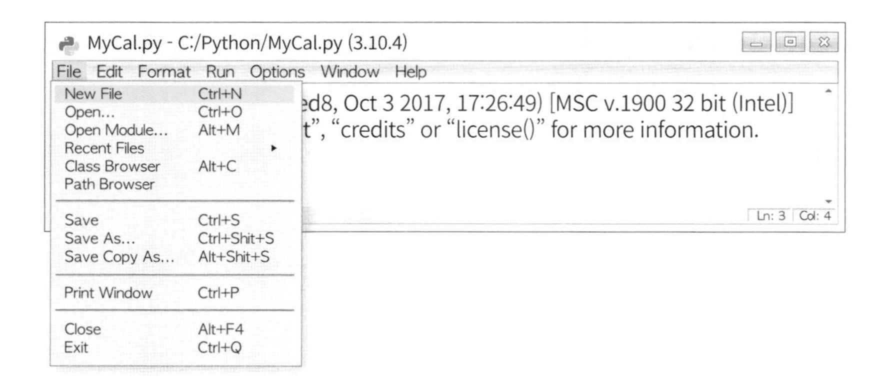

Step 4 파이썬 에디터가 실행됩니다.

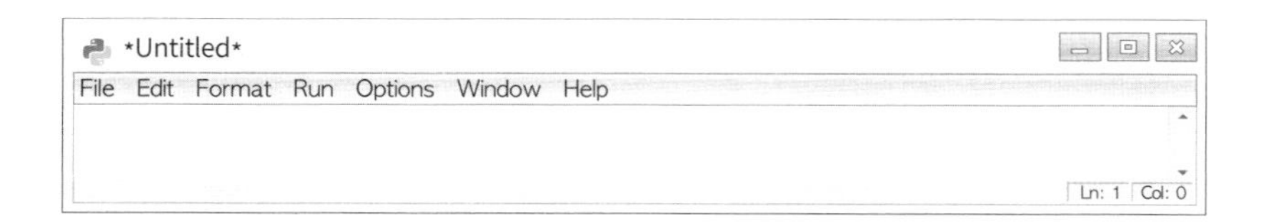

Step 5 파이썬 코드를 작성하고 File → Save 메뉴를 클릭하여 저장합니다.

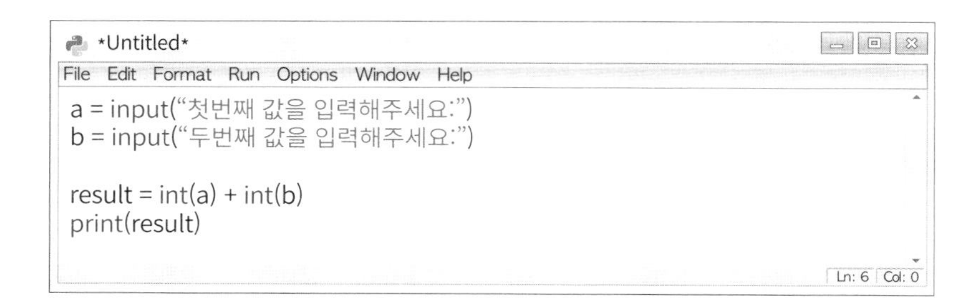

Step 6 파일 이름을 입력하고 '저장' 버튼을 클릭합니다.

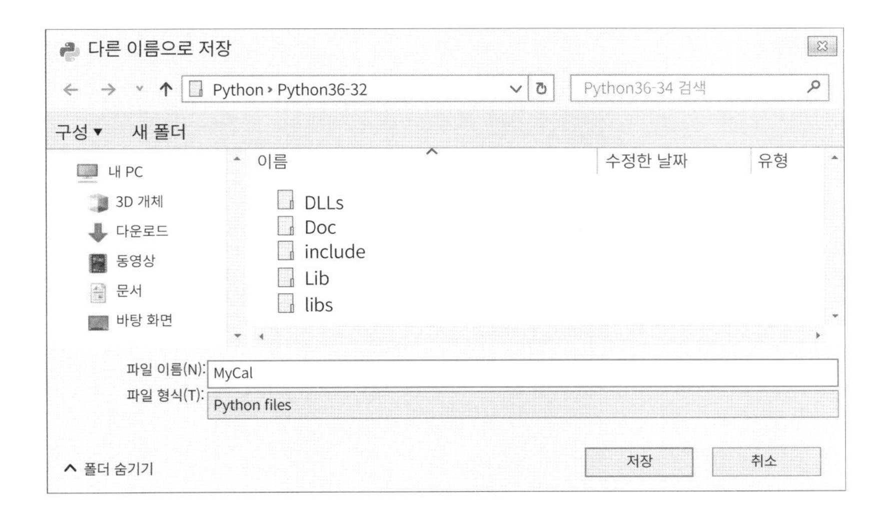

Step 7 Run → Run Module 메뉴를 클릭합니다.

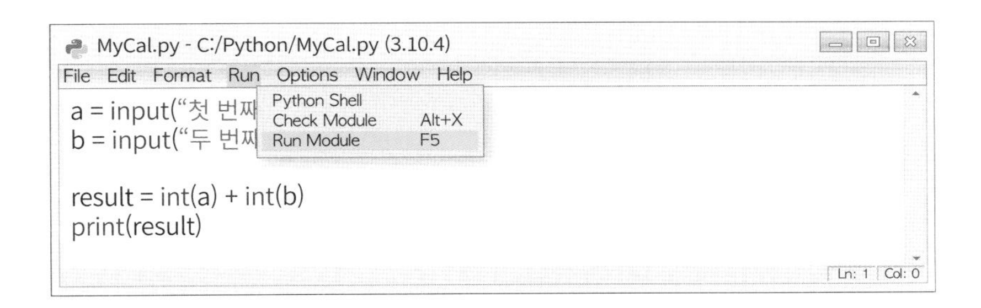

Step 8 코드가 실행되어 'Python 3.10.4 Shell' 창이 팝업됩니다.

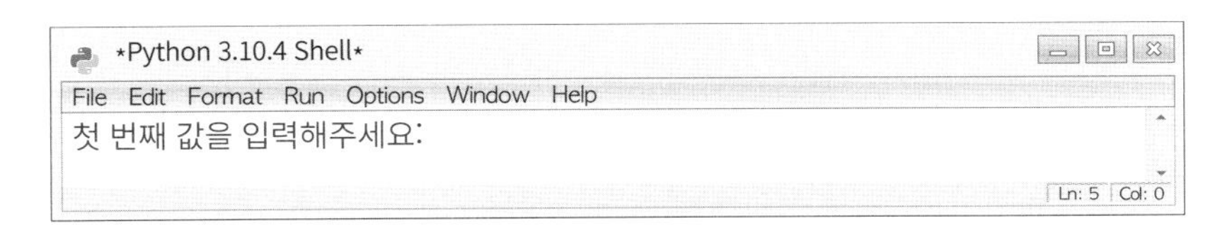

PYTHON

1단계

코딩과 친해지기

변수 이해하기

■ **변수란? x, y같이 변하는 수를 말합니다.**

변수에는 고정된 숫자가 아닌 다양한 숫자를 담을 수 있어요. 변수에는 여러 종류가 있답니다. 정수를 담는 변수가 있고, 실수를 담는 변수가 있어요. 물론 문자를 담는 변수도 있습니다.

■ **변수의 이름을 지을 때는 규칙을 따라야 합니다.**

변수의 이름은 자유롭게 정해도 되지만, 다음과 같은 규칙을 따라 정해야 합니다.

① 변수 이름에는 영문 대문자, 소문자, 숫자, -를 사용할 수 있어요.

예) small2Big, X-position

② 공백을 사용할 수 없고, 변수 이름이 숫자로 시작되어서는 안 돼요. 예) 2start

③ if, else, def 등과 같이 파이썬이 사용하려고 예약한 키워드를 변수 이름으로 사용하면 안 돼요.

④ 변수 이름만 보더라도 어떤 데이터가 저장되는지 이해할 수 있도록 이름을 지어주는 것이 좋아요.

예) numOfStudents

■ **= 기호는 할당한다는 의미입니다.**

= 기호를 사용하면 변수에 값을 넣어주라는 의미입니다. 그래서 '변수에 값을 할당한다' 혹은 '변수를 정의한다'라고 말합니다.

```
name = '정국'
```

← name이라는 변수에 '정국'이라는 글자를 할당

■ **할당하는 값에 따라 변수의 형태가 결정됩니다.**

'정국'과 같은 글자가 오면 문자형 변수가 됩니다. 문자형 변수는 작은따옴표나 큰따옴표로 묶어줘야 합니다. 20과 같은 숫자를 넣으면 정수형 변수가 되고, 12.3과 같이 소수점이 있는 숫자를 변수에 넣으면 실수형 변수가 됩니다.

```
name = '정국'      문자형 변수(문자형 변수는 작은따옴표나 큰따옴표로 묶어줘야 합니다.)
age = 20          정수형 변수
height = 178.2    실수형 변수
```

코딩 연습하기 ▶▶▶▶▶▶

1. 다음 중 정수형 변수인 것을 고르세요.

① age = 15
② name = '서아'
③ weight = 40.2
④ age = "15"

2. 다음 중 변수의 이름으로 적절하지 않은 것을 고르세요.

① alist
② student_name
③ myBook
④ 2second

3. 다음과 같이 코드를 작성하면 "사과 is not defined"라는 오류가 발생합니다. 그 이유를 설명하세요.

```
name = 사과
```

4. 변수에 '하늘'이라는 값을 할당하기 위해 아래 코드에서 무엇을 고쳐야 하는지 설명하세요.

```
nameOfStudent == '하늘'
```

5. 문자형 변수가 정의되도록 빈칸을 채우세요.

```
student = ____________________
```

6. 정수형 변수가 정의되도록 빈칸을 채우세요.

```
num = ____________________
```

7. 실수형 변수가 정의되도록 빈칸을 채우세요.

```
temperature = ____________________
```

8. 다음 중 변수를 할당하는 코드를 고르세요.

① a == 0
② a = 0
③ a 〉 0
④ a 〈 0

9. 다음과 같이 변수명을 작성하면 오류가 출력됩니다. 그 이유를 설명하세요.

```
num of name = 10
```

정답은 141쪽에 있습니다.

코딩 개념 이해하기

함수 이해하기

■ 함수는 원하는 기능을 실행해주는 코드입니다.

함수에 입력값을 넣어주면 원하는 기능이 실행되고 그 결과를 출력합니다. 함수에 입력값을 넣어주기 위해서 괄호를 사용합니다. 예를 들어 함수는 input(), print()와 같이 괄호가 붙습니다. print()의 괄호 안에 "안녕하세요."라고 적어주면 이것을 입력값으로 이해하고 화면에 출력합니다.

```
print("안녕하세요.")
```

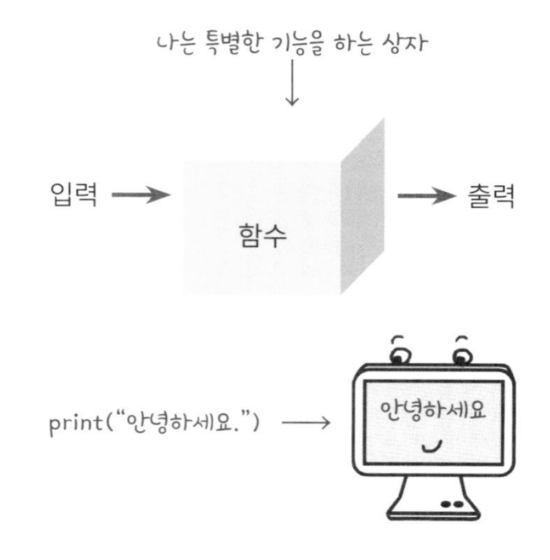

■ 파이썬 함수를 몇 가지 소개합니다!

input()

사용자로부터 입력을 받기 위해 input() 함수를 사용합니다. 이 함수는 엔트리에서 '묻고 답하기' 블록과 동일한 기능을 제공합니다. 다음과 같이 input() 함수를 작성하면 "이름을 입력하세요."라고 출력하고 사용자의 입력을 기다립니다. 사용자가 키보드로 입력하면 그 결과를 name 변수에 할당합니다.

```
name = input("이름을 입력하세요.")
```

코딩에서 등호(=)가 있으면 오른쪽의 값을 왼쪽 변수에 할당한다는 의미입니다.

다음과 같이 괄호 안에 문장을 작성하지 않아도 됩니다.

```
name = input( )
```

print()

print() 함수는 괄호 안에 작성된 값을 화면에 출력하는 함수입니다. 괄호 안에 문장을 넣어도 되고, 변수를 넣어도 됩니다. 문장을 넣을 때는 꼭 따옴표로 묶어줘야 합니다.

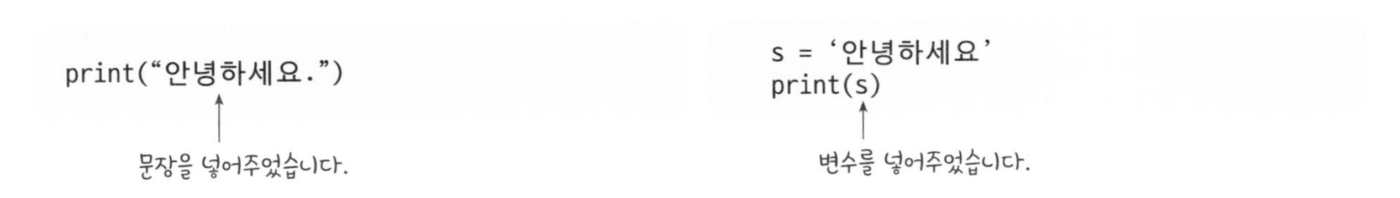

다음과 같이 괄호 안에 변수와 문자열 모두를 넣어도 됩니다.

```
a = '지니'
print(a, '안녕하세요.')
```

콤마로 변수와 문자열을 연결할 수 있어요.

type()

변수가 어떤 자료형인지 알기 위해 사용하는 함수입니다. 1, 2, 3과 같은 숫자는 정수형이기 때문에 이 함수를 실행하면 'int'를 출력하고, 0.123과 같은 숫자는 실수형이기 때문에 'float'라고 출력합니다. 그리고 'hello'는 문자형이기 때문에 'str'이라고 출력합니다.

코딩 연습하기 ▶▶▶▶▶

10. "Hello"를 화면에 출력하도록 아래 빈칸을 채우세요.

```
print(          )
```

11. 변수의 값을 화면에 출력하도록 아래 빈칸을 채우세요.

```
name = "제니"
print(          )
```

12. 다음 코드를 실행하면 "NameError: name '안녕하세요' is not defined" 오류가 발생합니다. 오류가 발생한 이유를 보기에서 2개 고르세요.

```
print(안녕하세요.)
```

① 함수명이 잘못되어서
② 문자열이지만 따옴표를 사용하지 않아서
③ 변수에 값이 할당되지 않아서
④ name이라는 변수를 사용하지 않아서

13. "이름을 작성하세요."라고 출력하고 사용자가 입력한 값을 name 변수에 할당하도록 빈칸을 채우세요.

```
          = input("이름을 작성하세요.")
```

14. 변수에 "반갑습니다."를 할당하고 이를 화면에 출력하는 코드를 작성하세요.

15. "성별을 입력하세요."라고 화면에 출력하고 사용자의 값을 입력받아 변수 a에 할당하는 코드를 작성하세요.

16. 다음과 같이 코드를 작성하면 어떤 결과가 출력되는지 보기에서 고르세요.

```
name = "제니"
print(type(name))
```

① 〈class 'int'〉
② 〈class 'str'〉
③ 〈class 'float'〉
④ 〈class 'list'〉

17. <class 'int'>라는 결과가 출력되도록 빈칸을 채우세요.

```
print(type(          ))
```

정답은 141~142쪽에 있습니다.

참과 거짓 이해하기

■ **부울형(bool) 변수에는 참과 거짓을 할당할 수 있습니다.**

부울형 변수는 '참'과 '거짓' 이렇게 2개 값만 갖습니다. '참'은 영어로 True, '거짓'은 영어로 False입니다.

```
a = True     부울형 변수 a에 True가 할당되어 있습니다.
b = False    부울형 변수 b에 False가 할당되어 있습니다.
```

■ **부울형 변수의 자료형을 출력하기 위해 type() 함수를 사용합니다.**

```
print(type(a))
```

코드 실행 결과 →

```
<class 'bool'>
```

■ **두 값을 비교해서 참과 거짓을 판단할 수 있습니다.**

등호(==)나 부등호(〈, 〉)를 기준으로 왼쪽과 오른쪽의 값을 비교해서 참과 거짓을 판단합니다.

```
20 > 10            20이 10보다 큰지 비교합니다. 20이 10보다 크므로 참으로 판단합니다.
20 < 10            20이 10보다 작은지 비교합니다. 20이 10보다 크므로 거짓으로 판단합니다.
1 <= 0             1이 0보다 작거나 같은지 비교합니다. 1이 0보다 크므로 거짓으로 판단합니다.
'사과'=='사과'     등호를 기준으로 왼쪽과 오른쪽이 같은지 비교합니다. 두 값이 같으므로 참으로 판단합니다.
'사과'=='오렌지'   등호를 기준으로 왼쪽과 오른쪽이 같은지 비교합니다. 두 값이 다르므로 거짓으로 판단합니다.
```

■ **변수를 비교할 수도 있습니다.**

변수에 할당되어 있는 값을 비교해서 참과 거짓을 판단할 수 있습니다.

```
a = 20        a에는 20이 할당되어 있습니다.
b = 10        b에는 10이 할당되어 있습니다.
a > b         a와 b를 비교하면 a가 b보다 크므로 참이 됩니다.
```

■ **print() 함수를 사용해 비교결과를 출력할 수 있습니다.**

비교결과는 True와 False로 출력됩니다.

```
print(20<10)                False가 출력됩니다.    코드 실행 결과 →    False

print('사과'=='사과')        True가 출력됩니다.     코드 실행 결과 →    True
```

코딩 연습하기 ▶▶▶▶▶

18. 다음 중 참으로 판단하는 코드를 모두 고르세요.

① 20 == 10
② '학교' == '학생'
③ 100 > 30
④ 15 <= 15

19. 부울형 변수의 자료형을 출력하도록 빈칸을 채우세요.

```
a = True
print(          )
```

20. 다음 코드를 실행하면 True와 False 중 어떤 결과가 출력되는지 작성하세요.

```
a = 20
b = '학교'

print( a == b )
```

21. 다음 코드를 실행하면 모두 False가 출력됩니다. 실행 결과가 True로 출력되도록 코드를 수정하세요.

```
print(2 == '2')
print("3.14" == '2')
print(2 > 2)
print(False)
```

22. 다음 코드를 실행하면 False가 출력됩니다. 그 이유를 설명하세요.

```
print(3 == '3')
```

23. 다음 코드를 실행하면 "SyntaxError: expression cannot contain assignment" 오류가 발생합니다. 그 이유를 보기에서 고르세요.

```
print(3 = 3)
```

① 숫자를 비교해서
② print 함수의 괄호 안에 할당하는 코드가 포함되어서
③ 함수의 이름이 잘못되어서
④ 괄호 안에 변수를 사용하지 않아서

24. 다음 코드의 실행 결과가 False로 출력되도록 빈칸에 들어갈 수 있는 값을 보기에서 모두 고르세요.

```
a = 
b = 

print(a > b)
```

① a = 10, b = 5
② a = 10, b = 10
③ a = 10, b = 20
④ a = 5.12, b = 10

정답은 142쪽에 있습니다.

연산자 이해하기

■ 사칙연산을 위해 +, -, *, / 를 사용합니다.

코딩에서는 곱하기 연산자는 * 기호를 사용하고, 나누기는 / 기호를 사용합니다. 더하기는 +, 빼기는 -를 사용합니다.

```
result = 1 + 2 1과 2를 더해서 result 변수에 할당합니다.
result = 1 - 2 1에서 2를 빼서 result 변수에 할당합니다.
result = 1 * 2 1과 2를 곱해서 result 변수에 할당합니다.
esult = 1 / 2 1를 2로 나눠 result 변수에 할당합니다.
```

■ 변수를 사용해서도 사칙연산이 가능합니다.

변수에 정수나 실수가 할당되어 있으면 사칙연산이 가능합니다.

```
a = 1
b = 2

result = a + b    a와 b 변수에 숫자가
할당되어 있으므로 더하기 연산이 가능합니다.
```

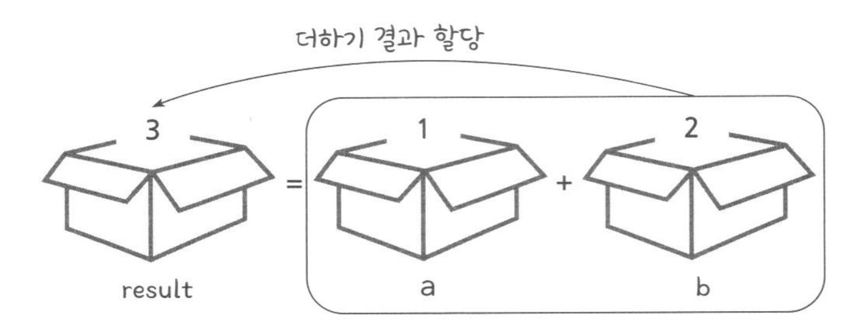

■ 숫자들끼리 연산해야 합니다.

정수형과 실수형 변수를 연산할 수 있습니다.

```
a = 1            정수형 변수입니다.
b = 2.3          실수형 변수입니다.

result = a + b   두 변수를 더할 수 있습니다.
```

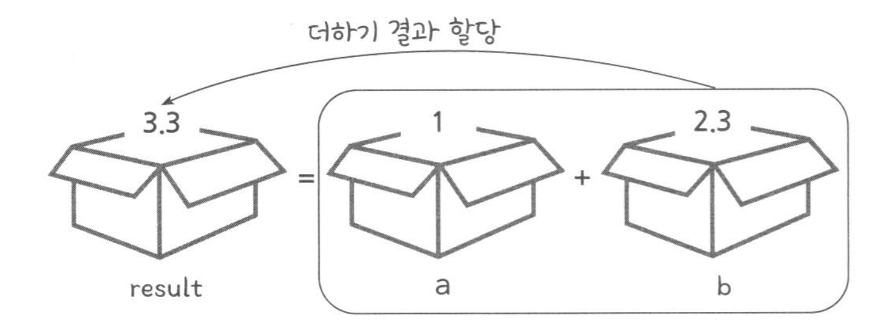

tip 정수형과 문자형 변수를 더하면 오류가 발생합니다.

■ **문자형 변수를 더할 수 있습니다.**

문자형 변수를 더할 수 있습니다. 하지만, 곱하지, 나누기, 빼기는 안 됩니다.

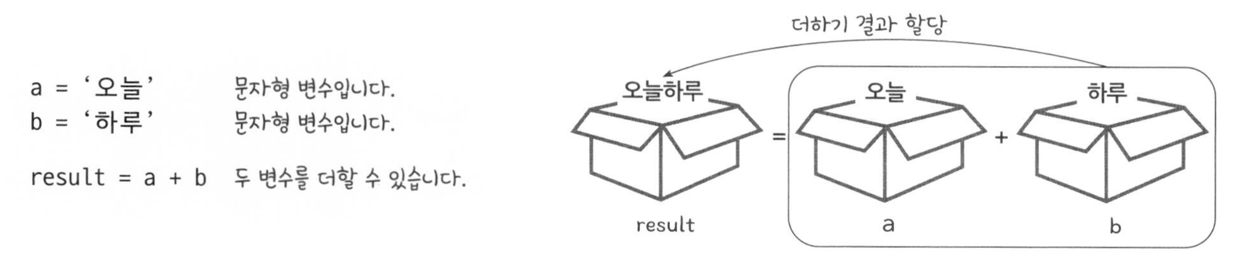

■ **문자형 변수에 정수를 곱할 수 있습니다.**

문자형 변수에 정수값을 곱하면 동일한 문자가 반복되어 만들어집니다. 여기서 정수값 대신 실수값을 사용하면 안 됩니다.

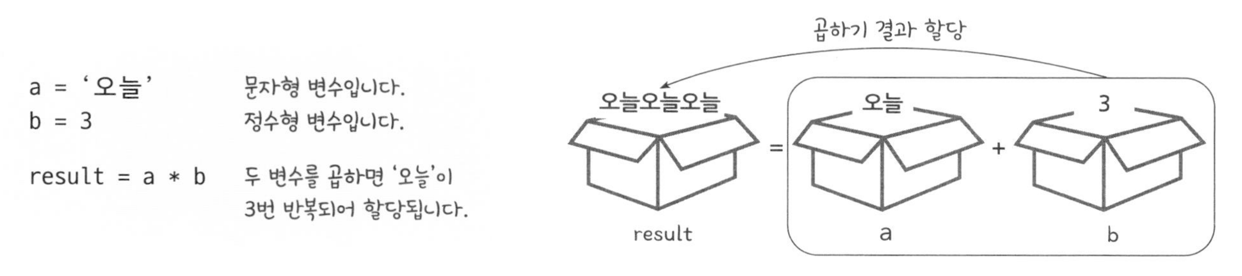

코딩 연습하기 ▶▶▶▶▶

25. 다음 보기에서 연산자가 잘못 사용된 코드를 고르세요.

① result = 1 + 1.5

② result ="안녕" + 1

③ result = "안녕" * 2

④ result = 1/1.5

26. 다음과 같이 출력되도록 연산자를 사용하여 빈칸을 채우세요.

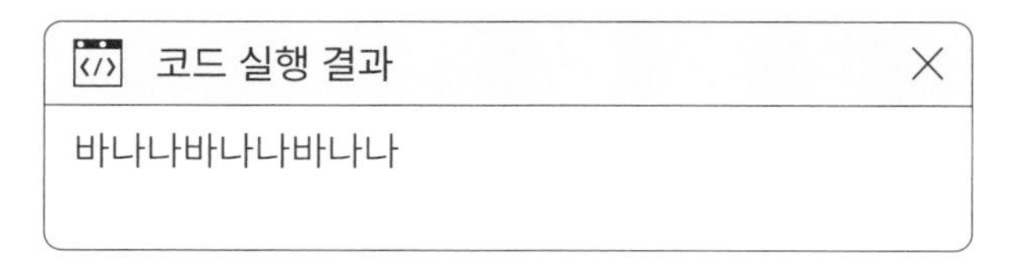


```
a = '바나나'
result = 
print(result)
```

27. result1에는 a를 b로 나눈 결과가 할당되고, result 2에는 a와 b의 곱한 결과가 할당되도록 빈칸에 적절한 연산자를 작성하세요.

```
a = 10
b = 2
result1 = a            b
result2 = a            b
```

28. 코드를 실행한 결과 다음과 같이 오류가 출력되었습니다. 코드를 보고 그 이유를 설명하세요.

코드 실행 결과

TypeError: can't multiply sequence by non-int of type 'float'

```
a = '바나나'
result = a * 2.2
print(result)
```

29. 다음 코드를 실행하면 어떤 결과가 출력되는지 작성하세요.

```
a = '딸기는'
b = '참'
c = '맛있어'
print(a + b + c)
```

30. #이 10번 반복되어 출력되도록 빈칸을 채우세요.

```
a = '#'
print(            )
```

코드 실행 결과

##########

정답은 142~143쪽에 있습니다.

리스트 이해하기

■ **리스트 변수에는 여러 개의 값을 할당할 수 있습니다.**

수학의 집합과 유사하게 파이썬에는 여러 개의 값을 담을 수 있는 '리스트'라는 자료형이 있습니다. 리스트형으로 변수를 정의하기 위해 다음과 같이 여러 개 값을 대괄호([])로 묶어줍니다.

```
my_expression = ["Joy", "Hope", "Love", "Angry"]
```

변수명: my_expression

대괄호로 묶어줍니다.

■ **리스트 변수는 정수, 실수, 문자열 등 다양한 자료형을 담을 수 있습니다.**

정수는 1, 2, 3과 같은 숫자이고, 실수는 1.1, 2.1, 3.1과 같이 소수점이 있는 숫자입니다. 문자열은 따옴표로 묶여 있는 글자입니다. 리스트 변수에는 이들 자료형을 담을 수 있습니다.

```
values = [1, 2, 3, 4, 5]
```
리스트 항목이 정수로만 구성되어 있습니다.

```
values = [1.1, 2.1, 3.1, 4.1, 5.1]
```
리스트 항목이 실수로만 구성되어 있습니다.

```
values = ['월', '화', '수', '목', '금']
```
리스트 항목이 문자열로만 구성되어 있습니다.

```
values = [1, '월', 1.1]
```
리스트 항목이 정수, 실수, 문자열로 여러 가지 자료형으로 구성되어 있습니다.

■ **리스트 변수의 항목을 접근하기 위해서는 인덱스를 사용합니다.**

❶ 대괄호 안에 작성된 값을 '항목'이라고 부르고, 항목의 순서를 '인덱스'라고 부릅니다.

```
my_expression = ["Joy", "Hope", "Love", "Angry"]
```

인덱스 0 1 2 3

인덱스는 0부터 시작합니다.

❷ print() 함수를 이용해 리스트 항목 전체를 출력할 수 있습니다.

```
>>> print(my_expression)
["Joy", "Hope", "Love", "Angry"]
```

리스트명: my_expression

리스트 모든 항목 출력

❸ 대괄호 안에 인덱스 번호를 작성하면 리스트의 항목을 지정할 수 있습니다.

인덱스 번호

```
my_expression[0]   리스트에서 0번째 Joy를 가져옵니다.
my_expression[1]   리스트에서 1번째 Hope를 가져옵니다.
```

❹ print() 함수를 이용해 특정 리스트 항목을 출력할 수 있습니다.

```
>>> print(my_expression[0])
Joy   ← 리스트의 0번째 항목 출력
```

■ **리스트 항목을 변경할 수 있습니다.**

인덱스를 지정하고 값을 할당하면 리스트 항목을 변경할 수 있습니다.

```
my_expression[0] = "Happy"
```

0번째 항목을 Happy로 바꾸라는 의미입니다.

실행한 결과

```
>>> print(my_expression)
["Happy", "Hope", "Love", "Angry"]
```

Joy가 Happy로 변경되었습니다.

■ **리스트의 인덱스를 벗어나도록 사용하면 오류가 발생합니다.**

리스트의 인덱스 범위를 초과하도록 코드를 작성하면 리스트 범위 초과 오류가 발생합니다.

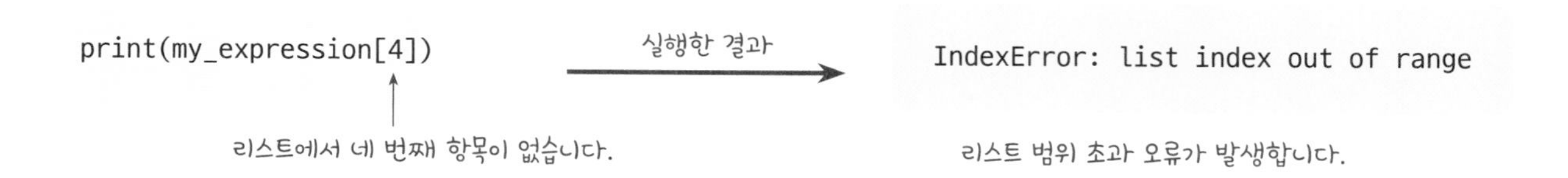

코딩 연습하기 ▸▸▸▸▸▸

31. 다음 중 자료형이 리스트인 변수를 고르세요.

① values = “리스트”
② values = (1, 2, 3, 4, 5)
③ values = { 1, 2, 3, 4 }
④ values = [1, 2, 3, 4]

32. 1, 3, 5, 7로 구성된 리스트 변수 alist를 정의하세요.

33. 다음 코드를 실행하면 무슨 결과가 출력되는지 작성하세요.

```
alist = [“바나나”, “오렌지”, “사과”, “포도”]
print(alist[2])
```

34. 다음 리스트 변수에서 160.0을 출력하기 위한 코드를 작성하세요.

```
alist = [132.3, 140.2, 150.9, 160.0, 141.4]
```

35. 다음 코드를 실행하면 IndexError 오류가 발생합니다. 그 이유를 설명하세요.

```
alist = [“바나나”, “오렌지”, “사과”, “포도”]
print(alist[4])
```

코드 실행 결과

```
IndexError: list index out of range
```

36. alist에서 ‘오렌지’를 ‘귤’로 바꾸기 위한 코드를 작성하세요.

```
alist = [“바나나”, “오렌지”, “사과”, “포도”]
```

37. alist에서 바나나를 출력하기 위한 코드를 작성하세요.

```
alist = [“바나나”, “오렌지”, “사과”, “포도”]
```

38. 다음 코드를 실행하면 무슨 결과가 출력되는지 작성하세요.

```
alist = [“바나나”, “오렌지”, “사과”, “포도”]
alist[3] = “배”
print(alist)
```

39. 다음 코드를 실행하면 무슨 결과가 출력되는지 작성하세요.

```
alist = [“바나나”, “오렌지”, “사과”, “포도”]
print(“내가 좋아하는 과일은 “+alist[1]+“입니다.”)
```

정답은 143쪽에 있습니다.

리스트를 위한 메소드 이해하기

■ **파이썬에는 리스트를 위한 다양한 메소드(함수)를 제공하고 있습니다.**

리스트를 추가하고 삭제하는 등 여러 가지 조작을 위해 index(), append(), insert() 등의 다양한 메소드가 있습니다. 이들 메소드를 사용하기 위해서는 '리스트명.메소드명'과 같이 리스트명과 메소드명 사이에 점을 사용해야 합니다.

list : 목록
index : 인덱스
append: 덧붙이다
insert : 삽입하다
extend : 확장하다

점을 찍자!

```
day.append('일')
```

리스트명 메소드명

index는 색인의 의미로, index() 메소드를 사용하면 리스트 항목이 몇 번째에 위치하고 있는지 알려줍니다.

```
day = ['월', '화', '수', '목, '금', '토']
print(day.index('월'))
```

괄호 안에 적힌 내용이 리스트에서 몇 번째에 위치하는지 알려줍니다.

코드 실행 결과

```
0
```

항목이 리스트에서 0번째 있으므로 0이라고 출력합니다.

append는 '덧붙이다'는 의미로, append() 메소드를 사용하면 리스트 맨 끝에 항목을 덧붙입니다.

```
day = ['월', '화', '수', '목, '금', '토']
day.append('일')
print(day)
```

리스트 맨 끝에 '일'을 추가합니다.

코드 실행 결과

```
['월', '화', '수', '목, '금', '토', '일']
```

맨 끝에 추가

insert는 '삽입하다'라는 의미로, insert() 메소드를 사용하면 원하는 위치에 항목을 삽입합니다.

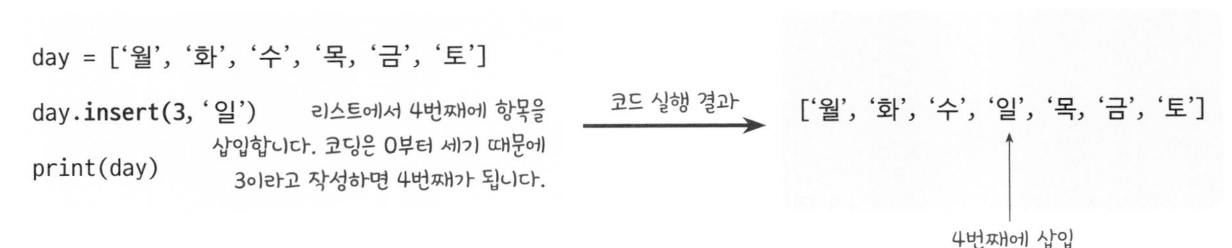

remove는 '제거하다'라는 의미로, remove() 메소드를 사용하면 원하는 위치의 항목을 삭제합니다.

```
day = ['월', '화', '수', '목', '금', '토']
day.remove('화')
print(day)
```

day.remove('화') 리스트에서 '화' 항목을 삭제합니다.

코드 실행 결과

['월', '수', '일', '목', '금', '토']

'화' 삭제

sort는 '정렬하다'라는 의미로, sort() 메소드를 사용하면 항목을 가나다 혹은 ABC 순서로 정렬해줍니다.

```
day = ['월', '화', '수', '목', '금', '토']
day.sort()
print(day)
```

day.sort() 리스트 항목을 정렬해줍니다.

코드 실행 결과

['금', '목', '수', '월', '토', '화']

가나다 순으로 정렬

40. 다음과 같이 리스트가 정의되어 있을 때 리스트 항목 마지막에 '수박'이 추가되도록 코드를 작성하세요.

```
alist = ['바나나', '오렌지', '사과', '포도']
```

41. 다음 중 리스트의 항목을 삭제하는 메소드를 고르세요.

① append()
② index()
③ insert()
④ remove()

42. 다음 코드를 실행하면 무슨 결과가 출력되는지 작성하세요.

```
alist = ['바나나', '오렌지', '사과', '포도']
alist.insert('귤', 2)
alist.remove('포도')
print(alist)
```

43. alist의 항목을 정렬하기 위해 빈칸에 들어가야 하는 메소드를 작성하세요.

```
alist = ['바나나', '오렌지', '사과', '포도']
```

44. alist 리스트에서 '포도'의 인덱스를 출력하는 코드를 빈칸에 작성하세요.

```
alist = ['바나나', '오렌지', '사과', '포도']
```

45. 다음 코드를 실행하면 무슨 결과가 출력되는지 작성하세요.

```
alist = [5, 4, 3, 6, 8]
alist.sort()
print(alist)
```

46. 다음 코드를 실행하면 무슨 결과가 출력되는지 작성하세요.

```
alist = ['바나나', '오렌지', '사과', '포도']
print('바나나는', alist.index('바나나'), \
'번째 위치에 있습니다.')
```

※ '\' 표시는 코드가 다음줄로 이어질 때 사용합니다.

47.다음 코드를 실행하면 ValueError 오류가 발생합니다. 그 이유를 설명하세요.

```
alist = ['바나나', '오렌지', '사과', '포도']
alist.remove('수박')
```

코드 실행 결과

```
alist.remove('수박')
ValueError: list.remove(x): x not in list
```

정답은 143~144쪽에 있습니다.

코딩 미션

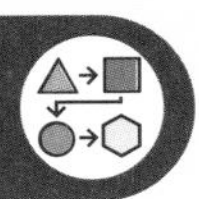

48. 이름과 성을 입력받아서 다음과 같이 출력하도록 코드를 작성하세요.

코드 실행 결과

이름을 입력하세요:

성을 입력하세요:

당신의 이름은 ○○○입니다.

49. 원의 반지름을 입력받아 원의 넓이를 출력하는 코드를 작성하세요. (원의 넓이=3.14 x 반지름 × 반지름)

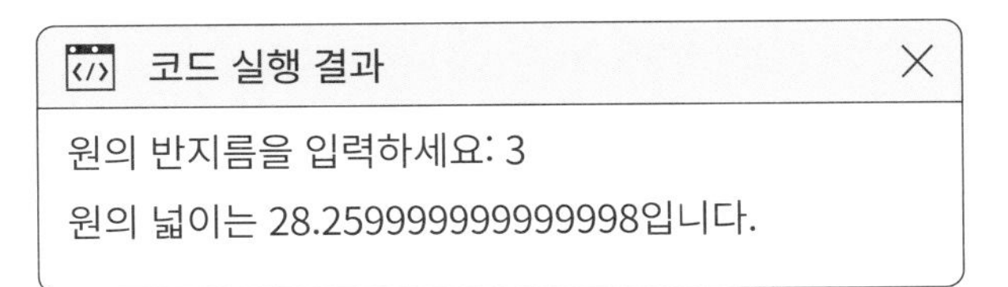

50. 나이를 입력받아 a변수에 할당하고, 이 변수의 값과 자료형을 출력하는 코드를 작성하세요. (힌트: 자료형을 출력하는 함수는 type()입니다.)

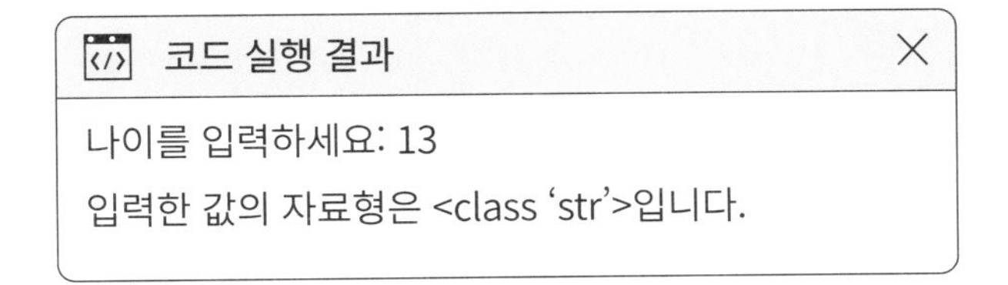

51. 나이를 입력받아 a라는 이름의 변수에 할당하고, 이 변수를 정수형으로 변경하는 코드를 작성하세요. (힌트: 정수형으로 변경하는 함수는 int()입니다.)

52. 두 값을 입력받아 합한 결과를 출력하는 코드를 작성하세요. (힌트: input() 함수를 통해 입력받은 값은 문자형이므로 이를 정수형으로 변경해야 합니다.)

53. input() 함수를 통해 입력받은 값(예: 3.14)을 실수형으로 변환하는 코드를 작성하세요.

54. 다음 코드를 실행하면 모두 False가 출력됩니다. 결과가 True로 출력되도록 코드를 변경하세요.

```
print(2 == '2')
print('3.14' == '2')
print(2 > 2)
print(False)
```

55. 다음과 같이 # 표시가 30번 반복해서 출력하도록 코드를 작성하세요.

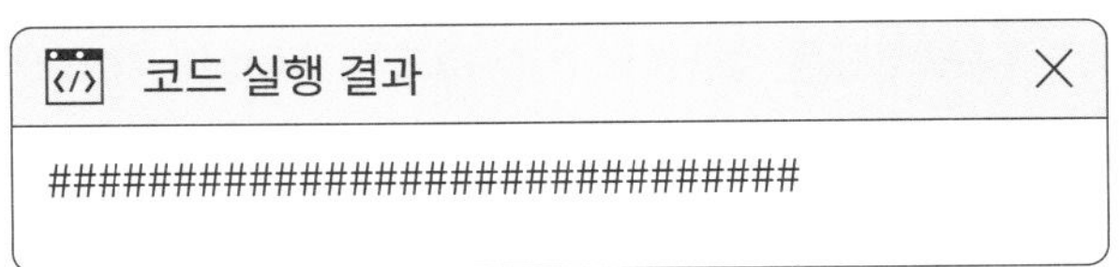

정답은 144쪽에 있습니다.

56. 다음과 같이 리스트가 정의되었을 경우, 첫번째와 마지막 항목을 출력하는 코드를 작성하세요.

```
color_list = ['Red', 'Green', 'White', 'Black']
```

57. 학생 이름을 3번 입력받아 리스트에 추가하고, 이 리스트를 출력하는 코드를 작성하세요.

58. 다음 리스트의 항목 개수를 출력하는 코드를 작성하세요. (힌트: len() 함수를 사용합니다.)

```
color_list = ['Red', 'Green', 'White', 'Black']
```

59. 다음 리스트에서 40의 인덱스를 출력하는 코드를 작성하세요. (힌트: index() 함수를 사용합니다.)

```
vallist = [10, 20, 30, 40, 50, 60, 70]
```

60. 다음 코드를 실행하면 무슨 결과가 출력되는지 작성하세요.

```
vallist = [10, 20, 30, 40, 50, 60, 70]
print(vallist[1] + vallist[3] + vallist[5])
```

61. 다음 코드를 실행하면 무슨 결과가 출력되는지 작성하세요. (힌트: 따옴표가 사용되면 문자형입니다.)

```
vallist = ['10', '20', '30', '40', '50', '60', '70']
print(vallist[1] + vallist[3])
```

62. 'day' 리스트 변수가 다음과 같이 정의되어 있습니다.

```
day = ['월', '화', '수', '금', '토', '일']
```

다음과 같은 순서로 실행하는 코드를 작성하세요.

- 번호와 단어를 입력받습니다.
- 번호에 해당하는 리스트의 인덱스에 앞에서 입력한 단어를 추가합니다.
  (힌트: insert() 함수를 사용합니다.)
- day 변수를 출력합니다.

63. 다음 코드를 실행하면 아래와 같은 오류가 출력됩니다. 오류가 발생한 이유를 설명하세요.

```
value = [100, 200, 300, 400, 500, 600]
print( value[0] )
print( value[4] )
print( value[6] )
```

코드 실행 결과

```
print( value[6] )
IndexError: list index out of range
```

정답은 144~145쪽에 있습니다.

PYTHON

2단계

제어문 연습하기

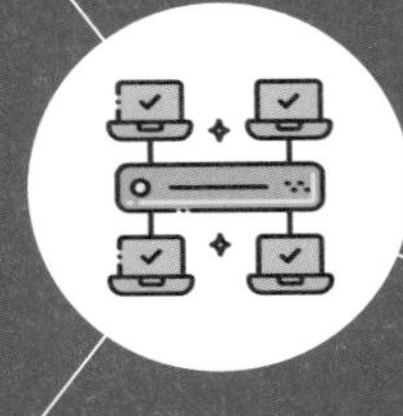

if문 이해하기

■ **if 문장은 조건에 따라 코드를 실행하기 위해 사용합니다.**

if는 '만약 … 이라면'라는 뜻으로 if문은 **if 조건식:**과 같은 패턴으로 작성합니다. 이 조건식이 논리에 맞다면 참이 되고, 맞지 않다면 거짓이 됩니다. if로 시작하는 코드는 맨 마지막에는 콜론(:)을 사용해야 합니다. 그리고 if문장의 아랫줄은 4칸 들여쓰기를 해줘야 합니다. 4칸 대신에 Tab키를 눌러도 됩니다.

(패턴1) if 조건식:

```
if a>10 :        ← 콜론 사용
    print('a가 10보다 큽니다.')
```

조건식: a>10
4칸 들여쓰기

if a>10:	a가 0보다 크다면
if a<=10:	a가 0보다 작거나 같다면
if a==10:	a가 0과 같다면
if a!=0:	a가 0과 같지 않다면

if 만약 … 이라면
True 참
False 거짓

아래 코드를 실행하면 'a가 10보다 큽니다'라는 결과가 출력됩니다. 왜 그런지 코드를 살펴볼까요?

```
a = 20                           a변수에 20이 할당되어 있습니다.
if a>10:                         a가 10보다 크다면 참(True)이 됩니다.
    print('a가 10보다 큽니다.')  여기서 a는 20이 할당되어 10보다 크므로 조건식은 참이 됩니다.
                                 그러므로 들여쓰기한 print() 함수가 실행됩니다.
```

■ **if문에 조건식을 2개 이상 사용해도 됩니다.**

2개 이상의 조건식은 and 혹은 or로 연결할 수 있습니다. and는 2개의 조건식이 모두 참이어야 하고, or는 둘 중 하나만 참이어도 됩니다.

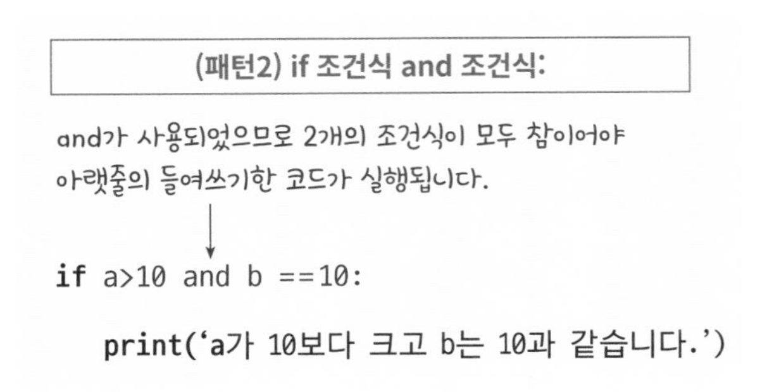

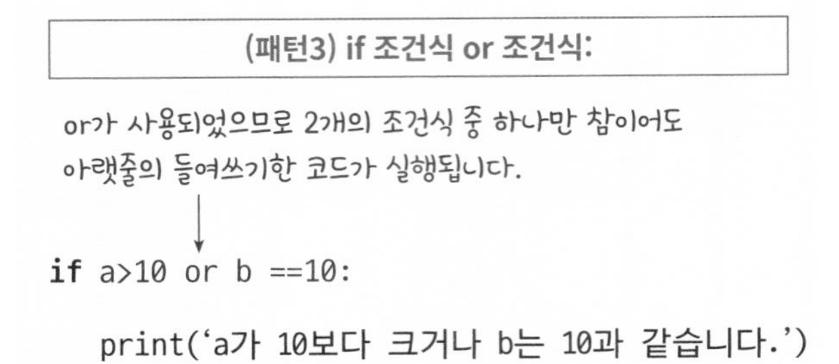

■ **조건식을 리스트 변수와 함께 사용할 수 있습니다.**

리스트에 특정한 항목이 포함되어 있는지 알기 위해 if문을 사용할 수 있습니다. **if 항목 in 리스트:** 패턴으로 사용하면 리스트에 항목이 있는지 확인합니다. **if 항목 not in 리스트:** 패턴으로 작성하면 리스트에 항목이 없는지 확인합니다.

```
day = ['월요일', '화요일', '수요일', '목요일']
if '목요일' in day :
    print('리스트에 목요일이 포함되어 있습니다.')
```

'day' 변수에 '목요일' 항목이 포함되어 있다면
if 조건식은 참이 되어 아랫줄 들여쓰기한 코드가 실행됩니다.

```
day = ['월요일', '화요일', '수요일', '목요일']
if '토요일' not in day :
    print('리스트에 토요일 포함되어 있지 않습니다.')
```

'day' 변수에 '토요일' 항목이 포함되어 있지 않다면
if 조건식은 참이 되어 아랫줄 들여쓰기한 코드가 실행됩니다.

64. 아래 코드를 실행하면 'NameError: name 'a' is not defined'라는 오류가 출력됩니다. 그 이유를 보기에서 고르세요.

```
if (a>10) :
print('a가 10보다 큽니다.')
```

① 문법에 맞지 않게 코드가 작성되어서
② a변수를 사용하지만 이를 정의한 코드가 없어서
③ if 문의 조건이 거짓이어서
④ 10에 따옴표가 붙어 있지 않아서

65. a=10이라고 변수가 정의되어 있을 때 아래 코드가 참과 거짓 중 무엇에 해당하는지 고르세요.

① if a > 5 (참, 거짓)
② if a == 0 (참, 거짓)
③ if a != 3 (참, 거짓)
④ if a < 7 (참, 거짓)

66. a='30'이라고 정의되어 있을 때 아래 코드를 실행하면 무슨 결과가 출력되는지 작성하세요.

```
if (a==30) :
   print('a는 정수형 30입니다.')
if (a=='30') :
   print('a는 문자형 30입니다.')
```

67. a=10이고, b=40일 때 아래 조건식이 참과 거짓 중 어디에 해당하는지 고르세요.

① if a > 5 and b == 40 (참, 거짓)
② if a > 20 and b == 40 (참, 거짓)
③ if a > 5 or b == 30 (참, 거짓)
④ if a > 20 or b == 40 (참, 거짓)
⑤ if a > 20 or b == 30 (참, 거짓)

68. 다음 코드를 실행하면 SyntaxError: invalid syntax라는 오류가 출력됩니다. 그 이유를 보기에서 고르세요.

```
a = 10
if (a>10)
   print('a가 10보다 큽니다.')
```

① if 문장의 끝에 콜론(:)이 없어서
② a변수를 사용하지만 이를 정의한 코드가 없어서
③ if 문의 조건이 거짓이어서
④ 10에 따옴표가 붙어 있지 않아서

69. 다음 코드를 실행하면 어떤 결과가 출력되는지 작성하세요.

```
day = ['월요일', '화요일', '수요일', '목요일']
if '화요일' in day :
   print('리스트에 화요일이 포함되어 있습니다.')
if '토요일' in day :
   print('리스트에 토요일이 포함되어 있습니다.')
```

정답은 146~147쪽에 있습니다.

elif와 else문 이해하기

■ **여러 개의 조건을 사용할 때는 if문을 여러 번 쓰기보다 if, elif, else를 사용합니다**

elif는 else if의 줄임말로 '또 다른 만약'을 의미합니다. else는 '그 밖에'라는 뜻입니다. if, elif, else가 하나의 묶음이 되어 동작하게 됩니다. 하나의 묶음의 코드에 if와 else는 한 번만 사용할 수 있지만, elif는 여러 개 사용할 수 있습니다. 다음은 if, elif, else가 모두 사용된 코드로, if문이 참이 되는 경우입니다.

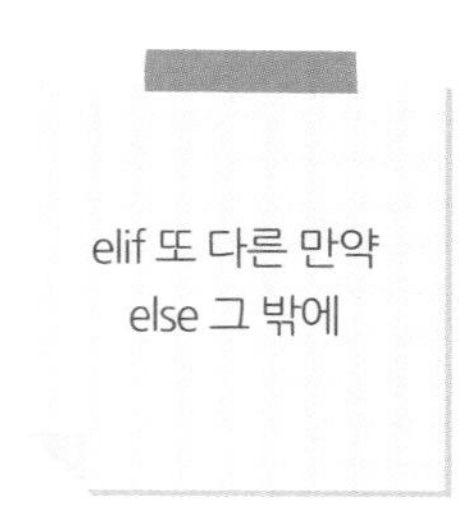


```
a='0'
if a == '0' :        a변수의 값이 0이므로 이 조건식은 참이 됩니다.
   print('a가 0입니다.')
elif a == 'X' :
   print('a가 X입니다.')
else:
   print('a는 0도 아니고 X도 아닙니다.')
```

} if문이 참이 되면 나머지 elif와 else는 실행되지 않습니다.

(패턴)

if 조건식:
elif 조건식:
else:

다음은 if문이 거짓이 되지만, elif문이 참이 되는 경우입니다.

```
a='X'       a변수의 값을 X로 바꿨습니다.
if a == '0' :      a변수의 값이 X이므로 이 조건식은 거짓이 됩니다. if문이 거짓이므로 elif문이 참인지 확인합니다.
   print('a가 0입니다.')
elif a == 'X' :     a변수의 값이 X이므로 이 조건식은 참이 됩니다..
   print('a가 X입니다.')
else:
   print('a는 0도 아니고 X도 아닙니다.')
```

} elif가 참이 되었기 때문에 else는 실행되지 않습니다.

다음은 if와 elif문이 거짓이 되어 else가 실행되는 코드입니다.

```
a='Y'      a변수의 값을 Y로 바꿨습니다.
if a == '0' :      a변수의 값이 Y이므로 이 조건식은 거짓이 됩니다. if문이 거짓이므로 elif문이 참인지를 확인합니다.
   print('a가 0입니다.')
elif a == 'X' :      a변수의 값이 Y이므로 이 조건식은 거짓이 됩니다. elif문도 거짓이므로 else문이 실행됩니다.
   print('a가 X입니다.')
else:
   print('a는 0도 아니고 X도 아닙니다.')      } 이 코드가 실행됩니다.
```

70. a=80이라고 변수를 정의하고 아래 코드를 실행하면 어떤 결과가 출력되는지 작성하세요.

```
if a >= 90 :
    print('a가 90보다 크거나 같습니다.')
elif a >= 80 :
    print('a가 80보다 크거나 같습니다.')
else:
    print('a는 80보다 작습니다.')
```

71. 코드를 실행하고 '초등학생'이라고 작성하면 어떤 문장이 출력되는지 코드 실행 결과 창에서 빈칸을 채우세요.

```
a = input('학생 종류를 입력하세요.')
if a == '대학생' :
   print('대학생입니다.')
elif a == '고등학생' :
   print('고등학생입니다.')
elif a == '중학생' :
   print('중학생입니다.')
elif a == '초등학생' :
   print('초등학생입니다.')
else:
   print('학생이 아닙니다.')
```

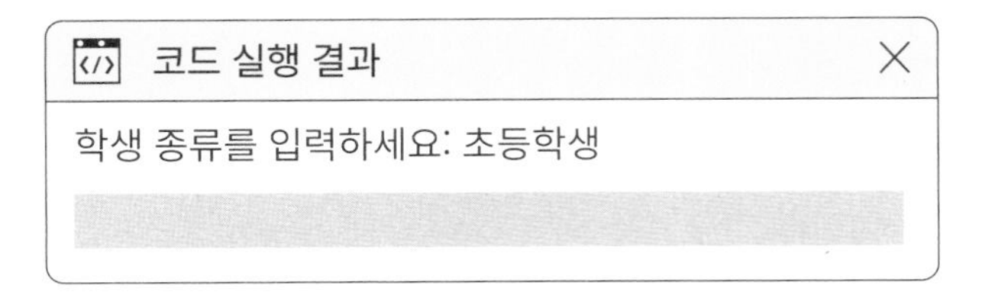

72. 다음 코드를 실행하면 어떤 결과가 출력되는지 작성하세요.

```
a='z'
if a == '0' :
   print('a가 0입니다.')
elif a == 'X' :
   print('a가 X입니다.')
else:
   print('a는 0도 아니고 X도 아닙니다.')
```

73. 코드를 실행하고 '딸기'라고 작성하면 어떤 문장이 출력되는지 코드 실행 결과 창에서 빈칸을 채우세요.

```
a = input('먹고 싶은 과일을 입력하세요.')
냉장고 = ['사과', '오렌지', '포도', '바나나']
if a in 냉장고:
   print('냉장고에', a, '가 있습니다.')
else:
   print('냉장고에', a, '가 없습니다.')
```

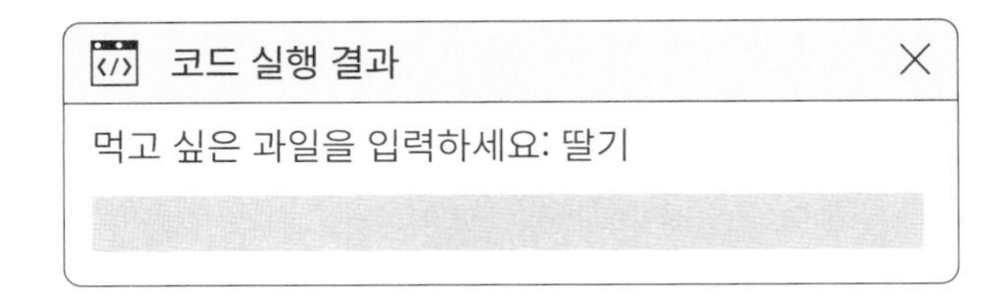

74. 다음과 같이 코드를 작성하면 "SyntaxError: invalid syntax"라는 오류가 발생합니다. 그 이유를 작성하세요.

```
a = 10
else:
print('a변수에는', a, '가 할당되어 있습니다.')
```

정답은 147쪽에 있습니다.

while문 이해하기

> while ~하는 동안에
> break 중단하다

■ **코드를 반복적으로 실행하기 위해 while문을 사용합니다.**

while문의 조건식이 참이면 조건식 아랫줄의 들여쓰기한 코드가 반복적으로 실행됩니다.

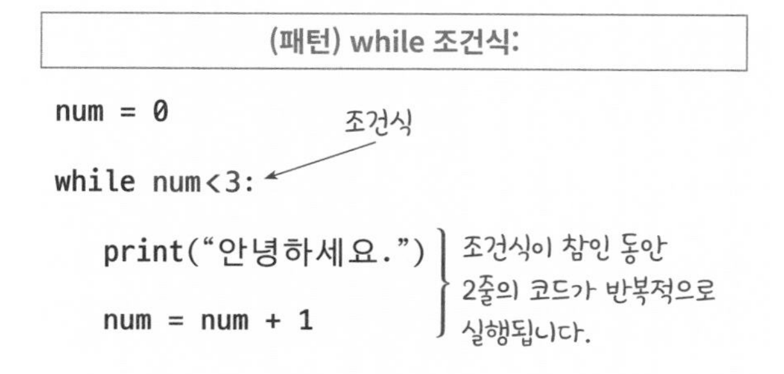

num = num + 1 코드의 의미는?
num 변수에서 값을 가져와 1을 더한 후 다시 num변수에 할당하라는 의미입니다.

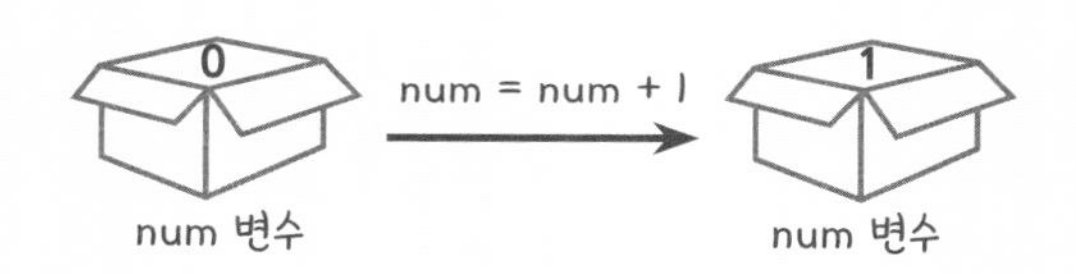

num 변수의 값에 따라 코드가 어떻게 실행되는지 살펴봅시다.

```
1 num = 0
2 while num<3:
3     print("안녕하세요.")
4     num = num + 1
```

- 1번줄: num 변수에는 0이 들어 있습니다.
- 2번줄: 조건식이 0 < 3이 되므로 참이 됩니다.
- 3~4번줄: 조건식이 참이 되어 '안녕하세요'를 출력하고, num 변수의 값이 0에서 1로 증가합니다.

왼쪽 코드를 실행하면서 2, 3, 4번줄의 코드가 다음과 같이 반복합니다.

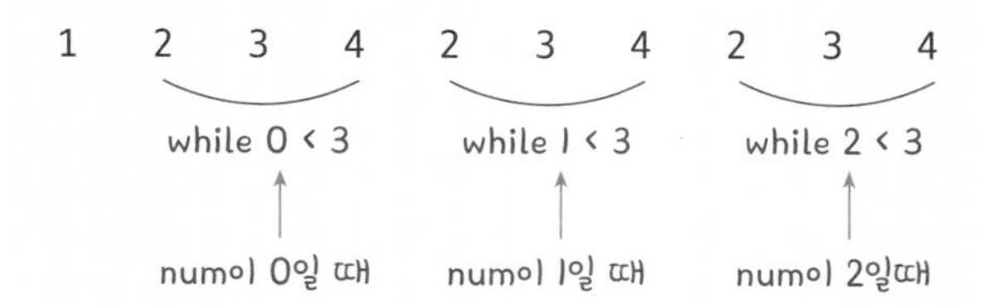

■ **코드를 반복적으로 실행하기 위해 while문을 사용합니다.**

조건식에 True를 작성하면 참이 되므로 조건식 아랫줄의 코드가 계속 반복됩니다.

```
while True : ←── 조건식이 참입니다.
    print("안녕하세요.")  } 계속 반복적으로 실행되어
    num = num + 1         } '무한루프'라고 합니다.
```

조건식에 False를 작성하면 거짓이 되므로 조건식 아랫줄의 코드가 실행되지 않습니다.

```
while False : ←── 조건식이 거짓입니다.
    print("안녕하세요.")  } 영원히 실행되지 않습니다.
    num = num + 1
```

■ **break를 사용하면 while문의 반복을 중단할 수 있습니다.**

while문의 반복을 멈추기 위해 다음과 같이 break를 사용합니다.

```
1 num = 0            num에 0이 들어 있습니다.
2 while True:
3     print("안녕하세요.")
4   num = num + 1    num이 1로 증가합니다.
5   if num >=3:      } num이 1 이 되면 if 1 >= 3이
6     break          } 되므로 조건식이 거짓이 됩니다.
                       그럼, 6번줄은 실행되지 않습니다.
```

다음은 if문의 조건식이 참이 되어 break가 실행되는 경우입니다.

```
1 num = 2            num에 2가 들어 있습니다.
2 while True:
3   print("안녕하세요.")
4   num = num + 1    num이 3이 되었습니다.
5   if num >= 3:     } num이 3 이 되면 if 3 >= 3이
6     break          } 되므로 조건식이 참이 됩니다.
                       그럼, 6번줄이 실행되어
                       반복을 멈춥니다.
```

코딩 연습하기 ▶▶▶▶▶

75. 다음 코드를 실행하면 "날씨가 좋습니다."가 몇 번 출력되는지 작성하세요.

```
num = 0
while num <= 3 :
  print("날씨가 좋습니다.")
  num = num + 1
```

76. "날씨가 좋습니다."를 5번 반복해서 출력하도록 다음 코드의 빈칸을 채우세요.

```
num = 0
while            :
  print("날씨가 좋습니다.")
  num = num + 1
```

77. 다음 코드를 실행하면 어떤 결과가 출력되는지 작성하세요.

```
num = 1
while num < 4 :
  num = num + 1
print('num은', num, '입니다.')
```

78. 다음 코드를 실행하면 코드 실행이 멈추지 않습니다. 그 이유를 작성하세요.

```
while True :
  num = num + 1
  print('while 문을 실행하고 있습니다.')
```

79. 다음 코드를 실행하면 "사과가 맛있습니다."라고 출력되지 않습니다. 그 이유를 설명하세요.

```
num = 0
while False :
  print("사과가 맛있습니다.")
  num = num + 1
```

80. 다음 코드를 실행하면 어떤 결과가 출력되는지 보기에서 고르세요.

```
num = 0
while num < 10:
  print('딸기를 좋아합니다.')
  num = num + 1
  if num >= 3 :
     break
```

① '딸기를 좋아합니다.'가 10번 출력된다.
② '딸기를 좋아합니다.'가 9번 출력된다.
③ '딸기를 좋아합니다.'가 4번 출력된다.
④ '딸기를 좋아합니다.'가 3번 출력된다.

81. count가 5보다 크면 코드 실행이 멈추도록 코드의 빈칸을 채우세요.

```
count = 0
while True :
count = count + 1
if            :
     break
```

정답은 147~148쪽에 있습니다.

코딩 개념 이해하기

for문 이해하기

for ~하는 동안에
range 범위

■ **코드를 반복적으로 실행하기 위해 for문을 사용합니다.**

(패턴) for 변수명 in range(반복 횟수):

range() 함수와 함께 for문을 사용하면 들여쓰기한 코드가 여러 번 반복됩니다.

0, 1, 2, 3, 4 순으로 5 미만의 값이 num에 할당됩니다.

```
for num in range(5) :
    print('안녕하세요.')
```

← 괄호 안의 숫자만큼 반복합니다.

들여쓰기한 코드를 5번 반복합니다.

for 문에서 사용한 변수를 들여쓰기한 코드 안에서 사용할 수 있습니다.

```
for num in range(5) :
    print(num) (반복됨)
```

for문의 num 변수를 사용했어요.

num의 숫자를 1부터 시작하고 싶다면 다음과 같이 range() 함수를 작성합니다.

```
for num in range(1, 5) :
    print(num)
```

1에서 5 미만으로 반복합니다. 그래서 num 변수에는 1, 2, 3, 4가 담깁니다.

1, 2, 3, 4가 출력됩니다.

for문이 사용된 코드를 실행하면 다음과 같이 코드가 반복됩니다.

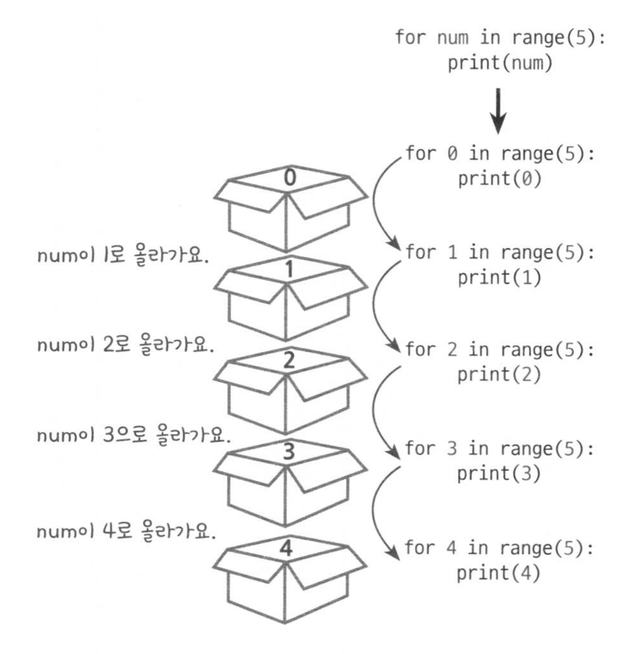

num이 0부터 4까지 실행되었어요! 이렇게 for문을 사용하면 들여쓰기한 코드가 5번 반복되고 멈춥니다.

5부터 1까지 1씩 감소하도록 다음과 같이 range() 함수를 작성합니다.

```
for num in range(5, 0, -1) :
    print(num)
```

← 5부터 1씩 감소합니다.

5, 4, 3, 2, 1이 출력됩니다.

1부터 4까지 range 함수에 2씩 증가하도록 숫자를 작성할 수 있습니다.

```
for num in range(1, 5, 2) :
    print(num)
```

숫자가 2씩 증가합니다.

1, 3이 출력됩니다.

5부터 1까지 숫자를 2씩 감소하도록 range() 함수를 작성할 수 있습니다.

```
for num in range(5, 0, -2) :
    print(num)
```

5부터 2씩 감소합니다.

5, 3, 1이 출력됩니다.

for 문에 사용되는 변수명을 원하는 이름으로 지정할 수 있습니다.

변수명을 k로 정했습니다.

```
for k in range(5) :
print(k)
print(k, '개의 꽃이 있습니다.')
```

for문의 변수는 정수형이므로 사칙연산(+, -, *, /)을 사용할 수 있습니다.

```
for k in range(5) :
print(k*2)
```

변수가 정수형이기 때문에 숫자를 곱할 수 있습니다.

코딩 연습하기 ▶▶▶▶▶

82. 0부터 9까지 10개의 숫자가 출력되도록 아래 코드의 빈칸을 채우세요.

```
for num in range(            ) :
    print(num)
```

83. 1부터 31일까지 출력되도록 아래 코드의 빈칸을 채우세요.

```
for num in range(            ) :
    print(num, '일')
```

84. 1부터 5까지 5개의 숫자가 출력되도록 아래 코드의 빈칸을 채우세요.

```
for num in range(5) :
    print(            )
```

85. 아래 코드를 실행하면 "IndentationError: expected an indented block"라는 오류가 출력됩니다. 그 이유를 보기에서 고르세요.

```
for num in range(5) :
print("Hello")
```

① num 변수를 사용하지 않아서
② num에 0을 할당하지 않아서
③ print("Hello")가 들여쓰기되지 않아서
④ while문을 사용하지 않아서

86. 1, 3, 5, 7, 9를 출력하도록 아래 코드의 빈칸을 채우세요.

```
for num in range(            ) :
    print(num)
```

87. 10, 9, 8, 7, 6, 5를 출력하도록 아래 코드의 빈칸을 채우세요.

```
for num in range(            ) :
    print(num)
```

88. 아래와 같이 실행 결과가 출력되도록 코드의 빈칸을 채우세요.

코드 실행 결과

```
1월입니다.
3월입니다.
5월입니다.
```

```
for num in range(            ) :
    print(            )
```

89. 12, 22, 32, 42가 출력되도록 아래 코드의 빈칸을 채우세요.

```
for i in range(10, 40, 10) :
    print(            )
```

정답은 148~149쪽에 있습니다.

리스트와 함께 for문 사용하기

■ **리스트와 함께 for문을 사용할 수 있습니다.**

for문에 리스트를 사용하면 리스트의 항목 개수만큼 들여쓰기한 코드가 반복되어 실행됩니다.

(패턴) for 변수명 in 리스트명:

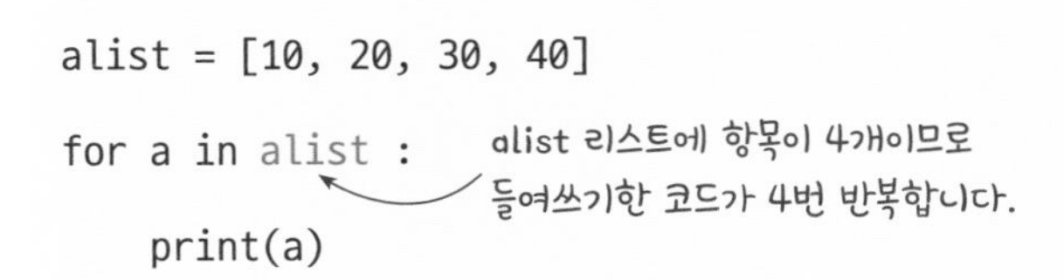

```
alist = [10, 20, 30, 40]

for a in alist :

    print(a)
```

alist 리스트에 항목이 4개이므로 들여쓰기한 코드가 4번 반복합니다.

코드 실행 과정을 살펴봅시다!

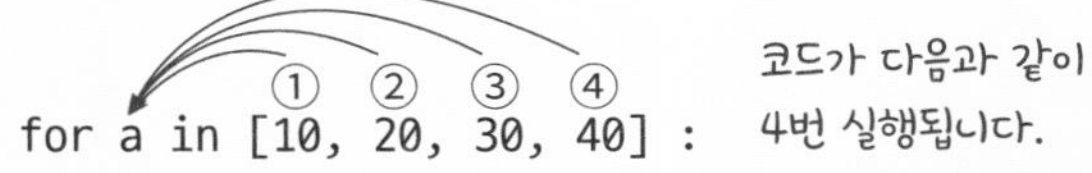


```
for a in [10, 20, 30, 40] :

    print(a)
```

코드가 다음과 같이 4번 실행됩니다.

① a에 10이 할당되어 print(10) 실행
② a에 20이 할당되어 print(20) 실행
③ a에 30이 할당되어 print(30) 실행
④ a에 40이 할당되어 print(40) 실행

for문에 문자형 변수를 사용하면 문자 개수만큼 들여쓰기한 코드가 반복되어 실행됩니다.

(패턴) for 변수명 in 문자 변수명:

```
val = 'HELLO'

for a in val :

    print(a)
```

val 변수값의 문자개수가 5개이므로 들여쓰기한 코드가 5번 반복합니다.

코드 실행 과정을 살펴봅시다!

```
for a in 'Hello' :

    print(a)
```

코드가 다음과 같이 5번 실행됩니다.

① a에 H가 할당되어 print('H') 실행
② a에 E가 할당되어 print('E') 실행
③ a에 L이 할당되어 print('L') 실행
④ a에 L이 할당되어 print('L') 실행
⑤ a에 O이 할당되어 print('O') 실행

리스트의 항목 수를 계산해 그만큼 반복하고 싶으면 len() 함수를 사용합니다.

```
alist = [10, 20, 30, 40]

for a in range(len(alist)):

    print(a)
```

len(alist)를 실행하면 4로 바뀝니다.

range(4)와 같이 실행됩니다.

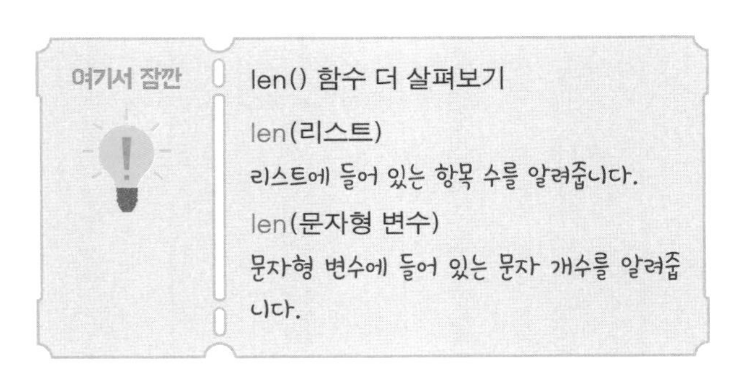

for문 안에 사용된 변수를 이용해 사칙연산(+, -, *, /)이 가능합니다.

```
alist = [10, 20, 30, 40]
sum = 0
for a in alist :
    sum = sum + a  ← 리스트의 항목을 하나씩 꺼내 와 sum에 더할 수 있습니다.
print(sum)
```

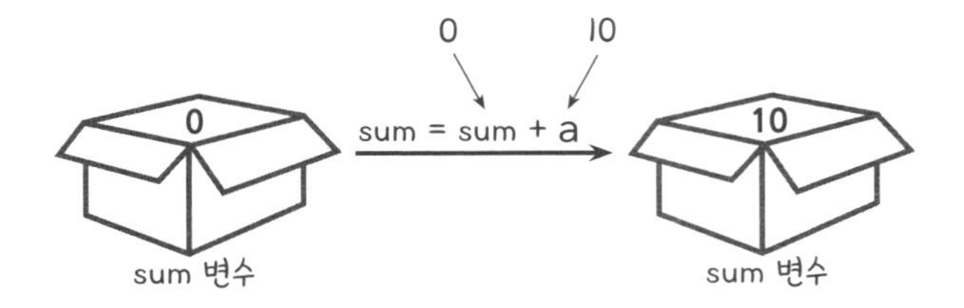

여기서 잠깐

〈주의사항〉 변수를 사용하기 전에 변수를 정의해줘야 오류가 나지 않습니다.

sum = 0	정수형 변수를 정의하기 위해서는 0과 같은 숫자를 할당해줍니다.
sum = 0.0	실수형 변수를 정의하기 위해서는 0.0과 같은 숫자를 할당해줍니다.
day = ''	문자형 변수를 정의하기 위해서는 작은따옴표나 큰따옴표만 작성해줍니다.
alist=[]	항목 없이 비어 있는 리스트를 정의할 때는 대괄호를 작성해줍니다.

90. 아래 코드를 실행하면 어떤 결과가 출력되는지 설명하세요.

```
vallist = [10, 20, 30, 40]
for item in vallist :
  print(item)
```

91. my_expression 리스트의 각 항목이 출력되도록 아래 코드에서 빈칸을 완성하세요.

```
my_expression = ['Joy', 'Hope', 'Love', 'Angry']
for item in ____________ :
  print(item)
```

92. 다음 코드를 실행하면 어떤 결과가 출력되는지 실행 결과 창에서 빈칸을 채우세요.

```
keyword = 'today'
count = 1
for letter in keyword:
  print(count , '번째 문자: ', letter)
  count = count + 1
```

코드 실행 결과

1번째 문자: t
____________ ← 여기에 작성하세요.
3번째 문자: d
4번째 문자: a
5번째 문자: y

93. 리스트의 항목 수를 반환하는 함수를 작성하세요.

94. 아래 코드를 실행하면 어떤 결과가 출력되는지 작성하세요.

```
my_expression = ['Joy', 'Happy', 'Love', 'Angry',\
'Happy']
print(len(my_expression))
```

95. 아래 코드를 실행하면 어떤 결과를 출력하는지 작성하세요.

```
alist = [10, 20, 30]
sum = 150
for a in alist :
  sum = sum - a
print(sum)
```

96. 아래 코드를 작성하면 "NameError: name 'daylist' is not defined" 오류가 발생합니다. 이를 해결하기 위해 어떤 코드를 추가해야 하는지 설명하세요.

```
count = 0
for a in daylist :
  count = count + 1
  print(a)
```

97. 아래 코드를 실행하면 어떤 결과가 출력되는지 작성하세요.

```
my_expression = [‘Joy’,‘Hope’,‘Love’,‘Angry’]
for item in my_expression:
  if item == ‘Happy’:
     print(item)
```

정답은 149~150쪽에 있습니다.

코딩 미션

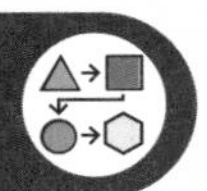

98. 다음 코드는 임의의 숫자를 입력받아 100보다 크거나 같으면 '100보다 큽니다.'라고 출력하고 100보다 작으면 '100보다 작습니다.'라고 출력합니다. 빈칸을 채워 코드를 완성하세요.

```
val= int(input('숫자를 입력하세요.'))

if val >=100:
    print('100보다 큽니다.')
________________________________________
________________________________________
```

99. 다음 설명에 따라 코드를 완성하세요.

- RED이거나 red이면 '붉은색입니다.'라고 출력합니다.
- 입력값이 BLUE이거나 blue이면 '파란색입니다.'라고 출력합니다.
- 그 외의 값을 입력하면 '붉은색도 아니고 파란색도 아닙니다.'라고 출력합니다.

```
val= input('단어를 입력하세요.')

if val =='RED' or val = 'red':
    print('붉은색입니다.')
________________________________________
________________________________________
else:
  print('붉은색도 아니고 파란색도 아닙니다.')
```

100. 다음 설명에 따라 코드를 완성하세요.

학점을 입력받아 A, B, C 중 하나이면 'Pass'라고 출력하고, 그렇지 않으면 'Fail'이라고 출력합니다.

```
grade= input('학점을 입력하세요.')

if___________________________:
  print('Pass')
else:
  print('Fail')
```

101. 다음 설명에 따라 코드를 작성하세요.

- '원하는 주스를 입력하세요.'라고 묻고 답변을 입력하면 juice 변수에 할당합니다.
- juice 변수값이 리스트에 이미 포함되어 있다면 '마트에 원하는 주스가 있습니다.'라고 출력합니다.
- 그렇지 않으면 '마트에 원하는 주스가 없습니다.'라고 출력합니다.

```
juice= input('원하는 주스를 입력하세요.')

mart = ['오렌지 주스', '레몬 주스', '사과 주스', \
'수박 주스']

If ______________________________:
  print('마트에 주스가 있습니다.')
else:
  print('마트에 주스가 없습니다.')
```

정답은 150쪽에 있습니다.

102. input() 함수를 통해 입력한 값이 BTS 멤버이면 'BTS 멤버입니다.'라고 출력하고 그렇지 않으면 'BTS 멤버가 아닙니다.'라고 출력하도록 아래 코드의 빈칸을 완성하세요.

```
BTS = ['RM', '슈가', 'V', '제이홉', '지민', '정국', '진']
member= input('BTS 멤버 이름을 입력하세요.')
if ________________________:
________________________________
else:
   print('BTS 멤버가 아닙니다.')
```

103. 다음 설명에 따라 코드가 실행되도록 빈칸을 채우세요.

- 입력한 단어가 '학생'이면 '1층으로 가세요.'라고 출력합니다.
- '선생님'이면 '2층으로 가세요.'라고 출력합니다.
- '부모님'이면 '3층으로 가세요.'라고 출력합니다.
- 그밖에 단어를 입력하면 '입장할 수 없습니다.'라고 출력합니다.

```
word= input('단어를 입력하세요.')
if word == '학생'
   print('1층으로 가세요.')
elif ________________:
   print('2층으로 가세요.')
__________________:
   print('3층으로 가세요.')
else:
   print('입장할 수 없습니다.')
```

104. 다음 설명에 따라 코드가 실행되도록 빈칸을 채우세요.

- 다음과 같이 dayOfMonth 리스트변수를 정의합니다.

```
daysOfMonth = [31, 28, 31, 30, 31, 30, 30, 31, 30,
31, 30, 31]
```

- input() 함수를 통해 특정 월을 입력받아 month 변수에 할당합니다.
- 해당 월에 맞는 달수를 출력합니다. 단, month 변수값은 1부터 12 사이여야 합니다.
  예를 들어, 입력값이 1이면 dayOfMonth 리스트의 첫번째 항목인 31을 가져와 '1월은 31일'이라고 출력하고, 입력값이 2이면 두번째 항목인 2를 가져와 '2월은 28일'이라고 출력합니다.
- 입력한 값이 1과 12 사이에 있지 않으면 '잘못된 값을 입력하였습니다.'라고 출력합니다.

```
daysOfMonth = [31, 28, 31, 30, 31, 30, 30, 31, 30,
31, 30, 31]
month = int(input('원하는 월을 숫자로 입력하세
요.'))
if ____________________________:
   print(month, '월은', daysOfMonth[month-1],
'일')
else:
  print('잘못된 값을 입력하였습니다.')
```

105. 아래 코드를 실행하면 'SyntaxError: invalid syntax'라는 오류가 발생합니다. 그 이유를 설명하고 코드를 올바르게 고쳐보세요.

```
val = input('영어 단어를 입력하세요.')
if val == 'apple':
   print('사과입니다.')
else val == 'orange' :
   print('오렌지입니다.')
```

정답은 151쪽에 있습니다.

106. count 변수가 100이 되었을 때 멈추도록 빈칸을 채워 코드를 완성하세요.

```
count = 0
while True:
  print(count)
  count = count +1
  if ______________:
     break
```

107. 다음은 while문을 이용해 1~10까지의 숫자를 출력하는 코드입니다. 빈칸을 채워 코드를 완성하세요.

```
count = 0
while count <10 :
  ___________________________
  print(count)
```

108. for문을 사용해 day 리스트의 항목을 출력하도록 빈칸을 채우세요.

```
day = ['월', '화', '수', '목', '금', '토']
for ______________:
  print(i , '요일')
```

109. for문을 이용해 input() 함수가 3번 실행되고, 입력한 값이 리스트에 추가되도록 코드를 완성하세요.

```
alist = []
for _____________________:
  a = input('단어를 입력하세요.')
  alist.append(a)
```

110. for문을 이용해 1부터 100 사이 숫자 중 짝수만 출력하는 코드를 작성하려고 합니다. 빈칸을 채워 코드를 완성하세요.

```
for ________________________:
  print(value)
```

111. number 리스트에서 홀수 번째 항목만 출력하도록 빈칸을 채워 코드를 완성하세요.

```
number = [1, 2, 3, 4, 5, 6, 7, 8, 9, 10, 11, 12]

count = 1
number = [1, 2, 3, 4, 5, 6, 7, 8, 9, 10, 11, 12]
for ________________________:
  if count % 2 != 0 :
     print(value)
  count = count+1
```

참고 : count % 2 !=0은 count 변수값이 홀수인지 판단하는 코드입니다.

112. 다음 설명에 따라 코드를 작성하세요.

- 다음과 같이 리스트 변수를 정의합니다.
  family = ['아빠', '엄마', '아들', '딸']
- input() 함수를 통해 입력받은 값을 member 변수에 할당합니다.
- member 변수의 값이 리스트에 포함되어 있으면 '리스트에 있습니다.'라고 출력합니다.
- 그렇지 않으면 '리스트에 없습니다.'라고 출력합니다.

정답은 151~152쪽에 있습니다.

113. 다음 설명에 따라 코드를 작성하세요.

- input() 함수를 통해 단어를 입력받아 임의의 변수에 할당합니다.
- 변수의 값이 '오렌지'라면 '오렌지 주스가 있습니다.'라고 출력합니다.
- 변수의 값이 '사과'라면 '사과 파이가 있습니다.'라고 출력합니다.
- 오렌지 혹은 사과가 아니면 '아무것도 없습니다.'라고 출력합니다.

114. 다음 설명에 따라 코드를 작성하세요.

- input() 함수를 통해 숫자를 입력받습니다.
- 입력한 숫자가 90보다 같거나 크면 '우수'라고 출력합니다.
- 입력한 숫자가 70에서 89 사이이면 '보통'이라고 출력합니다.
- 입력한 숫자가 70보다 작으면 '미흡'이라고 출력합니다.

115. 다음 설명에 따라 코드를 작성하세요.

- 다음과 같이 리스트 변수를 정의합니다.
  놀이기구 = ['롤러코스터', '회전목마', '바이킹']
- input() 함수를 통해 단어를 입력받습니다.
- 입력한 단어가 놀이기구 리스트에 포함되어 있으면 '즐거운 시간 보내세요.'라고 출력합니다.
- 그렇지 않으면 '다른 놀이기구를 이용하세요.'라고 출력합니다.

116. while문을 사용해 1에서 100까지 출력하는 코드를 작성하세요.

117. while문을 사용해 1에서 100까지 숫자 중 짝수만 출력하는 코드를 작성하세요.

118. 다음과 같이 출력하는 코드를 작성하세요.

```
#
##
###
####
#####
```

119. for문을 이용해 1에서 10까지 숫자를 모두 더한 후 평균을 구하는 코드를 작성하세요.

120. 다음 리스트에서 5보다 큰 숫자만 출력하는 코드를 작성하세요.

```
val = [3, 7, 2, 9, 10, 4, 7, 2]
```

121. 다음 리스트에서 짝수만 출력하는 코드를 작성하세요.

```
val = [1, 2, 3, 4, 5, 6, 7, 8, 9]
```

122. 50에서 100 사이 숫자에서 3의 배수만 출력하는 코드를 작성하세요.

(힌트)

if val % 3 == 0:라고 작성하면 val 변수가 3의 배수인지를 판단할 수 있습니다.

for item in range(50, 101):이라고 작성하면 50부터 100까지 숫자가 item변수에 담겨 for문 아랫줄의 들여쓰기한 코드가 반복됩니다.

정답은 153~156쪽에 있습니다.

123. 신장과 체중을 입력받아 체질량지수(BMI)를 계산하고 다음 기준에 따라 비만, 과체중, 정상, 저체중을 출력하는 코드를 작성하세요.

힌트: BMI = 체중 / 신장 * 신장

저체중	20 미만
정상	20~24
과체중	25~29
비만	30 이상

124. 임의의 값을 입력받고 다음 기준에 따라 학점을 출력합니다. 그리고 100보다 크거나 0보다 작으면 '입력오류'라고 출력하는 코드를 작성하세요.

90점 이상	A
80 - 89	B
70 - 79	C
60 - 69	D
60 미만	F

125. 다음 리스트에서 짝수 개수와 홀수 개수를 출력하는 코드를 작성하세요.

numbers = [1, 2, 3, 4, 5, 6, 7, 8, 9, 10, 11, 12, 13]

126. 다음 리스트에서 각 항목의 자료형을 출력하도록 코드를 작성하세요.

datalist = [100, '사과', 145.3, [1, 2, 3, 4]]

127. 리스트의 내용이 다음 보기처럼 출력하는 코드를 작성하세요.

BTS = ['RM', '슈가', 'V', '제이홉', '지민', '정국', '진']

<보기>

BTS 멤버는 다음과 같습니다.
1: RM
2: 슈가
3: V
4: 제이홉
5: 지민
6: 정국
7: 진

128. 0에서 6 사이(3과 6은 제외)의 숫자를 출력하는 코드를 작성하세요.

129. 단어를 5번 입력받아 리스트에 추가하고, 리스트의 모든 요소를 출력하는 코드를 작성하세요.

힌트: 리스트에 항목을 추가하는 함수는 append()입니다.

130. input() 함수를 통해 임의의 단어를 5번 입력받고 각 단어의 길이를 리스트에 추가하는 코드를 작성하세요.

131. 임의의 대문자 하나(예: A)로 입력받고 입력한 문자가 모음이면 '모음입니다.'라고 출력하고, 자음이면 '자음입니다.'라고 출력하는 코드를 작성하세요.

(모음: A, E, I, O, U)

정답은 156~160쪽에 있습니다.

PYTHON

3단계

함수 이해하기

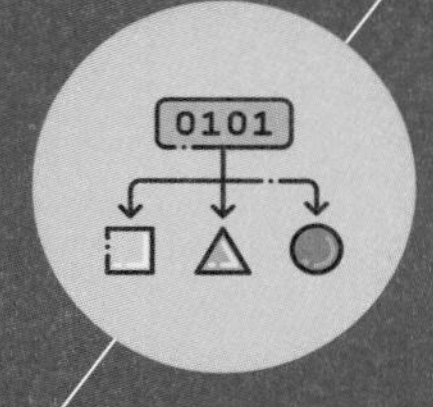

함수 이해하기

■ **함수는 특별한 기능을 제공하는 코드의 모음입니다.**

파이썬에는 print(), input(), int() 등 다양한 함수가 제공됩니다. print() 함수는 글자를 화면에 출력하는 기능을 제공하고, input() 함수는 사용자로부터 입력을 받는 기능을 제공합니다. int()는 문자형을 숫자형으로 변경해주는 기능을 제공합니다.

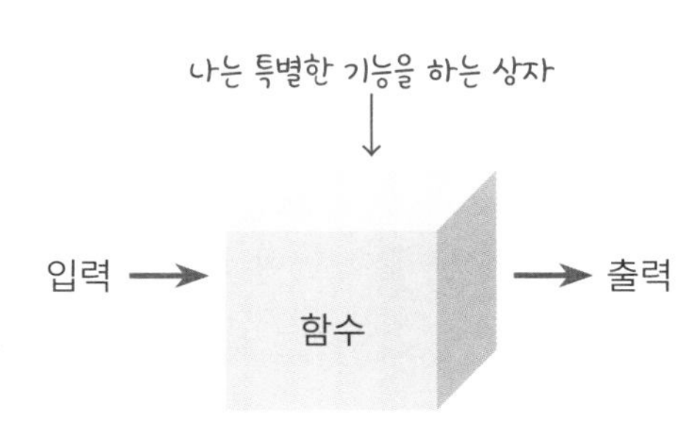

■ **입력값 x를 받아 f(x)라는 결과를 출력합니다.**

함수에 입력값을 넣어주면, 이를 처리하고 원하는 값을 반환해줍니다. 입력값 x를 '인자' 혹은 '파라미터'라고 부르고, 함수의 출력값을 '반환값'이라고 부릅니다. 예를 들어, word=input('단어를 입력하세요!')라고 작성하면 괄호 안에 작성된 문장이 입력값입니다. 그리고 이 함수를 실행하면 사용자로부터 입력받아 값을 word 변수에 담아줍니다.

괄호 안에 화면에 출력할 문장을 넣어주세요.

```
word= input('단어를 입력하세요: ')
```

사용자가 입력한 값을 변수에 담아줍니다.

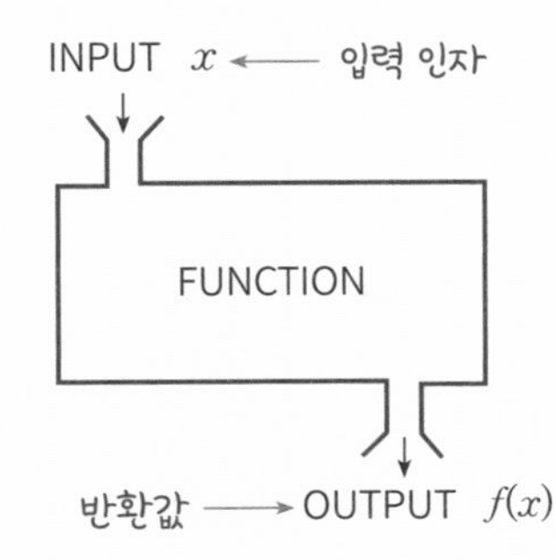

다음과 같이 함수를 중첩해서 사용할 수 있어요.

괄호 안에 함수를 적어주었어요.

```
number= int(input('숫자를 입력하세요: '))
```

input() 함수의 반환값을 int 함수의 인자로 넣어줄 수 있습니다.

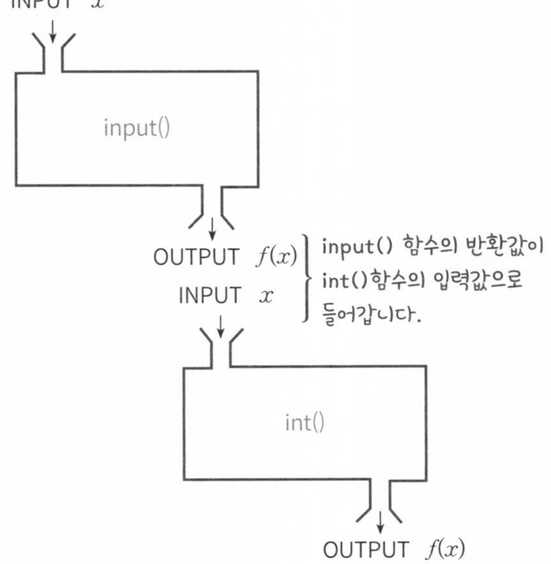

■ **인자가 필요하지 않는 함수도 있습니다.**

print('안녕하세요.')라고 작성하면 '안녕하세요.'라는 문장을 인자로 받아 화면에 출력해줍니다. 이 함수는 인자 없이 print()라고 작성할 수도 있습니다.

```
print('안녕하세요.')←— 괄호에 문장을 인자로 넣어줬어요.
print() ←— 괄호에 인자를 넣지 않았어요.
```

input() 함수는 괄호 안에 인자를 넣지 않아도 됩니다. 이 함수는 인자를 최대 1개만 받기 때문에 입력 인자를 2개 이상 넣으면 코드 실행과정에서 오류가 납니다. word = input('단어를 입력하세요:')라고 작성하면 '단어를 입력하세요.'를 인자로 받아 화면에 출력해주고 사용자 입력을 받기 위해 커서를 깜박입니다.

```
word = input('단어를 입력하세요:')    실행 결과 →    단어를 입력하세요: | ←— 커서가 깜빡깜빡
```

인자 없이 input()이라고 작성할 수 있습니다. 그러면 화면에 문장이 출력되지 않고 입력을 받기 위해 커서만 깜박입니다.

```
실행 결과 word = input('')    실행 결과 →    | ←— 커서가 깜빡깜빡
```

■ **반환값이 없는 함수도 있습니다.**

print() 함수는 반환값이 없기 때문에 다음과 같이 코드를 작성하면 word 변수에 None이 할당됩니다. 이렇게 반환값이 없는 함수는 변수에 할당할 필요가 없습니다.

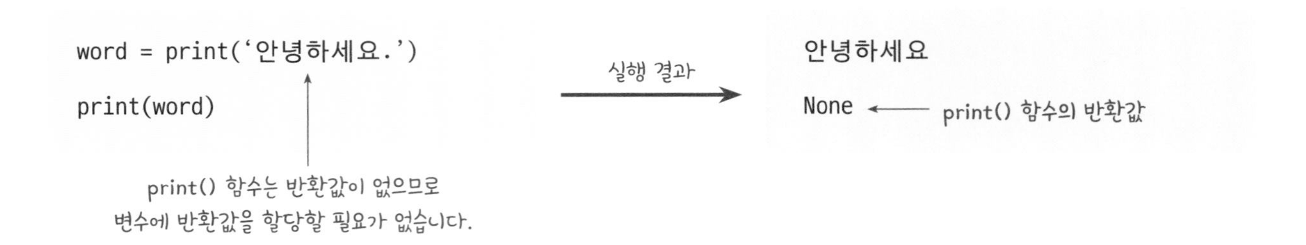

코딩 연습하기 ▶▶▶▶▶

132. 다음 코드를 실행하면 오류가 발생합니다. 오류가 발생한 이유를 보기에서 고르세요.

```
a = '단어를 입력하세요.'
b = '숫자를 입력하세요.'
word = input(a, b)
print(word)
```

⚠ 코드 실행 시 출력되는 오류 메시지 ✕
TypeError: input expected at most 1 argument, got 2

① input() 함수의 인자로 변수를 사용해서
② input() 함수에 반환값이 없어서
③ input() 함수는 최대 1개의 인자만 사용할 수 있지만 2개를 사용해서
④ print() 함수에 인자를 1개만 사용해서

133. 다음 코드가 어떤 방식으로 실행되는지 보기에서 고르세요.

```
number = int(input('숫자를 입력하세요.'))
```

① input() 함수 실행 후 int() 함수가 실행된다.
② int() 함수 실행 후 input() 함수가 실행된다.
③ number가 실행된 후 int(), input() 함수 순으로 실행된다.
④ 함수 안에 함수를 사용해서 코드 실행 시 오류가 발생한다.

134. 다음 코드를 실행하면 오류가 발생합니다. 오류가 발생한 이유로 적절한 것을 보기에서 고르세요.

```
number = int(print('숫자를 입력하세요.'))
```

⚠ 코드 실행 시 출력되는 오류 메시지 ✕
TypeError: int() argument must be a string, a bytes-like object or a number, not 'NoneType'

① print() 함수에 '숫자를 입력하세요.'라는 문자열을 인자로 사용해서
② int() 함수는 문자열, 숫자 등을 인자로 사용해야 하지만, None이 인자로 사용되어서
③ int() 함수에는 인자를 사용하면 안 되지만, 괄호 안에 print() 함수를 사용해서
④ int() 함수의 반환값을 number 변수에 할당해서

135. 다음 코드를 실행하고 3을 입력하면 어떤 결과가 출력되는지 보기에서 고르세요.

```
number = int(input('숫자를 입력하세요.'))
print(2+number)
```

① 2와 number를 더하기 때문에 오류가 발생한다.
② 5가 출력된다.
③ 3이 출력된다.
④ 23이 출력된다.

정답은 160쪽에 있습니다.

코딩 개념 이해하기

파이썬에서 제공하는 내장함수 사용하기 ①

■ **파이썬에는 내장함수를 기본적으로 제공하고 있습니다.**

파이썬 IDLE를 설치할 때 '내장함수'가 자동으로 내 컴퓨터에 설치됩니다. 파이썬에 이들 함수가 기본적으로 내장되어 있기 때문에 영어로는 'Built-in function'이라고 부릅니다. 대표적인 내장함수로는 다음이 있습니다.

```
abs() min() sorted() input() int() float() str() sum() pow() print() len() type() list() range() max()
```

■ **abs()**

abs는 absolute value의 약자로, 절대값을 구해주는 함수입니다. 괄호 안에 숫자나 변수를 넣어주면 이 값의 절대값을 반환해줍니다. 예를 들어, 아래 코드에서 -90이 할당된 a변수를 함수의 인자로 넣어주었기 때문에, 절대값 90이 반환되었습니다.

```
a = -90
result = abs(a)  절대값인 90을 반환합니다.
print(result)
```

실행 결과 →

```
90
```

■ **min()**

min는 minimum의 약자로, 입력 인자로 전달된 리스트에서 최소값을 반환해줍니다. 예를 들어, 아래 코드에서 alist 변수가 함수의 인자로 사용되었고, 리스트에서 최소값인 2가 반환되었습니다.

```
allist = [5, 4, 4, 3, 2]
result = min(alist)  리스트에서 최소값인 2를 반환합니다.
print(result)
```

실행 결과 →

```
2
```

■ **max()**

max는 maximum의 약자로, 입력 인자로 전달된 리스트에서 최대값을 반환해줍니다. 아래 코드에서 alist 변수가 함수의 인자로 사용되었고, 리스트에서 최대값인 5가 반환되었습니다.

```
allist = [5, 4, 4, 3, 2]
result = min(alist)    리스트에서 최대값인 5를 반환합니다.
print(result)
```

실행 결과 →

```
5
```

■ **input()**

input은 '입력하다'라는 의미로, 사용자로부터 입력을 받는 함수입니다. 사용자가 키보드로 값을 입력하면 이 값이 반환됩니다. 예를 들어, 아래 코드를 실행하면 '단어를 입력하세요:'라는 문장이 출력됩니다. 그리고, '겨울'이라고 입력하면 이 값이 반환되어 word 변수에 할당됩니다.

```
word= input('단어를 입력하세요: ')
print('입력한 값은',word,'입니다.')
```

실행 결과 →

```
실행 결과 단어를 입력하세요: 겨울
입력한 값은 겨울입니다.
```

■ **int()**

int는 integer의 약자로, '정수'라는 의미를 가집니다. 이 함수는 입력값을 정수형으로 변환해줍니다. 예를 들어, int(123.1)을 실행하면 실수값 123.1을 정수형(123)으로 변환해줍니다. 아래 코드에서 number 변수에 실수값 123.1이 할당되어 있습니다. 이 변수가 인자로 사용되어 int()함수를 통해 123이라는 결과를 반환합니다.

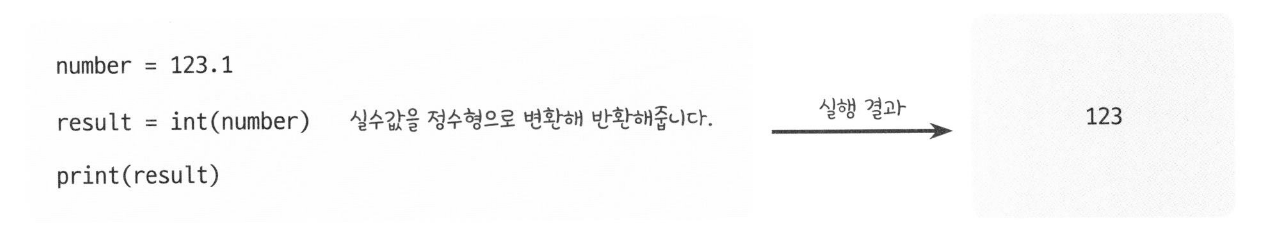

> **여기서 잠깐**
>
> '123'과 123은 자료형이 다릅니다. 따옴표가 붙으면 문자형이 되고 따옴표가 없으면 정수형이 됩니다.
> int() 함수는 문자형을 정수형으로 바꿀 수 있습니다.
> input() 함수를 통해 값을 입력받으면 숫자도 문자형으로 처리됩니다. 입력받은 값을 정수형으로 변환하기 위해 int(input('값을 입력하세요.'))와 같이 int() 함수를 사용합니다.

코딩 연습하기 ▶▶▶▶▶

136. 다음 코드를 실행하면 어떤 결과가 출력되는지 출력 내용을 작성하세요.

```
numbers = [12, 45, 32, 55, 79]
result = min(numbers)
print(result)
```

137. input() 함수를 통해 숫자를 입력하면 이를 문자형으로 처리됩니다. 이를 정수형으로 변환하기 위해 빈칸에 들어갈 함수를 보기에서 고르세요.

```
num = input('숫자를 입력하세요.')
result = ________(num)
print(result)
```

① float ② str ③ int ④ list

138. 다음 코드에서 최대값을 출력하기 위해 빈칸에 들어가야 할 함수를 작성하세요.

```
numbers = [12, 45, 32, 55, 79]
result = ________(numbers)
print(result)
```

① sum ② min ③ input ④ max

139. 다음 코드를 실행하고 숫자 4를 입력하면 오류가 발생합니다. 그 이유를 보기에서 고르세요.

```
num = input('숫자를 입력하세요.')
result = num / 2
print(result)
```

코드 실행 시 출력되는 오류 메시지

TypeError: unsupported operand type(s) for /: 'str' and 'int'

① num은 문자형이지만, 이것을 숫자 2로 나눠서
② 숫자를 입력하지 않아서
③ num 변수를 초기화하지 않아서
④ input() 함수에 인자를 1개만 입력해서

140. 다음 코드는 사용자가 입력한 값을 value 변수에 할당하고 있습니다. value의 절대값을 구하기 위해 빈칸에 들어가야 할 변수를 보기에서 고르세요.

```
value = int(input('숫자를 입력하세요.'))
result =abs(________)
print(result)
```

① result ② int ③ value ④ print

정답은 161쪽에 있습니다.

파이썬에서 제공하는 내장함수 사용하기 ②

■ **float()**

float는 '떠다니다'라는 의미로, 입력 인자를 실수형으로 변경해주는 함수입니다. 예를 들어, 90이 할당된 a 변수를 함수의 인자로 넣어주면 90.0이라는 실수형 변수로 변경해줍니다.

■ **str()**

str은 string의 약자로 입력 인자를 문자형으로 변경해주는 함수입니다. 예를 들어, 90이 할당된 a변수를 함수의 인자로 넣어주면 '90'이라는 문자형 변수로 변경해줍니다.

```
a = 90   정수형
result = str(a)
print(result)
```

실행 결과 → '90' 문자형

■ **pow()**

pow는 power의 약자로, 2개의 인자를 입력받아 거듭제곱을 계산해주는 함수입니다. pow(x, y)로 작성하면 x의 y승에 대한 계산 결과를 반환해줍니다. 예를 들어, 함수의 인자로 2, 3이 사용하면, 거듭제곱 결과로 8이 반환됩니다.

■ **print()**

print는 '출력한다'라는 의미로, 괄호 안의 내용을 화면에 출력하는 함수입니다. 괄호 안에는 여러 개의 인자를 사용할 수 있습니다. 예를 들어, 아래 코드에서는 함수의 인자로 a, b, c가 사용되었고, 이 내용을 화면에 출력해줍니다.

```
a = '나는'
b = '파이썬을'
c = '좋아해'
print(a, b, c)
```


■ **len()**

len는 length의 약자로, 리스트 또는 문자열의 길이를 구해주는 함수입니다. 괄호 안에 리스트, 문자열 등의 변수를 넣어주면 변수의 길이를 반환해줍니다. 예를 들어, 아래 코드에서는 days 변수의 항목은 4개이므로 len(days)는 4를 반환하고, month 변수의 글자수는 7개이므로 len(month)는 7을 반환합니다.

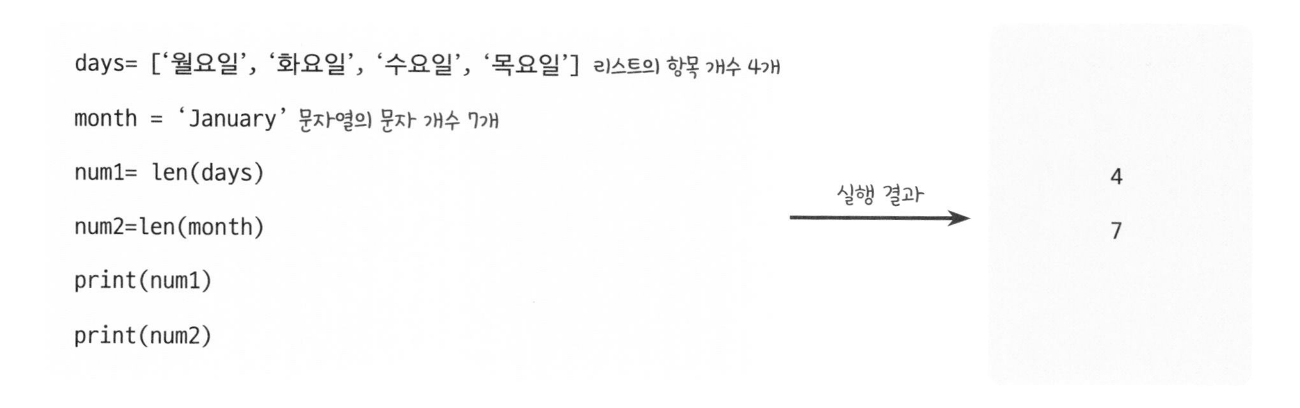

```
days= ['월요일', '화요일', '수요일', '목요일'] 리스트의 항목 개수 4개
month = 'January' 문자열의 문자 개수 7개
num1= len(days)
num2=len(month)
print(num1)
print(num2)
```

■ **type()**

type은 '유형'이'라는 의미로, 입력 인자의 자료형을 알려주는 함수입니다. 자료형이 정수형이면 int, 실수형이면 float, 문자형이면 str, 리스트형이면 list라고 출력합니다. 예를 들어, 아래 코드에서는 함수의 인자로 a, b, c, d가 사용되었고, int, float, str, list를 각각 반환하고 있습니다.

```
a = 10
b = 10.1
c = '10'
d = [1, 2, 3, 4]
print(type(a))
print(type(b))
print(type(c))
print(type(d))
```



```
<class 'int'>
<class 'float'>
<class 'str'>
<class 'list'>
```

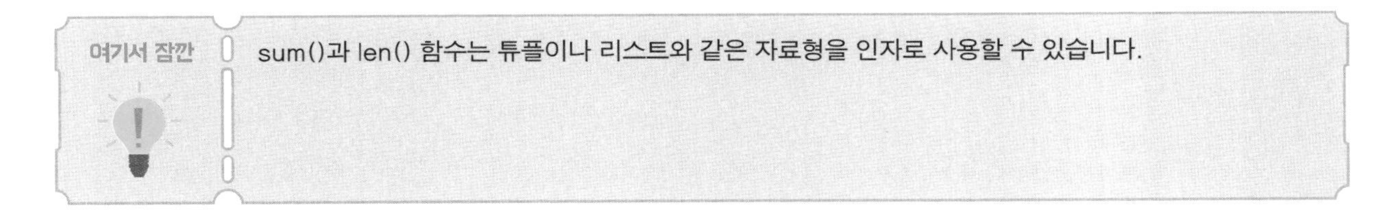

141. 다음 코드를 실행하면 어떤 결과가 출력되는지 작성하세요.

```
print(float('12.3'))
print(float(12))
print(int(12.3))
```

142. 두 숫자 x, y를 입력받아 x의 y제곱을 계산하려고 합니다. 이를 위해 빈칸에 들어갈 함수를 작성하세요.

```
x = int(input('첫번째 숫자를 입력하세요.'))
y = int(input('두번째 숫자를 입력하세요.'))
result = ________
print(result)
```

143. 리스트 항목의 합계와 평균을 구하려고 합니다. 괄호에 들어갈 함수를 보기에서 고르세요. (힌트: 리스트 항목의 개수를 확인할 수 있는 함수를 사용해야 합니다.)

```
numbers = [90, 98, 60, 75, 50]
sum = sum(numbers)
avg = sum / ________
print('합계:', sum)
print('평균:', avg)
```

① sum(numbers) ② min(numbers)
③ len(numbers) ④ max(numbers)

144. 다음 코드를 실행하면 어떤 결과가 출력되는지 출력 내용을 작성하세요.

```
a = '파이썬은'
b = '객체지향 프로그래밍 언어'
c = '입니다'
print(a, b, c)
```

145. 왼쪽 코드의 실행 결과를 오른쪽 실행 결과에 연결하세요.

① print(type([1, 2, 3, 4]))	가. <class 'int'>
② print(type(10))	나. <class 'float'>
③ print(type('10'))	다. <class 'list'>
④ print(type(10.0))	라. <class 'str'>

146. 키와 몸무게를 입력받기 위해 다음과 같이 코드를 작성하였습니다. 입력값을 실수형으로 변환하기 위해 빈칸에 들어가야 할 함수를 작성하세요.

```
height = ________ (input('키를 입력하세요.'))
weight = ________ (input('몸무게를 입력하세요.'))
print('당신의 키는', height, '입니다.')
print('당신의 몸무게는', weight, '입니다.')
```

147. 정수형을 문자형으로 바꾸기 위한 함수를 보기에서 고르세요.

① float ② int ③ str ④ list

정답은 161~162쪽에 있습니다.

코딩 개념 이해하기

파이썬에서 제공하는 내장함수 사용하기 ③

■ range() 함수의 인자가 1개일 때

range는 '범위'라는 뜻으로, 지정한 범위의 숫자를 만들어주는 함수입니다. 예를 들어, 0부터 9까지 숫자가 만들어지도록 다음과 같이 코드를 작성하고 실행하면 range(0, 10)이라고 출력합니다.

```
range(10)
```

실행 결과 →

```
range(0, 10)
```

range() 함수를 통해 만들어진 숫자를 확인하기 위해서는 다음과 같이 리스트 함수를 사용합니다.

```
list(range(10))
```

실행 결과 →

```
[0, 1, 2, 3, 4, 5, 6, 7, 8, 9]
```

■ range() 함수의 인자가 2개일 때

범위를 지정하기 위해 입력 인자를 2개 사용할 수 있습니다. 범위가 a에서 b 사이라면, 첫번째 인자는 a이고, 두번째 인자는 b입니다. 예를 들어 range(1, 9)라고 작성하면 1, 2, 3, 4, 5, 6, 7, 8을 만들어줍니다. 범위는 1, 9로 지정했지만, 만들어지는 숫자는 1부터 8까지만 만들어진다는 점을 주의해주세요.

```
alist =list(range(1, 9))
print(alist)
```

실행 결과 →

```
1, 2, 3, 4, 5, 6, 7, 8
```

■ range() 함수의 인자가 3개일 때

범위를 지정하고, 숫자 간격을 지정하기 위해 입력 인자를 3개 사용합니다. 세번째 인자는 숫자 간격을 지정합니다. 1을 작성하면 숫자가 1씩 증가하고, 2를 작성하면 2씩 증가합니다. 반대로 -1을 작성하면 1씩 감소합니다. 예를 들어 range(1, 9, 2)라고 지정하면 1, 3, 5, 7을 만들어줍니다. 범위는 1, 9로 지정했지만, 만들어지는 숫자는 1부터 8까지만 만들어집니다.

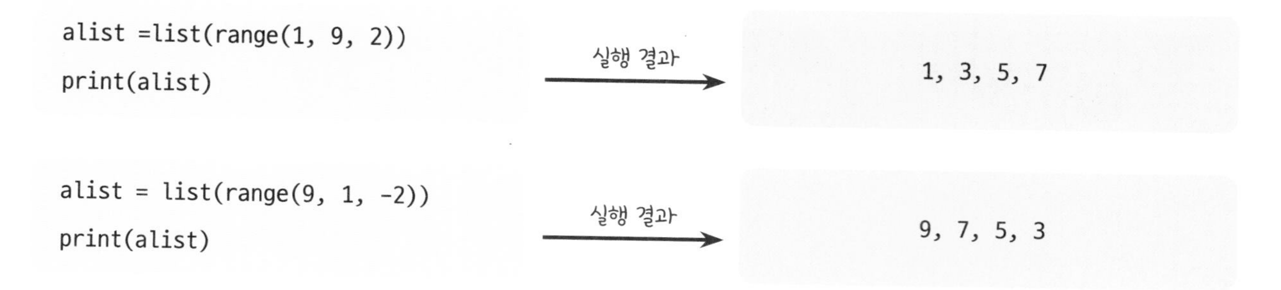

```
alist =list(range(1, 9, 2))
print(alist)
```

실행 결과 → 1, 3, 5, 7

```
alist = list(range(9, 1, -2))
print(alist)
```

실행 결과 → 9, 7, 5, 3

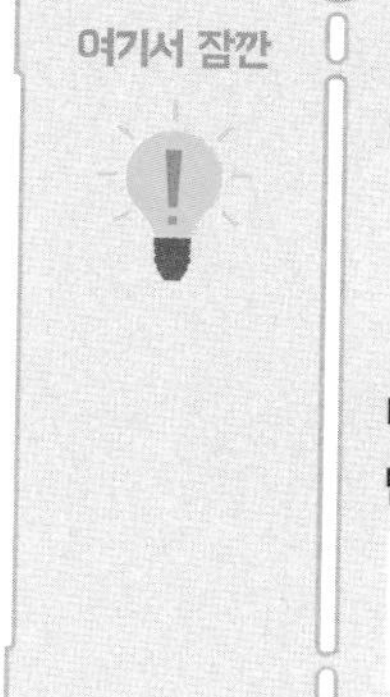

여기서 잠깐

range() 함수는 주로 for문과 함께 사용합니다. 아래와 같이 코드를 작성하면 0부터 8까지 숫자를 만들고, 이 숫자를 하나씩 x변수에 담아집니다.

```
for x in range(9):
    print(x)
```

다음과 같이 코드를 작성하면 9, 8, 7, 6, 5, 4, 3, 2, 1의 숫자를 만들고, 이 숫자를 하나씩 x변수에 담아집니다.

```
for x in range(9, 0, -1):
    print(x)
```

■ sorted()

sorted는 '정렬된'이라는 의미로, 리스트의 항목을 오름차순으로 정렬해주는 함수입니다. 괄호 안에 리스트명을 작성하면 리스트의 항목을 정렬해서 반환해줍니다. 아래 코드에서는 alist 변수가 인자로 사용되었고, 리스트가 정렬되어 반환되었습니다.

```
alist = [5, 4, 4, 3, 2]
result = sorted(alist)
print(result)
```

실행 결과 → [2, 3, 4, 4, 5]

■ sum()

sum는 '합계'의 의미로, 인자로 입력된 리스트의 항목을 모두 더해줍니다. 아래 코드에서는 alist가 함수의 인자로 사용되었고, 리스트 항목을 더한 결과인 19가 반환되었습니다.

```
alist = [5, 4, 5, 3, 2]
result = sum(alist)
print(result)
```

실행 결과 → 19

코딩 연습하기 ▶▶▶▶▶

148. range() 함수를 이용해 2부터 10까지의 숫자를 만들려고 합니다. a와 b에 들어갈 숫자를 작성하세요.

```
range(a, b)
```

149. 다음 코드를 실행하면 어떤 결과가 출력되는지 보기에서 고르세요.

```
alist = list(range(1, 10))
print(alist)
```

① 1, 2, 3, 4, 5, 6, 7, 8, 9, 10
② [1, 2, 3, 4, 5, 6, 7, 8, 9, 10]
③ (1, 2, 3, 4, 5, 6, 7, 8, 9)
④ [1, 2, 3, 4, 5, 6, 7, 8, 9]

150. 5, 4, 3, 2, 1 순서와 같이 출력되도록 a, b, c에 들어가야 할 값을 작성하세요.

```
for item in range(a, b, c):
  print(item)
```

151. 숫자가 1에서 9까지 범위에서 1, 3, 5, 7, 9와 같이 2씩 숫자가 증가하도록 a, b, c에 들어가야 할 값을 작성하세요.

```
for item in range(a, b, c):
  print(item)
```

152. 리스트 항목을 정렬하기 위해 다음 코드에서 빈칸에 들어갈 함수를 보기에서 고르세요.

```
word = ['strawberry', 'banana', 'grape', 'apple']
____________________
```

코드 실행 결과

['apple', 'banana', 'grape', 'strawberry']

① print(min(word))
② print(max(word))
③ print(abs(word))
④ print(sorted(word))

153. 다음 코드를 실행하면 어떤 결과가 출력되는지 보기에서 고르세요.

```
scores= list(range(1, 10))
print(sum(scores))
```

① 45 ② 55 ③ 11 ④ 10

154. 다음 코드를 실행하면 어떤 결과가 출력되는지 작성하세요.

```
days = ['월', '화', '수', '목', '금', '토', '일']
for a in range(1, 5):
  print(days[a], '요일')
```

정답은 162쪽에 있습니다.

▶▶▶▶▶ 코딩 미션

155. 다음 코드는 숫자를 입력받아 양수이면 입력값 그대로를 출력하고, 음수이면 양수값으로 변환하여 출력합니다. 이 코드가 설명에 따라 동작하도록 빈칸을 채우세요.

```
number = int(input('숫자를 입력하세요.'))
if ______________:
    print(number)
else:
    print('양수로 변환합니다.')
    ____________________
    print(number)
```

156. 다음 코드에서 num 변수에 '10'이라는 문자열이 할당되어 있습니다. 이를 실수형으로 변환하도록 빈칸을 채우세요.

```
num = '10'
intNum = int(num)
floatNum = ____________________
```

157. 다음은 숫자를 5번 입력받아 리스트에 추가한 후 최대값과 최소값을 구하는 코드입니다. 빈칸을 채워 코드를 완성하세요.

```
numbers = []
for x in range(5):
  num = int(input(x+'번째 숫자를 입력하세요.'))
  numbers.append(num)
print('최대값:', _________)
print('최소값:', _________)
```

158. 다음은 10명 학생의 몸무게를 입력받아 평균을 구하는 코드입니다. 빈칸을 채워 코드를 완성하세요.

```
weight = []
for x in range(1, 11):
   w = ___ (input(x+'번 학생의 몸무게를 입력하세요.'))
   weight.append(w)
print('학생들의 몸무게 평균은', _____)
```

159. 다음과 같이 실행 결과가 출력되도록 코드의 빈칸을 채우세요.

코드 실행 결과

```
num1은 리스트형입니다.
num2는 정수형입니다.
num3은 실수형입니다.
num4는 문자형입니다.
```

```
num1 = ____________________
num2 = ____________________
num3 = ____________________
num4 = ____________________
if type(num1) is list:
   print('num1은 리스트형입니다.')
if type(num2) is int:
   print('num2은 정수형입니다.')
if type(num3) is float:
   print('num3은 실수형입니다.')
if type(num4) is str:
   print('num4는 문자형입니다.')
```

정답은 163~164쪽에 있습니다.

160. 다음 코드를 실행하면 오류가 발생합니다. 오류가 발생한 이유를 설명하고 올바르게 고치세요.

```
a = 123
print(123 + '는 숫자입니다.')
```

코드 실행 결과

TypeError: unsupported operand type(s) for +: 'int' and 'str'

161. 다음 코드를 실행하고 5, 4, 3, 2, 1을 입력합니다. 그런 다음 '그만'이라고 입력하면 어떤 결과가 출력되는지 작성하세요.

```
while True:
  word = input('단어를 입력하세요.')
  if word == '그만':
     break
  else:
     wordlist.append(word)
print(len(wordlist))
```

162. 다음 코드를 실행하면 어떤 결과가 출력되는지 작성하세요.

```
print(int(123.3))
print(float(123.3))
```

163. 다음 코드를 실행하면 오류가 발생합니다. 오류가 발생한 이유를 설명하고 올바르게 고치세요.

```
number = int(input('숫자를', '입력하세요.'))
```

코드 실행 결과

TypeError: input expected at most 1 argument, got 2

164. 다음 코드를 실행한 후 2을 입력하였지만, '2가 입력되지 않았습니다.'라고 출력됩니다. '2가 입력되었습니다.'라는 문장이 출력되지 않은 이유를 설명하세요.

```
num = input('숫자를 입력하세요.')
if num == 2 :
   print('2가 입력되었습니다.')
else:
   print('2가 입력되지 않았습니다.')
```

165. 다음 코드를 실행하고 3을 입력하면 오류가 발생합니다. 그 이유를 설명하세요.

```
num = input('숫자를 입력하세요.')
for a in range(num):
  print(a)
```

코드 실행 결과

for a in range(num):
TypeError: 'str' object cannot be interpreted as an integer

166. 다음 코드를 실행하면 어떤 결과가 출력되는지 작성하세요.

```
word = 'today'
for letter in range(4, -1, -1):
  print(word[letter])
```

정답은 164~166쪽에 있습니다.

167. 다음 코드를 실행하면 '검정', '파랑', '노랑', '빨강' 순으로 출력되어야 합니다. 이를 위해 a, b, c에 들어갈 숫자를 작성하세요.

```
word = ['빨강', '노랑', '파랑', '검정']
for letter in range(a, b, c):
  print(word[letter])
```

168. 다음 실행 결과와 같이 특수문자(&)가 반복적으로 출력되도록 코드에서 a, b에 들어갈 숫자를 작성하세요.

```
for num in range(a, b):
    print('&' * num )
```

코드 실행 결과

```
&
&&
&&&
&&&&
&&&&&
&&&&&&
&&&&&&&
&&&&&&&&
&&&&&&&&&
```

169. 다음는 5개의 숫자를 입력받아 리스트에 항목을 추가하고, 합계와 평균을 구하는 코드입니다. 코드를 완성하기 위해 빈칸에 들어가야 할 코드를 작성하세요.

```
numbers = []
for a in range(5):
  num = int(input('숫자를 입력하세요.'))
  ________________________________
print('합계:', sum(numbers))
print('평균:', sum(numbers)/len(numbers))
```

코드 실행 결과

```
숫자를 입력하세요: 3
숫자를 입력하세요: 5
숫자를 입력하세요: 7
숫자를 입력하세요: 4
숫자를 입력하세요: 9
합계: 28
평균: 5.6
```

170. 아래 코드를 실행하고 10, 9, 8, 7, 5, 2를 순서대로 입력하면 리스트에 추가됩니다. 리스트의 항목이 정렬된 형태로 출력되도록 빈칸을 채우세요.

```
numbers = []
for a in range(6):
  num = int(input('숫자를 입력하세요.'))
  numbers.append(num)
print( _______________ )
```

171. 다음 공식을 참고하여 반지름을 입력받아 원의 둘레와 넓이를 구하는 코드를 작성하세요.

```
원의 둘레 =  반지름 × 2 × 3.14
원의 넓이 =  반지름 × 반지름 × 3.14
```

172. 다음과 같이 numbers 리스트가 정의되었을 때 numbers의 최소값과 최대값을 출력하는 코드를 작성하세요.

```
numbers = [2, 3, 5, 7, 7, 3, 5, 9]
```

정답은 166~167쪽에 있습니다.

173. 다음과 같이 구구단을 출력하는 코드를 작성하세요.

코드 실행 결과

```
3 X 1  = 3
3 X 2  = 6
3 X 3  = 9
3 X 4  = 12
3 X 5  = 15
3 X 6  = 18
3 X 7  = 21
3 X 8  = 24
3 X 9  = 27
```

174. 1에서 100 사이의 값 중 짝수만 더해 합계를 구하는 코드를 작성하세요.

175. 임의의 숫자를 입력값으로 받아 다음과 같이 숫자열을 출력하는 코드를 작성하세요.

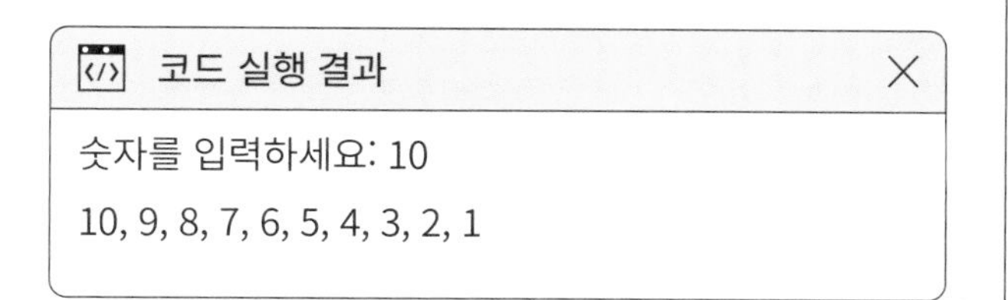

```
코드 실행 결과
숫자를 입력하세요: 10
10, 9, 8, 7, 6, 5, 4, 3, 2, 1
```

176. 다음 실행 결과와 같이 영어단어를 입력받아 리스트에 추가한 후 리스트의 항목을 출력하는 코드를 작성하세요.

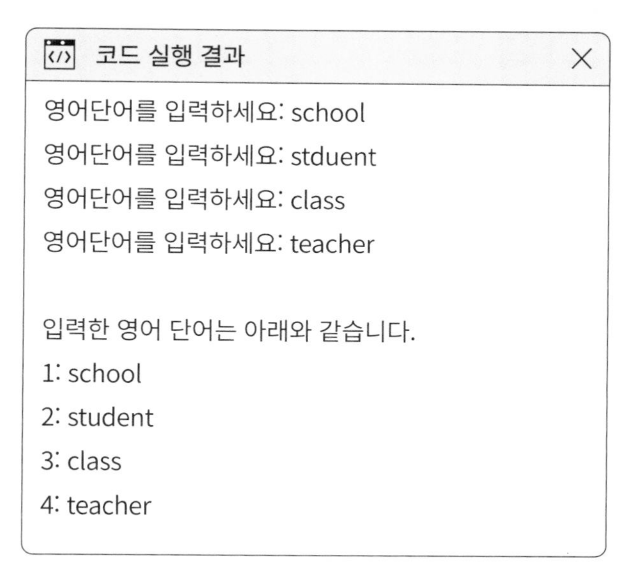

```
코드 실행 결과
영어단어를 입력하세요: school
영어단어를 입력하세요: stduent
영어단어를 입력하세요: class
영어단어를 입력하세요: teacher

입력한 영어 단어는 아래와 같습니다.
1: school
2: student
3: class
4: teacher
```

177. 다음과 같이 리스트가 정의되어 있을 때 리스트의 각 항목의 자료형을 출력하는 코드를 작성하세요.

```
numbers = [2, 3.4, '33', [1, 2, 3, 4]]
```

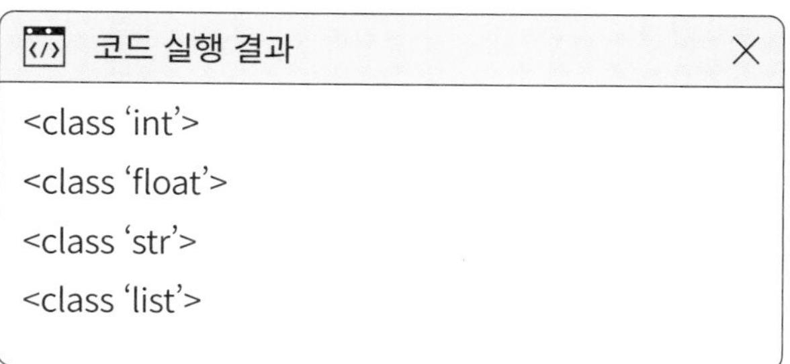

```
코드 실행 결과
<class 'int'>
<class 'float'>
<class 'str'>
<class 'list'>
```

정답은 167~168쪽에 있습니다.

함수 정의하기 ①

■ **나만의 함수를 정의할 수 있습니다.**

코딩에서는 새로운 것을 만들려고 할 때 '정의'라는 단어를 사용합니다. 그래서 define의 앞글자인 def를 사용해 새로운 함수를 정의합니다. 함수에는 인자와 반환값이 있습니다. 함수이름 옆에 괄호에 작성하고 그 안에 인자를 작성합니다. 그리고 반환값은 return 옆에 작성해줍니다.

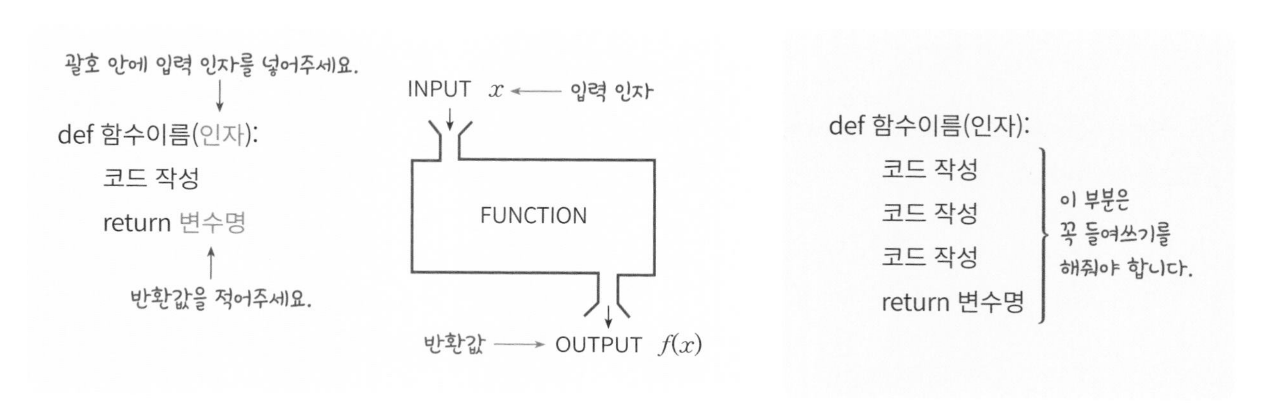

■ **함수는 다양한 패턴이 있습니다.**

함수의 인자와 반환값은 한 개 이상일 수도 있고, 없을 수도 있습니다.

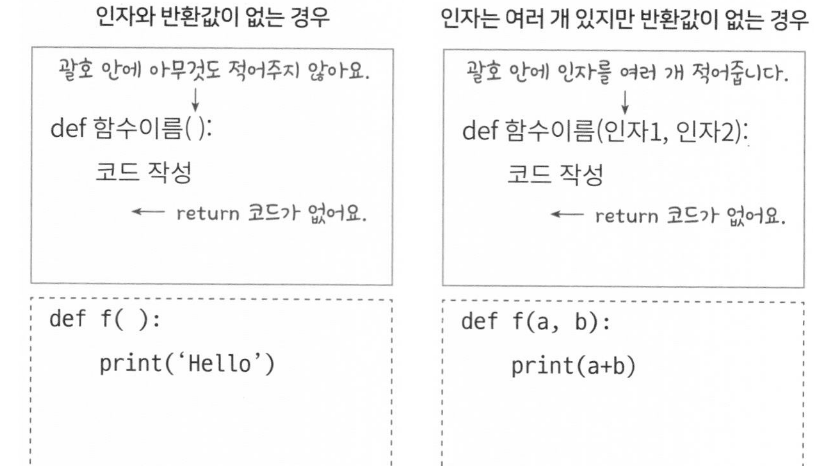

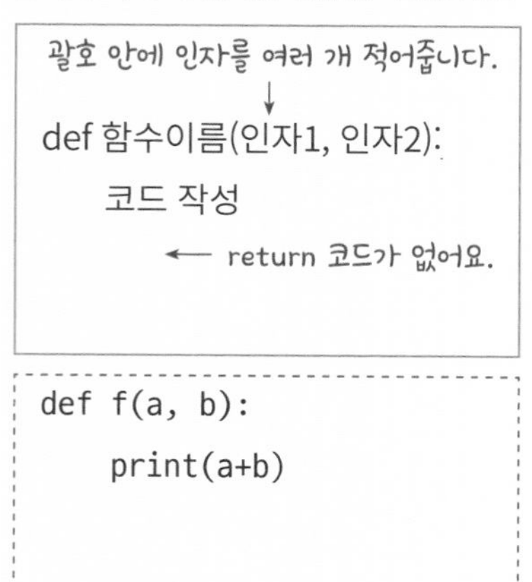

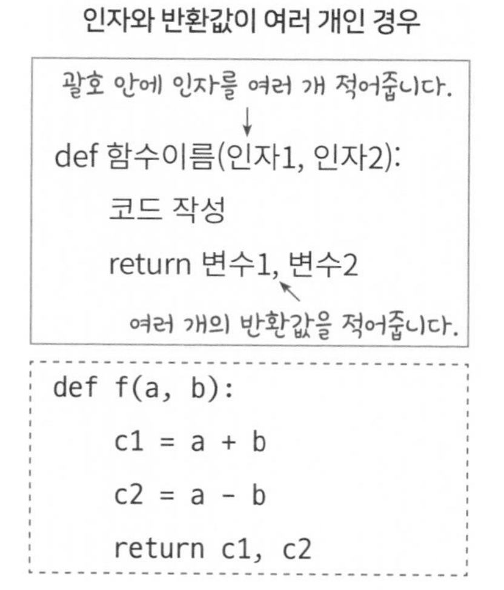

■ **정의한 함수를 실행하기 위해 함수를 호출하는 코드가 있어야 합니다.**

함수를 호출할 때는 정의된 함수명과 인자 개수와 동일하게 함수를 작성해야 합니다.

```
def f( ):
    print('Hello')
```
인자 없이 함수 정의

```
f( )
```
인자 없이 함수 호출

```
def f(a, b):
    print(a+b)
```
인자 2개가 있는 함수 정의

```
c=1
d=2
f(c, d)
```
2개의 인자(c, d)로 f() 함수 호출

```
def f(a, b):
    c1 = a + b
    c2 = a - b
    return c1, c2
```
인자 2개와 반환값이 있는 함수 정의

```
result = f(1, 3)
```
2개의 인자로 f() 함수 호출

반환값을 변수에 담아줄 수 있습니다.

코딩 연습하기 ▶▶▶▶▶

178. 다음은 함수에 대한 설명입니다. 적절하지 않은 것을 고르세요.

① 내장함수는 파이썬에서 기본적으로 제공하는 함수이다.
② 입력 인자는 함수 실행 후 반환되는 값이다.
③ 내가 원하는 함수를 정의할 수 있다.
④ 함수를 정의하면 여러 번 호출할 수 있다.

179. 다음 코드를 실행하면 오류가 발생합니다. 그 이유를 보기에서 고르세요.

```
def f(a, b):
c1 = a + b
c2 = a - b
return c1, c2

f(1, 2)
```

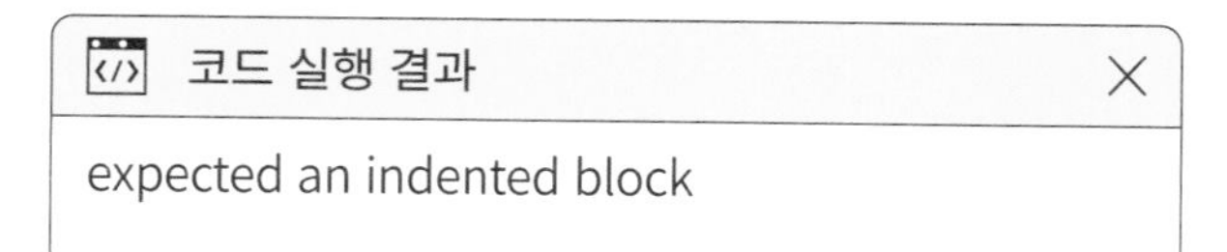

① 인자의 개수가 잘못되어서
② 반환값을 잘못 지정해서
③ 함수의 이름이 너무 짧아서
④ 코드의 들여쓰기가 적절하게 되지 않아서

180. 다음 설명이 맞으면 O, 틀리면 X 표시하세요.

함수에서 입력으로 사용되는 것은 반환값이고, 출력으로 사용되는 것은 인자이다.

181. 코드 실행 결과가 6.28이 출력되도록 빈칸을 채우세요.

```
def circle(r):
  result = 2 * 3.14 * r
  return ________

print(circle(1))
```

코드 실행 결과

6.28

182. 다음은 원의 면적을 구하는 코드입니다. 코드 실행 결과가 None이라고 출력되었는데, 그 이유를 보기에서 고르세요.

```
def area(r):
  result = 3.14 * r * r

print(area(3))
```

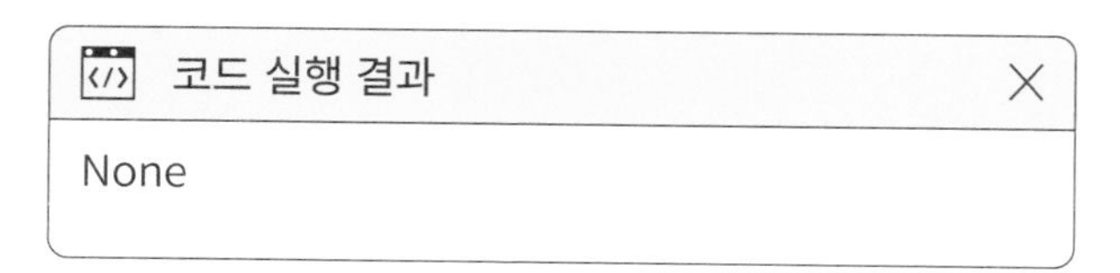

① 함수를 호출하는 코드가 누락되어서
② result를 반환하는 코드가 누락되어서
③ 계산식이 잘못되어서
④ 들여쓰기가 잘못되어서

정답은 169쪽에 있습니다.

183. 다음은 두 수를 입력받아 합한 결과를 반환하는 함수입니다. 이 함수가 실행되도록 빈칸에 함수를 호출하는 코드를 작성하세요.

```
def sum():
  a = int(input('첫번째 수를 입력하세요.'))
  b = int(input('두번째 수를 입력하세요.'))
  return a+b

________________
```

184. 다음 코드를 실행하면 어떤 결과가 출력되는지 작성하세요.

```
def cal(a, b, c):
  return a*b - c

print(cal(5, 4, 10))
```

185. input() 함수를 통해 사용자로부터 값을 입력받아 입력값이 짝수이면 '짝수입니다.'라고 출력하고, 홀수이면 '홀수입니다.'라고 출력하는 코드를 작성하려고 합니다. 아래 빈칸을 채워 코드를 완성하세요.

```
def checkNum(a):
  if a % 2 == 0:
     return '짝수입니다.'
  else:
     ______________

a = int(input('숫자를 입력하세요.'))
print(checkNum(a)
```

186. 다음 코드를 실행하면 'return outside function'이라는 오류가 출력됩니다. 오류가 발생한 이유를 설명하세요.

```
def cal(a, b):
  result = a * b
return result
```

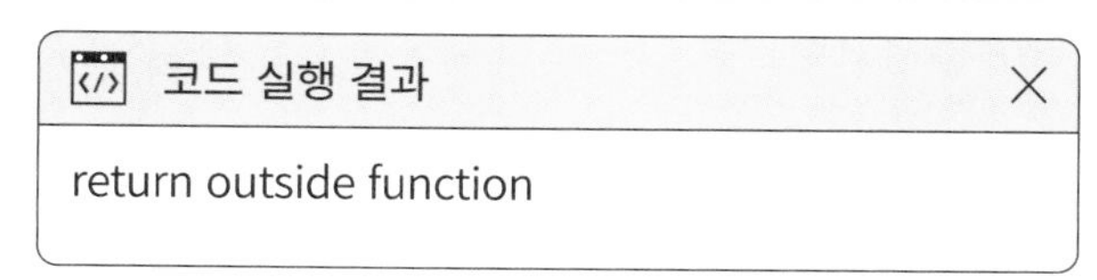

187. 다음 코드를 실행하면 Type Error가 출력됩니다. 오류가 발생한 이유를 보기에서 고르세요.

```
def sayHello():
  print('안녕하세요.')

sayHello('안녕.')
```

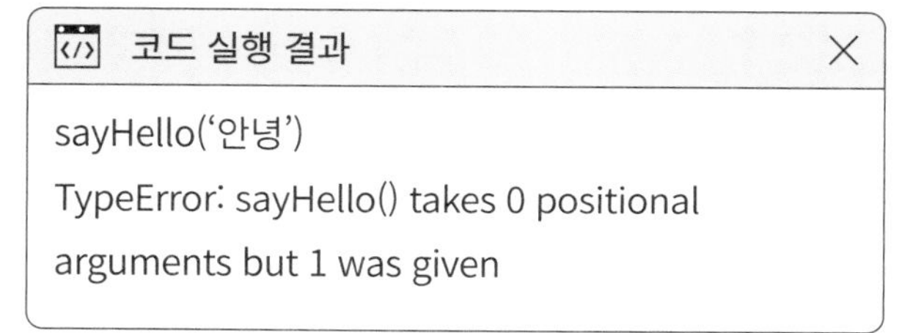

① 인자의 개수가 잘못되어서
② 값을 반환하는 코드가 없어서
③ 문자열을 인자로 사용해서
④ 코드의 들여쓰기가 적절하게 되지 않아서

정답은 169~170쪽에 있습니다.

함수 정의하기 ②

■ 함수를 실행해봅시다!

함수를 정의했으면 함수를 호출하는 코드가 있어야 함수가 실행됩니다.

함수를 정의하고 호출하지 않을 경우

```
def HelloPython( ):
    print('안녕하세요.')
    print('저는 파이썬 함수입니다.')
    print('인자와 반환값이 없습니다.')
```

} 함수정의

← 함수를 호출하는 코드가 없어요.

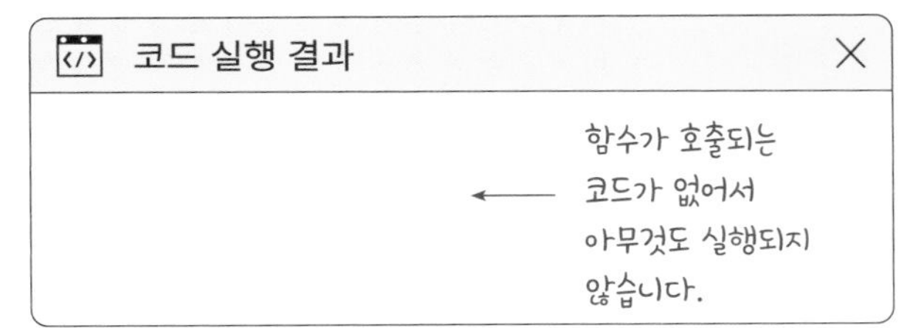

함수를 정의하고 호출하는 경우

```
def HelloPython( ):
    print('안녕하세요.')
    print('저는 파이썬 함수입니다.')
    print('인자와 반환값이 없습니다.')

HelloPython( )
```

} 함수정의

HelloPython( ) ← 함수를 호출하는 코드가 있어요.

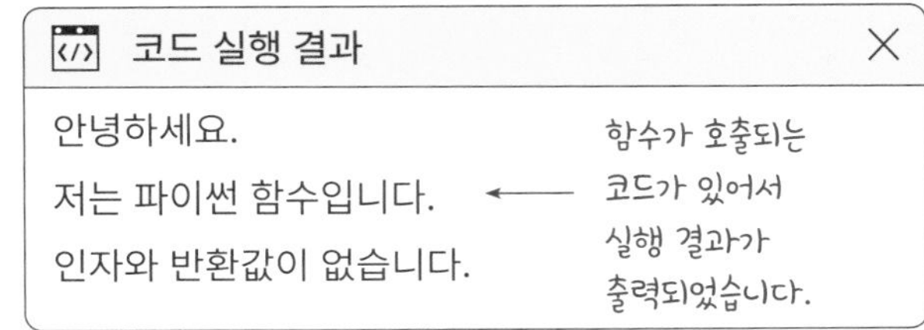

■ 함수의 인자 개수에 맞게 함수를 호출해야 합니다.

정의된 함수 인자가 1개이면, 함수 호출 시 인자를 1개를 작성해야 하고, 2개이면 2개 작성해야 합니다. 즉, 정의된 함수의 인자와 동일하게 함수를 호출해야 합니다.

함수의 인자가 1개인 경우

```
def HelloPython(a):
    print('안녕하세요.')
    print('저는', a, '함수입니다.')
    print('인자는 있지만 반환값이 없습니다.')

HelloPython('자바')
```

(a) ← 인자가 1개로 함수가 정의되어 있습니다.

('자바') 1개의 인자 함수를 호출합니다.

코드 실행 결과

안녕하세요.
저는 자바 함수입니다. ← a변수에 담겨진 '자바'가 출력되었습니다.
인자는 있지만 반환값이 없습니다.

```
1 def HelloPython(a):
2     print('안녕하세요.')
3     print('저는', a, '함수입니다.')
4     print('인자는 있지만 반환값이 없습니다.')
5
6 HelloPython('자바')
```

'자바'라는 문자열이 a로 전달되어서 HelloPython() 함수가 실행됩니다. 즉, a에는 '자바'가 할당됩니다.

코드가 실행되는 순서는 6, 1, 2, 3, 4입니다.

정의된 함수의 인자가 2개이면 함수를 호출할 때도 반드시 2개를 작성해야 합니다.

함수의 인자가 2개인 경우

```
def HelloPython(a, b):
    print('안녕하세요.')
    print('저는 파이썬 '함수입니다.')
    print(a, '와' b, '2개의 인자가 있습니다.')

HelloPython('인자1', '인자2')
```

인자가 2개

2개의 인자를 사용해 함수를 호출합니다.

함수의 인자를 변수로 지정한 경우

```
def HelloPython(a, b):
    print(a, '와' b, '2개의 인자가 있습니다.')

word1 = '인자1'
word2 = '인자2'
HelloPython(word1, word2)
```

word1이 a로, word2가 b로 전달됩니다.

변수에 할당된 값을 인자로 사용해도 됩니다.

코딩 연습하기 ▸▸▸▸▸

188. 다음과 같이 함수가 정의되어 있을 때 함수를 호출하는 코드로 적절한 것을 모두 고르세요.

```
def sum(a, b):
  return a+b
```

① sum()　② sum(1, 2)　③ sum(2)　④ sum(2, 3)

189. 다음 코드를 실행하면 아무런 결과가 출력되지 않습니다. 그 이유를 보기에서 고르세요.

```
def HelloPython( ):
    print('안녕하세요.')
    print('저는 파이썬 함수입니다.')
    print('인자와 반환값이 없습니다.')
```

① return을 위한 코드가 없어서
② 함수를 호출하는 코드가 없어서
③ input() 함수가 사용되어서
④ 입력 인자가 없이 함수가 정의되어서

190. 다음 코드를 실행하면 어떤 결과가 출력되는지 작성하세요.

```
def sayHello(name):
  print(name, '안녕하세요.')

sayHello('지호')
sayHello('지원')
```

191. 다음 코드를 실행하면 어떤 결과가 출력되는지 작성하세요.

```
def sumScore(name, math, English, science):
  sum = math + English + science
  print(name, '총점은', sum, '입니다.')

sumScore('지호', 80, 90, 100)
sumScore('지원', 90, 80, 90)
```

192. 리스트를 인자로 받아 합계와 평균을 구하도록 빈칸을 채우세요.

```
def sumavg(        ):
  sum = sum(alist)
  avg = sum / len(alist)
  return sum, avg

sumavg([1, 2, 3, 4, 5])
```

193. 다음 코드를 실행하면 어떤 결과가 출력되는지 작성하세요.

```
def factorial(n):
  result = 1
  for a in range(1, n):
      result = result * a
  return result

print(factorial(4))
```

정답은 170~172쪽에 있습니다.

194. 다음 함수 실행 시 myfunction() 함수의 인자로 전달되는 값을 모두 작성하세요.

```
def myfunction(val):
  print('인자', val)

for a in range(4):
  myfunction(a)
```

195. 다음 더하기, 빼기, 더하기, 나누기 함수에서 괄호에 공통적으로 들어갈 변수 2개를 작성하세요.

```
def sum(   ,   ):
  return a+b

def subtract(   ,   ):
  return a-b

def multiply(   ,   ):
  return a*b

def divide(   ,   ):
  return a/b
```

196. 리스트 변수 numbers를 인자로 받아 평균을 구한 후 이 값을 반환하는 코드를 작성하려고 합니다. 빈칸에 들어갈 내용을 작성하세요.

```
def avg(nubmers):
  result = sum(numbers) / len(numbers)
  return ______________

print(avg([1, 2, 3, 4, 5]))
```

197. 다음 코드를 실행하고, 450과 5를 입력하면 어떤 결과가 출력되는지 작성하세요.

```
def avg(s, n):
  avgScore = s / n
  return avgScore

s = int(input('합계를 입력하세요.'))
n = int(input('과목수를 입력하세요.'))

result = avg(s, n)

if result >= 80:
   print('Pass입니다.')
else:
   print('Fail입니다.')
```

198. 다음 코드의 실행순서를 보기에서 고르세요.

```
1: def calfunc1( r ):
2:   return 2 * 3.14 * r
3:
4: def calfunc2( r ):
5:   return 3.14 * r * r
6:
7: calfunc2(3)
8: calfunc1(5)
```

① 1, 2, 4, 5, 7, 8
② 7, 8, 1, 2, 4, 5
③ 7, 4, 5, 8, 1, 2
④ 7, 8, 4, 5, 1, 2

199. 이 함수는 a와 b를 인자로 받아 a의 b 제곱을 계산하는 함수이다. 빈칸에 들어갈 인자로 적절한 것을 보기에서 모두 고르세요.

```
def calPower(a, b):
  for a in range(b):
     result = result * a
  return result

print(calPower(        ))
```

① 2, 3, 4
② 2, 4
③ 'a', 'b'
④ a, b

정답은 172~173쪽에 있습니다.

함수 정의하기 ③

■ 함수의 반환값을 받아 변수에 할당합니다.

함수에 반환값이 있으면 함수를 호출한 위치에서 변수에 할당할 수 있습니다. 반환값이 없다면 None이라는 값이 할당됩니다.

함수에 반환값이 있는 경우

```
def HelloPython( ):
    print('안녕하세요.')
    print('저는 반환값이 있습니다.')
    return '함수 실행 성공'

ret = HelloPython( )
print(ret)
```

← 반환값이 있어요.

할당

반환값을 ret 변수에 할당합니다.

ret 값을 출력합니다.

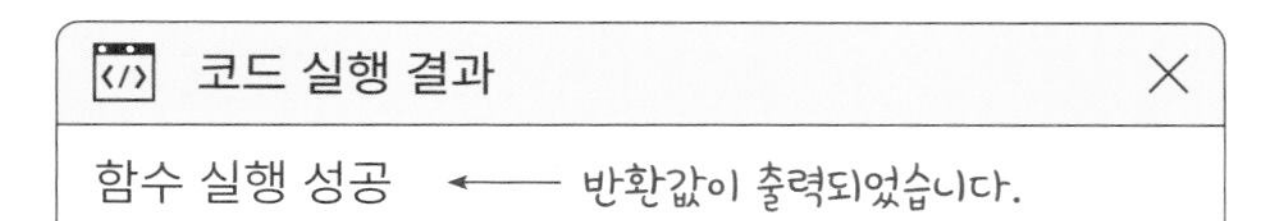

함수에 반환값이 없는 경우

```
def HelloPython( ):
    print('안녕하세요.')
    print('저는 반환값이 없습니다.')

ret = HelloPython( )
print(ret)
```

← 반환값이 없어요.

반환값이 없기 때문에 ret 변수에 None이 할당됩니다.

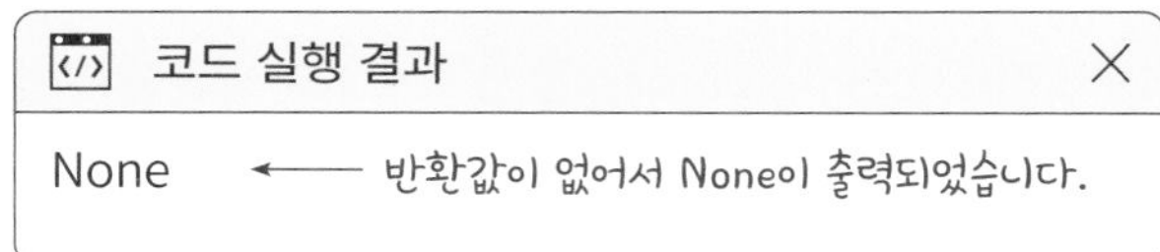

반환값이 여러 개인 경우 값을 리스트 혹은 튜플에 담아 반환할 수 있습니다.

```
def HelloPython(a):
    sum = a + 3
    divide = a / 2
    return [sum, divide]

ret = HelloPython(6)
print(ret)
```

여러 개의 값을 반환하기 위해 리스트 변수로 반환할 수 있어요.

```
def HelloPython(a):
    sum = a + 3
    divide = a / 2
    return sum, divide

ret = HelloPython(6)
print(ret)
```

대괄호를 사용하지 않으면 튜플 형태로 반환합니다.

코드 실행 결과

```
[9, 3]
```
← 반환값이 리스트형으로 출력되었습니다.

코드 실행 결과

```
(9, 3)
```
← 반환값이 튜플형으로 출력되었습니다.

여기서 잠깐

튜플은 리스트와 유사한 자료형이지만, 리스트와 다르게 데이터를 읽기만 가능해서 튜플의 항목을 바꿀 수는 없습니다.

코딩 연습하기 ▶▶▶▶▶

200. 다음 코드를 실행하면 어떤 자료형이 반환되는지 보기에서 고르세요.

```
def numbers(n):
    return n, n+1, n+2

numbers(3)
```

① 정수형 ② 실수형 ③ 리스트형 ④ 튜플형

201. 다음 코드를 실행하면 어떤 자료형이 반환되는지 보기에서 고르세요.

```
def numbers(n):
    alist = []
    for a in range(n):
        alist.append(a)
    return alist

numbers(10)
```

① 정수형 ② 실수형 ③ 리스트형 ④ 튜플형

202. 다음은 합계와 평균을 튜플형으로 반환하는 함수입니다. 빈칸을 채워 코드를 완성하세요.

```
def sumavg(score):
    sumValue = sum(score)
    avgValue = sum(score) / len(score)
    return ____________

sumavg([90, 80, 70, 80])
```

203. 다음 코드를 실행하면 오류가 발생합니다. 그 이유를 보기에서 고르세요.

```
def numbers(n):
    alist = []
    for a in range(n):
        alist.append(a)

numbers([1, 2, 3])
```

코드 실행 결과

```
for a in range(n):
TypeError: 'list' object cannot be interpreted as an integer
```

① 함수 호출시 사용한 인자의 개수와 함수 정의시 사용한 인자의 개수가 달라서

② range() 함수의 인자는 정수형 변수여야 하지만, 인자 n으로 전달된 변수는 리스트형이어서

③ 값을 반환하는 return 코드가 없어서

④ 들여쓰기가 잘못되어서

204. 다음 코드를 실행하면 오류가 발생합니다. 그 이유를 보기에서 고르세요.

```
def wordlist(a, b, c):
    for item in [a, b, c]:
        print(item)

wordlist(['사과', '오렌지','포도'])
```

정답은 173~175쪽에 있습니다.

① 함수 호출시 사용한 인자의 개수와 함수 정의시 사용한 인자의 개수가 달라서
② item 변수를 정의하지 않아서
③ 값을 반환하는 return 코드가 없어서
④ 들여쓰기가 잘못되어서

205. 다음 코드를 실행하면 어떤 결과가 출력되는지 작성하세요.

```
wordlist = []

def viewlist():
    print(wordlist)

def makelist(word):
    wordlist.append(word)

def changelist(index, word):
    wordlist[index] = word

makelist('apple')
makelist('grape')
makelist('banana')

viewlist()
```

206. 다음 코드에서 wordlist 변수의 두번째 항목인 grape를 mango로 변경하려고 합니다. 이를 위해 밑줄 친 부분에 chagelist() 함수를 호출하는 코드를 작성하세요.

```
wordlist = ['apple', 'grape', 'banana']

def viewlist():
    print(wordlist)

def makelist(word):
    wordlist.append(word)

def changelist(index, word):
    wordlist[index] = word

________________________
```

207. wordlist에서 apple을 삭제하기 위해 deletelist() 함수를 호출하는 코드를 빈칸에 작성하세요.

```
wordlist = ['apple', 'grape', 'banana']

def deletelist(word):
    wordlist.remove(word)

________________________
```

208. 다음은 maketodolist() 함수를 호출해 반환값을 화면에 출력하는 코드입니다. 코드가 적절히 실행되도록 빈칸에 들어갈 변수를 작성하세요.

```
def maketodolist():
    todolist = []

    while True:
        todo = input('할일을 작성하세요.')
        if todo == '없음':
            break
        else:
            todolist.append(todo)

    return todolist

__________ = maketodolist()
print(alist)
```

정답은 175~176쪽에 있습니다.

209. 다음을 실행하면 None이라는 결과가 출력됩니다. 그 이유를 설명하세요.

```
def maketodolist():
    todolist = []

    while True:
       todo = input('할일을 작성하세요.')
       if todo == '없음':
          break
       else:
          todolist.append(todo)

print(maketodolist())
```

210. 다음 코드를 실행하면 오류가 발생합니다. 오류 메시지를 읽고 코드에서 무엇이 잘못되었는지 설명하세요.

```
a = int(input)
print(a)
```

 코드 실행 시 출력되는 오류 메시지 

a = int(input)
TypeError: int() argument must be a string, a bytes-like object or a number, not 'builtin_function_or_method'

정답은 176~177쪽에 있습니다.

함수 정의하기 ④

■ **함수 이렇게 사용하면 안 됩니다!**

정의한 함수의 인자와 호출하는 함수의 인자가 다르면 오류가 발생합니다.

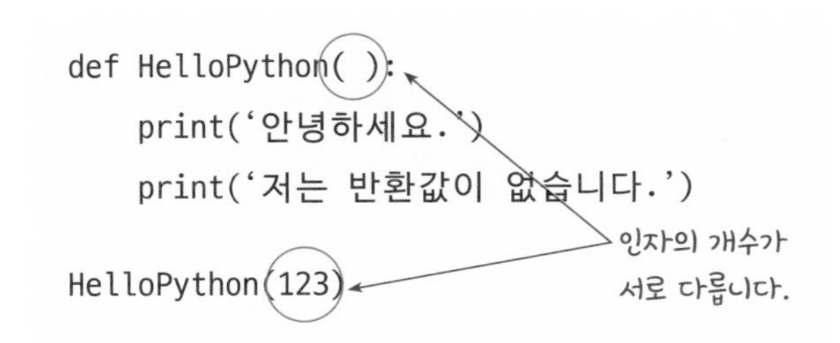

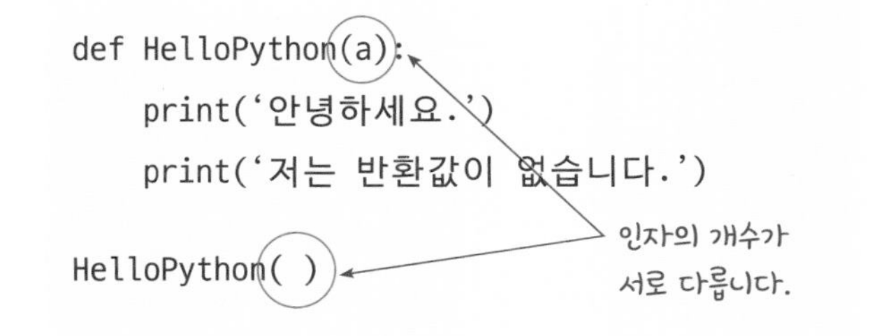

함수 호출과정에서 오류가 발생했습니다.

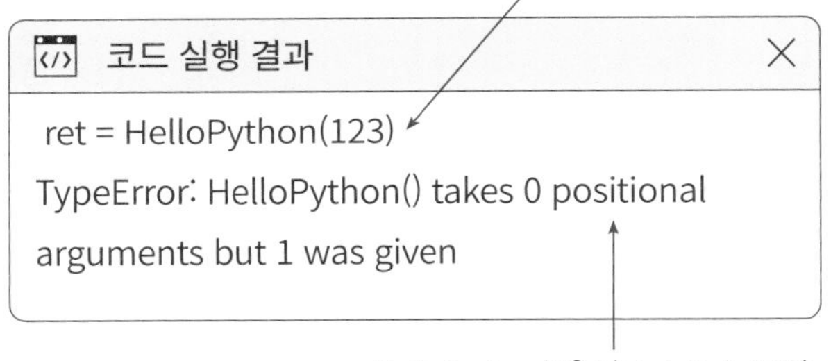

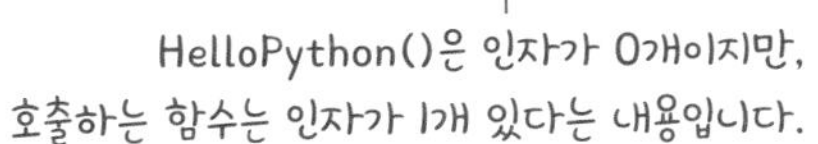

함수 호출과정에서 오류가 발생했습니다.

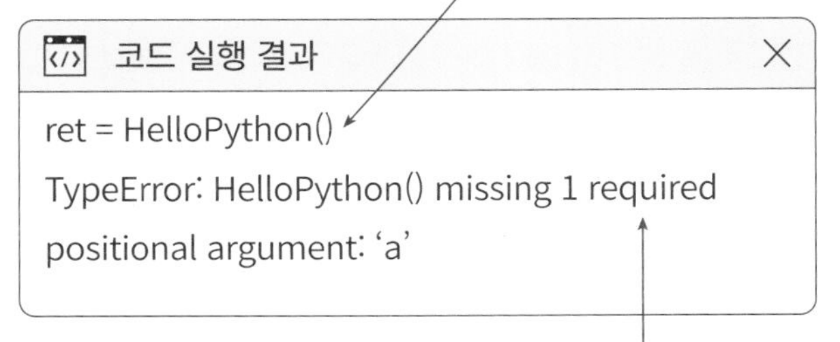

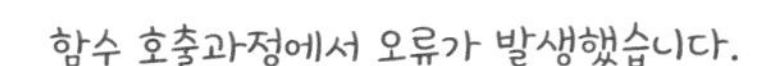

그렇지 않아서 오류가 발생했다는 내용입니다.

함수를 정의하는 코드 안에 블록 함수를 호출하는 코드를 작성하면 안 됩니다. 그러면 함수가 실행되지 않습니다.

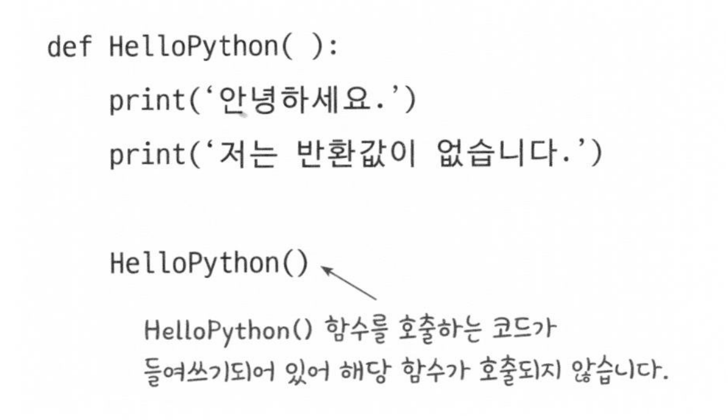

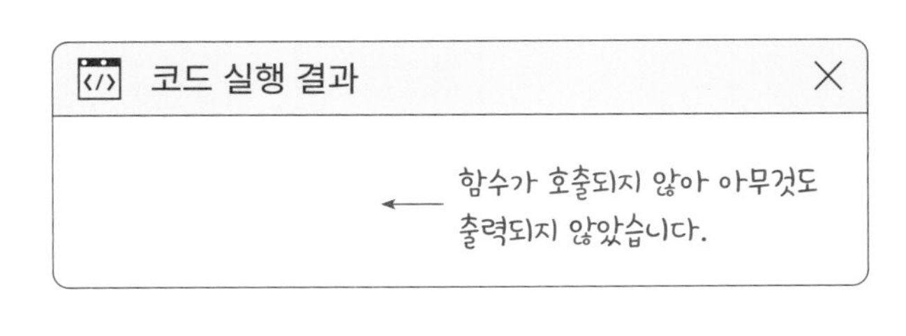

함수를 정의하는 코드가 호출하는 코드보다 위에 위치해야 합니다.

```
HelloPython()

def HelloPython( ):
        print('안녕하세요.')
        print('저는 반환값이 없습니다.')
```

함수를 호출하는 코드가 함수를 정의하는 코드보다 먼저 작성되면 오류가 발생합니다.

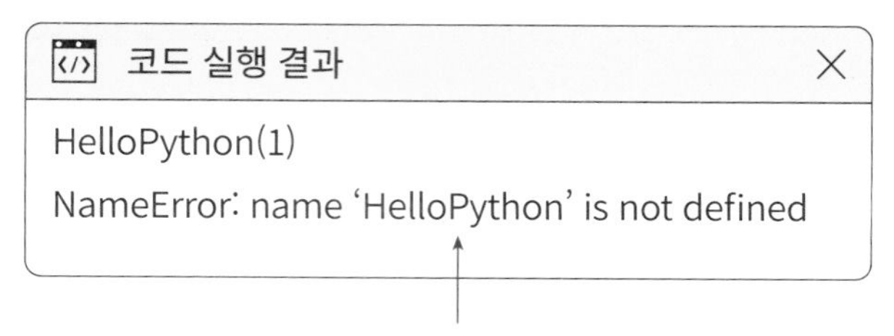

HelloPython이 정의되어 있지 않다고 오류가 발생합니다.

코딩 연습하기 ▶▶▶▶▶

211. 실행하면 '안녕하세요.'라는 문장이 출력되도록 다음 코드의 빈칸을 채우세요.

```
def helloWorld(msg):
    print(msg)

helloWorld(          )
```

212. 다음 코드를 실행하면 오류가 발생합니다. 오류가 발생한 이유를 보기에서 고르세요.

```
def helloWorld(a, b):
    print(a+b)

helloWorld(1)
```

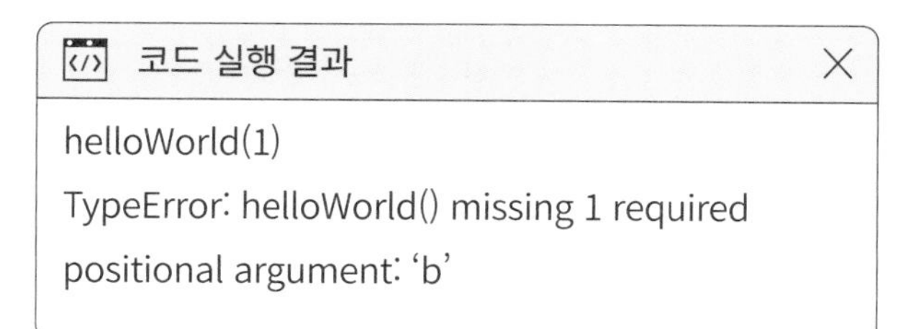

① 함수를 호출하는 코드와 함수를 정의하는 코드의 인자의 개수가 달라서

② item 변수를 정의하지 않아서

③ 값을 반환하는 return 코드가 없어서

④ 들여쓰기가 잘못되어서

213. 다음 코드를 실행하면 '함수가 실행되었습니다.'라는 문장이 출력되지 않습니다. 그 이유를 설명하세요.

```
def printMessage(msg):
    print(msg)

    printMessage("함수가 실행되었습니다.")
```

214. 다음 코드를 실행하면 어떤 결과가 출력되는지 보기에서 고르세요.

```
def myFunc(a, b):
    for val in range(a):
        print(b * val)

myFunc(5, '*')
```

①
```
*****
*****
*****
*****
*****
```

②
```

*
**
***
****
```

③
```
*
**
***
****
*****
```

④
```
*****
****
***
**
*
```

정답은 177~178쪽에 있습니다.

215. 다음 코드를 실행하면 어떤 결과가 출력되는지 보기에서 고르세요.

```
def calculator():
    return 0

def calculator(a):
    return a

def calculator(a, b):
    return a+b

def calculator(a, b, c):
    return a+b+c

print(calculator(1, 3))
```

① 0　　② 1　　③ 4　　④ 5

216. 다음 코드를 실행하면 오류가 발생합니다. 오류를 고치기 위해 어떻게 코드를 수정해야 하는지 설명하세요.

```
helloWorld('Welcome to Python')

def helloWorld(msg):
    print(msg)
```

코드 실행 결과

```
helloWorld('Welcome to Python')
NameError: name 'helloWorld' is not defined
```

217. 다음 코드를 실행하면 어떤 결과가 출력되는지 보기에서 고르세요.

```
def sumNumber(alist):
    sum = 0
    for item in alist:
        sum = sum + item
    return sum

print(sumNumber([1, 2, 3, 4, 5, 6, 7, 8, 9]))
```

① [1, 2, 3, 4, 5, 6, 7, 8, 9]　　② sum　　③ 45　　④ 9

218. 다음 코드를 실행하면 어떤 결과가 출력되는지 작성하세요.

```
def count(alist):
    count = 0
    for num in alist:
        if num % 2 == 0:
            count = count + 1
    return count

print(count([1, 2, 3, 4, 5, 6, 7, 8, 9]))
```

219. 다음 코드를 실행하면 어떤 결과가 출력되는지 작성하세요.

```
def getResult(test1, test2):
    if (test1 * 0.7 + test2 * 0.3) >=70 :
        return 'Pass'
    else:
        return 'Fail'

result=getResult(70, 30)
print(result)
```

정답은 178~180쪽에 있습니다.

220. numOfMonth() 함수를 실행하기 위해 빈칸에는 어떤 자료형이 인자로 들어가야 하는지 보기에서 고르세요.

```
def numOfMonth(month):
  if month in [1, 3, 5, 7, 8, 10, 12]:
     print(month, '월은 30일이 있습니다.')
  elif month == 2:
     print(month, '월은 29일이 있습니다.')
  else:
     print(month, '월은 31일이 있습니다.')

numOfMonth(          ))
```

① 정수형 ② 문자형 ③ 실수형 ④ 리스트형

221. 다음 코드를 실행하면 addBucketList() 함수가 몇 번 호출되는지 보기에서 고르세요.

```
bucketlist = []
def addBucketList(bucket):
    bucketlist.append(bucket)
    print(bucket, '이 추가되었습니다.')

for val in range(1, 5):
    addBucketList('버킷'+str(val))

print(len(bucketlist))
```

① 4 ② 5 ③ 6 ④ 7

정답은 180~181쪽에 있습니다.

코딩 개념 이해하기

함수 정의하기 ⑤

■ **함수 안에서 또 다른 함수를 호출할 수 있습니다.**

함수 안에 다른 함수를 호출할 수 있고, 자기자신을 호출할 수도 있습니다. 또한 함수를 재귀적으로 호출할 수도 있습니다.

함수 안에서 다른 함수를 호출하는 경우

```
def one(a, b):
    print('첫번째 함수 실행')
    result=two(a+b)
    return result
def two(c):
    print('두번째 함수 실행')
    return c*c

print('함수 실행 결과:', one(2, 3))
```

one() 함수에서 two() 함수를 호출하고 있어요.

함수를 재귀적으로 호출하는 경우

```
def factorial(n):
    if n > 0:
        print(n, '을(를) 인자로 함수 실행')
        return n * factorial(n-1)
    else:
        return 1

print('함수 실행 결과:', factorial(5))
```

자기 자신을 호출하고 있어요.

코드 실행 결과

첫번째 함수 실행
두번째 함수 실행
함수 실행 결과: 25

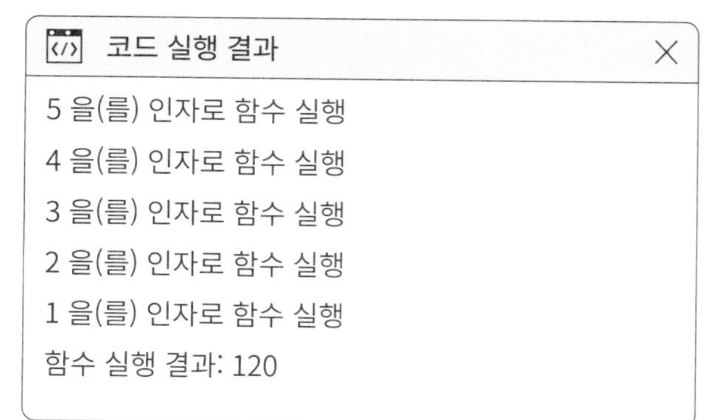
코드 실행 결과

5 을(를) 인자로 함수 실행
4 을(를) 인자로 함수 실행
3 을(를) 인자로 함수 실행
2 을(를) 인자로 함수 실행
1 을(를) 인자로 함수 실행
함수 실행 결과: 120

■ **함수의 반환값을 또 다른 함수의 인자로 사용할 수 있어요.**

함수의 반환값이 다른 함수의 인자로 사용될 때 반환값과 인자의 자료형과 동일해야 합니다.

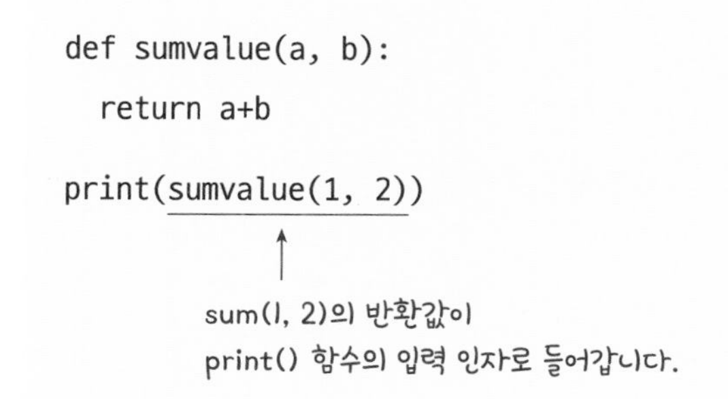

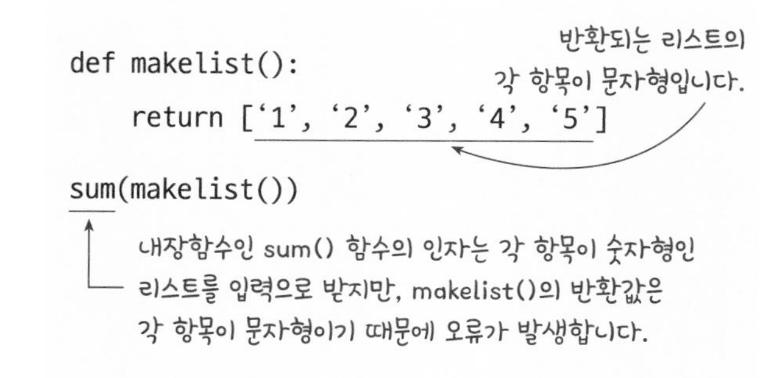

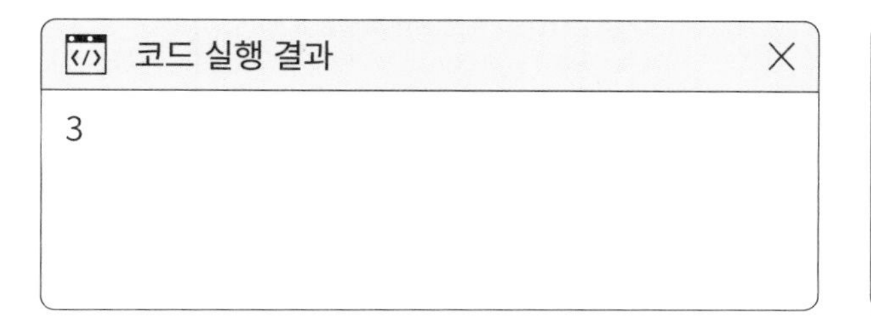

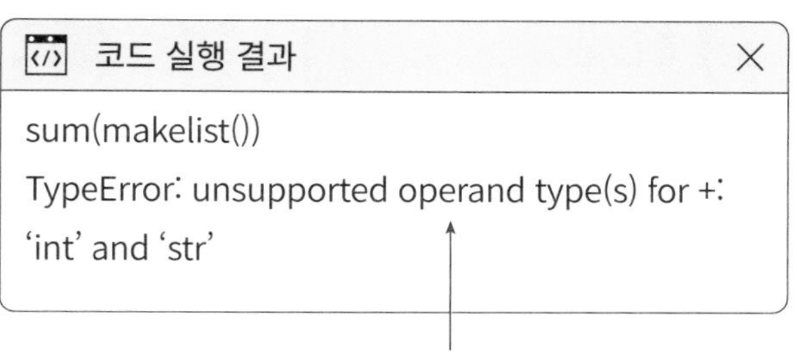

입력 인자의 자료형이 숫자형이 아니라
문자형이라 오류가 발생했습니다.

코딩 연습하기 ▶▶▶▶▶

222. 다음 코드를 실행하면 어떤 함수가 실행되는지 보기에서 모두 고르세요.

```
def printHello(msg):
    print(msg)

def inputMessage():
    msg = input('인사말을 입력하세요.')
    return msg

def setMessage():
    msg = '안녕하세요.'
    return msg

printHello(setMessage())
```

① printHello()　　② inputMessage()
③ setMessage()　　④ 모든 함수가 실행 안 됨

223. 다음 코드를 실행하면 factorial() 함수가 몇 번 호출되는지 작성하세요.

```
def factorial(n):
    if n > 0:
        return n * factorial(n-1)
    else:
        return 1

print('함수 실행 결과:', factorial(3))
```

224. 다음 코드를 실행하면 어떤 값이 출력되는지 작성하세요.

```
def factorial(n):
    if n > 0:
        return n * factorial(n-1)
    else:
        return 1

print(factorial(0))
```

225. 다음의 getInput() 함수는 사용자로부터 이름을 n번 입력받아 리스트에 추가하고 그 결과를 반환하는 함수입니다. 이름을 3번 입력받을 수 있도록 빈칸에 함수를 호출하는 코드를 작성하세요.

```
def getInput(n):
    namelist = []
    for a in range(n):
        name = input('이름을 입력하세요.')
        namelist.append(name)
    return namelist
```

____

정답은 181~183쪽에 있습니다.

226. 리스트 평균을 구하기 위해 빈칸에 들어갈 코드를 보기에서 고르세요.

```
numbers = [3, 5, 2, 3, 4]
print('평균:', ____________)
```

① sum(numbers)
② len(numbers)
③ len(numbers)/sum(numbers)
④ sum(numbers)/len(numbers)

227. 다음과 같이 여러 개의 함수가 사용될 경우, 함수의 실행순서를 보기에서 고르세요.

```
print(max(sorted([5, 4, 3, 2, 1])))
```

① sorted() → max() → print()
② max() → sorted() → print()
③ print() → max() → sorted()
④ sorted() → print() → max()

228. 다음 중 빈칸에 들어갈 수 있는 입력 인자를 보기에서 모두 고르세요.

```
val=max(빈칸)
```

① [90, 70, 80, 87]　② (90, 70, 80, 87)
③ 90　④ ('90', '70', '80', '87')

229. 실행 시 오류가 발생하는 코드를 보기에서 고르세요.

① int(10)　② int(10.0)　③ int('10')　④ int('안녕')

230. 다음 코드를 실행하고 100을 입력하면, '성공'이 아니라 '실패'라고 출력됩니다. 그 이유를 설명하세요.

```
val = input('숫자를 입력하세요.')
if val == 100:
   print('성공')
else:
   print('실패')
```

231. 다음 코드를 실행하면 어떤 결과가 출력되는지 작성하세요.

```
alist = [34, 56, 33, 45, 78]
val=min(alist)
print(val)
```

232. 다음 코드를 실행하면 어떤 결과가 출력되는지 작성하세요.

```
def evenNumber(alist):
    evenList = []
    for a in alist:
        if a % 2 == 0:
            evenList.append(a)
    return evenList

print(max(evenNumber([1, 2, 3, 4, 5])))
```

233. 다음 코드를 실행하면 어떤 결과가 출력되는지 작성하세요.

```
def makeNumbers(a):
    return a, a+1, a+2

print(sum(makeNumbers(3)))
```

정답은 183~185쪽에 있습니다.

234. 다음 코드를 실행하면 어떤 결과가 출력되는지 작성하세요.

```
def one(a, b):
    result=two(a*b)
    return result

def two(c):
    return c*2

print('함수 실행 결과:', one(3, 3))
```

235. 다음 코드를 사용하면 오류가 발생합니다. 오류가 발생한 이유를 설명하세요.

```
a = input('값을', '입력하세요.')
```

코드 실행 결과

```
TypeError: input expected at most 1 argument, got 2
```

정답은 185~186쪽에 있습니다.

▶▶▶▶▶ 코딩 미션

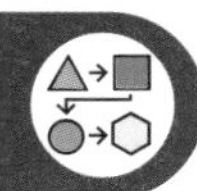

236. 다음 코드 실행 결과를 보고 인자가 a이고, 반환값이 a의 거듭제곱인 getPower() 함수를 빈칸에 정의하세요.

코드 실행 결과

입력값 : 2

계산 결과: 4

```
# 함수 정의 부분


# 함수 호출 부분
val = int(input('입력값'))
print('계산 결과:', getPower(val))
```

참고: #로 작성된 문장은 코드를 설명하기 위한 주석입니다.

237. 다음은 더하기와 빼기 함수를 정의하고 있습니다. 더하기와 빼기 함수를 참고하여 곱하기와 나누기를 위한 함수를 정의하세요.

```
# 더하기 함수
def plus(a, b):
    result = a+b
    print('더하기 결과:', result)
    return result

# 빼기 함수
def minus(a, b):
    result = a-b
    print('빼기 결과:', result)
    return result

# 곱하기 함수



# 나누기 함수
```

238. 다음 실행 조건에 맞게 코드가 실행되도록 빈칸을 채우세요.

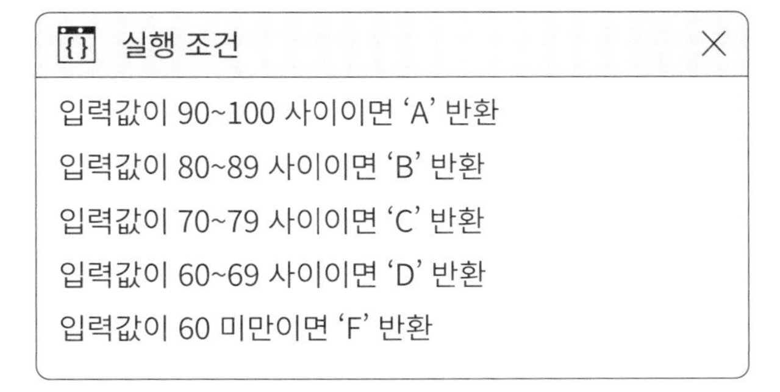
실행 조건

입력값이 90~100 사이이면 'A' 반환

입력값이 80~89 사이이면 'B' 반환

입력값이 70~79 사이이면 'C' 반환

입력값이 60~69 사이이면 'D' 반환

입력값이 60 미만이면 'F' 반환

정답은 186~187쪽에 있습니다.

```python
def getGrade(score):

    if 90 <= score <= 100:
        return 'A'
    elif 80 <= score <= 89:
        return 'B'



    elif 60 <= score <= 69:
        return 'D'
    else:
        return 'F'
val = int(input('점수를 입력하세요: '))
print(getGrade(val))
```

239. 함수의 인자는 임의의 숫자 n이고, 반환값은 다음과 같이 1부터 n까지 곱한 결과인 multiply() 함수를 정의하세요.

계산식 : 1 × 2 × 3 × … × n

240. 다음 코드는 input() 함수를 통해 임의의 숫자를 입력받고 이를 getInput() 함수의 인자로 사용하고 있습니다. 이 코드가 코드 실행 결과와 같이 동작하도록 빈칸을 채우세요.

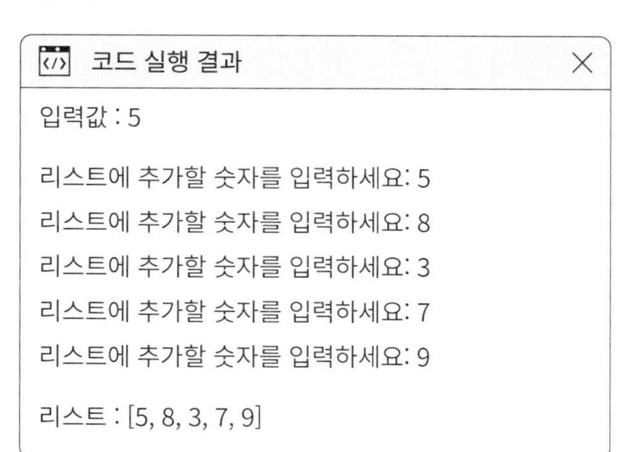


```python
# 함수 정의 부분
```

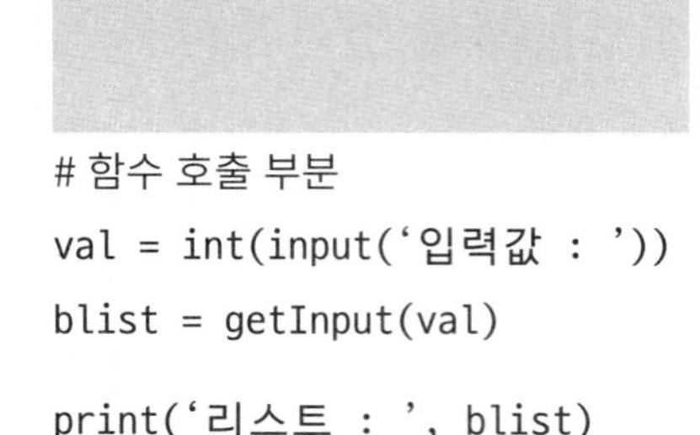

```python
# 함수 호출 부분
val = int(input('입력값 : '))
blist = getInput(val)

print('리스트 : ', blist)
```

241. 입력받은 숫자를 함수의 인자로 사용하고 이 값이 3의 배수인지를 알려주는 함수를 정의하고자 합니다. isThreeMuliple()라는 함수명과 n이라는 인자를 사용해 함수를 정의하세요.

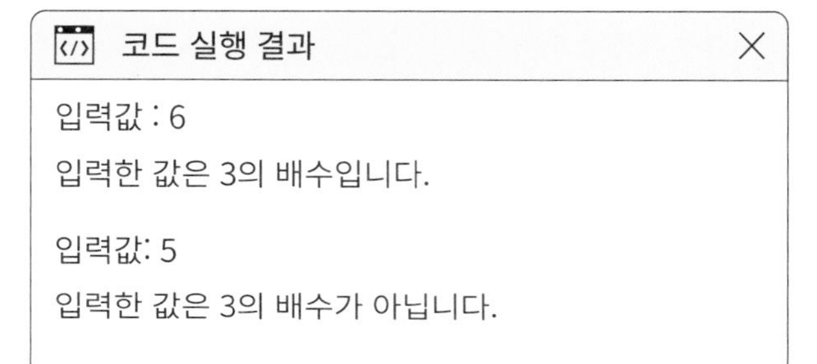

242. 다음 코드를 실행하면 어떤 결과가 출력되는지 작성하세요.

```python
def sumValue(n):
    sum = 0
    for x in range(n):
        sum = sum + x
    return sum
print('계산 결과: ', sumValue(10))
```

243. 사용자로부터 리스트 변수를 입력받아 10보다 작은 숫자만 반환하도록 filtering() 함수를 정의하고자 합니다. 아래 코드에서 빈칸을 채워 함수를 정의하세요.

정답은 187~190쪽에 있습니다.

> 코드 실행 결과
>
> 입력 인자 : [12, 3, 6, 10, 15, 7]
> 반환결과 : [3, 6, 7]

```
# 함수 정의 부분
```

```
# 함수 호출 부분
val = [12, 3, 6, 10, 15, 7]
print('입력 인자 : ', val)
result = filtering(val)
print('반환 결과: ', result)
```

244. 다음과 같이 리스트 변수를 함수의 인자로 사용하고 리스트 항목의 절대값을 반환하는 getAbs() 함수를 정의하세요. (힌트: 절대값을 구하기 위해 abs() 함수를 사용합니다.)

> 코드 실행 결과
>
> 입력값 : [-6, 3, -5, 6, 3]
> 절대값 : [6, 3, 5, 6, 3]

```
# 함수 정의 부분
```

```
# 함수 호출 부분

alist = [-6, 3, -5, 6, 3]
blist=getAbs(alist)

print('입력값 : ', alist)
print('절대값 : ', blist)
```

245. 리스트 변수를 인자로 받아 최대값과 최소값을 구한 후 이를 리스트 변수로 반환하는 함수를 정의하세요. (힌트: 최소값은 min() 함수를 사용하고, 최대값은 max() 함수를 사용합니다.)

```
# 함수 정의 부분
```

```
# 함수 호출 부분
score = minmax([90, 80, 60, 70, 100])
print('최소값 : ', score[0])
print('최대값 : ', score[1])
```

246. 다음과 같이 문자열을 함수의 인자로 사용하고, 콤마(,)를 기준으로 문자열을 분리한 결과를 리스트로 반환하도록 getItems() 함수를 정의하세요. (힌트: 문자열을 콤마를 기준으로 분리하고 이를 리스트로 변환하기 위해 split(',')이라고 작성합니다.)

```
# 함수 정의 부분
```

```
# 함수 호출 부분

str = 'I,Love,Python'
alist = getItems(str)
```

247. 리스트 변수인 scores를 함수의 인자로 사용하고, 리스트 항목 중 짝수 값에 대한 합계를 계산하여 이를 반환하는 sumEvenValues() 함수를 정의하세요.

```
# 함수 정의 부분
```

```
# 함수 호출 부분
scores = [5, 6, 4, 7, 8, 2]
alist = sumEvenValues(scores)
```

정답은 191~194쪽에 있습니다.

248. 임의의 숫자가 짝수이면 True를 반환하고, 홀수이면 False를 반환하는 checkEvenNumber() 함수를 정의하세요.

249. 다음과 같이 리스트와 기준값을 함수의 인자로 사용하고, 리스트의 각 항목 중 기준값 이상만 반환하는 filtering() 함수를 정의하세요.

코드 실행 결과

입력값 : [90, 50, 65, 73, 100, 80], 90
반환값 : [90, 100]

```
# 함수 정의 부분

# 함수 호출 부분

alist = [90, 50, 65, 73, 100, 80]
criteria = 90

result = filtering(alist, criteria)
print('입력값: ', alist, criteria)
print('반환값:', result)
```

250. 다음과 같이 하이픈으로 연결된 문자열을 인자로 받아 정렬된 형태로 반환하는 fruitSort() 함수를 정의하세요.

코드 실행 결과

입력값 : apple-grape-banana-strawberry
반환값 : apple-banana-grape-strawberry

힌트

1. 하이픈을 기준으로 문자열을 분리해서 리스트로 저장하기 위해서는 split() 함수를 사용합니다. 예) alist.split('-')
2. 리스트의 항목을 '-'를 이용하여 연결할때는 join() 함수를 사용합니다. 예) '-'.join(alist)
3. 리스트 항목을 정렬하기 위해 sorted() 함수를 사용합니다. 예) blist = sorted(alist)

251. 다음과 같이 리스트형 변수를 인자로 사용하여 중복된 숫자가 없는 리스트로 반환하는 getUniqueValue() 함수를 정의하세요.

코드 실행 결과

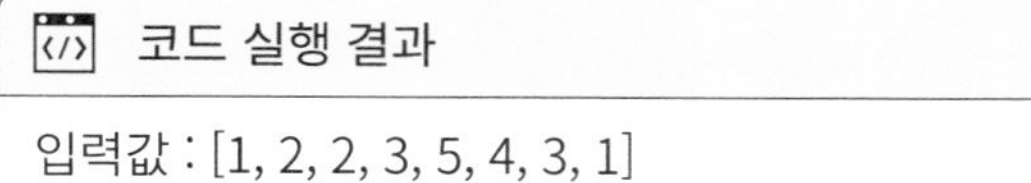

입력값 : [1, 2, 2, 3, 5, 4, 3, 1]
반환값 : [1, 2, 3, 4, 5]

```
# 함수 정의 부분
```

```
# 함수 호출 부분

alist = [1, 2, 2, 3, 5, 4, 3, 1]

print('입력값:', alist)
print('반환값:', getUniqueValue(alist))
```

252. 임의의 숫자를 입력으로 받아 이 숫자가 0~100 사이의 값이면 True를 반환하고, 그렇지 않으면 False를 반환하는 checkRange() 함수를 정의하세요.

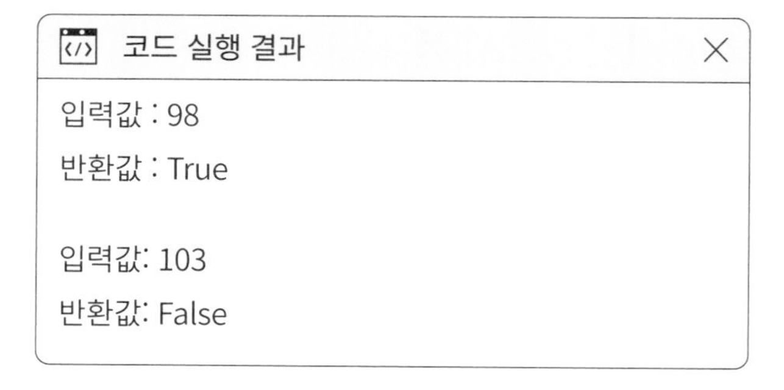

코드 실행 결과

입력값 : 98
반환값 : True

입력값: 103
반환값: False

정답은 194~198쪽에 있습니다.

PYTHON

4단계

모듈 활용하기

모듈 이해하기

■ **소스코드를 파일로 저장하면 모듈이 만들어집니다.**

sumModule.py와 같이 파일명을 작성하면 이 파일이 모듈로 탄생합니다. 코드의 길이가 길든 짧든 하나의 파일이 하나의 모듈이 됩니다.

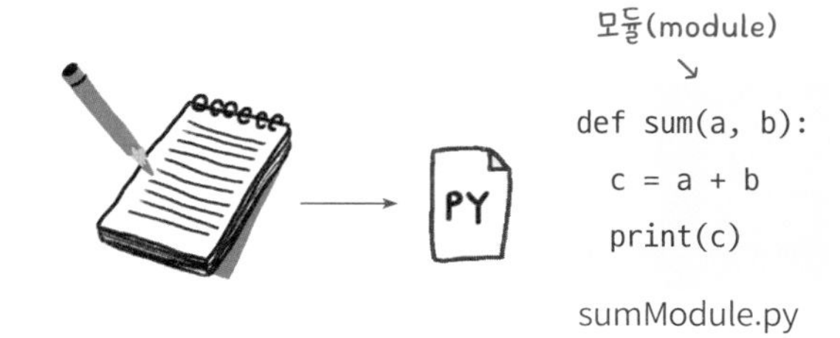

■ **import를 통해 다른 모듈에서 사용할 수 있습니다.**

하나의 모듈에서 다른 모듈을 불러와 사용할 수 있습니다. 이를 위해 import라는 키워드를 사용해야 합니다. b 모듈에서 a 모듈을 가져와 사용하기 위해 import a라고 작성합니다.

a.py

```
def sum(a, b):
    c = a+b
    return c
```

b.py

```
import a

c = a.sum()  ← a 모듈에서 제공하는 sum() 함수를 사용할 수 있어요.

print(c*c)
```

import를 통해 모듈을 가져올 때 별명을 붙일 수 있습니다.

```
import myMath          모듈을 가져옵니다.
import myMath as mm    모듈을 가져오고 닉네임을 mm으로 붙여줍니다.
```

모듈의 변수(혹은 상수)와 함수를 사용하기 위해 '모듈명.변수명' 혹은 '모듈명.함수명'과 같은 형식으로 코드를 작성합니다.

myCalc.py

```
pi = 3.14

def circum(r):
    c = 2 * pi * r
    return c

def area(r):
    c = pi * r * r
    return c
```

myProgram.py

```
import myCalc as mc      ← 모듈을 가져올 때 닉네임을 mc로 지정했어요.

print(mc.pi)      ← 가져온 모듈에서 정의한 상수를 사용하기 위해 '모듈명.상수명'과 같이 작성합니다.

print(mc.circum(3))
                  } 모듈에 정의된 함수를 사용하기 위해 '모듈명.함수명'과 같이 작성합니다.
print(mc.area(3))
```

■ **파이썬에서 제공하는 다양한 모듈을 사용할 수 있습니다.**

내가 만든 모듈뿐만 아니라 이미 만들어진 모듈을 사용할 수 있습니다. 예를 들어, 무작위 수를 만들어주는 random 모듈, 날짜와 시간에 관한 data 모듈, 수학과 관련된 math 모듈 등이 있습니다.

■ **모듈 안에는 객체가 있고 객체 안에 메소드가 포함됩니다. 객체 없이 함수만 제공하는 모듈도 있습니다.**

하나의 모듈에는 여러 가지 객체를 포함하고 이 객체에서 다양한 메소드(함수)를 제공합니다. 코딩에서는 점이 중요한 의미를 가집니다. 모듈에서 제공하는 메소드를 사용하기 위해서는 '모듈명.객체명.메소드명'과 같이 점(.)을 찍어야 합니다.

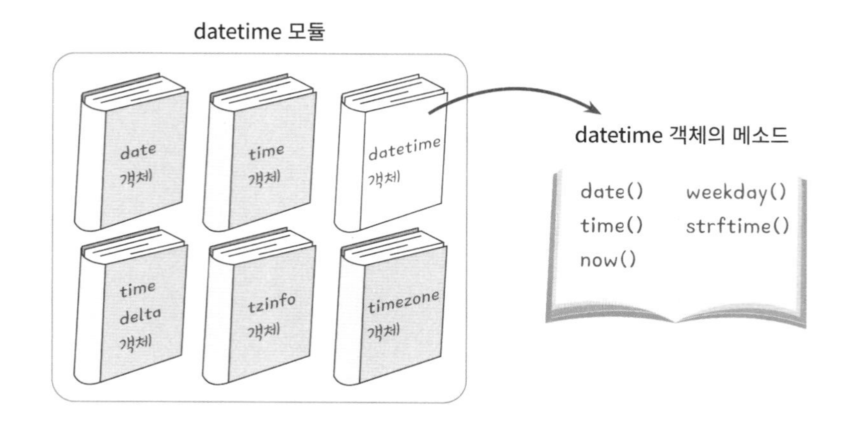

예를 들어, datetime 모듈을 함께 살펴보겠습니다. 114쪽 그림에서 datetime 모듈 안에 date, time, datatime, timedelta 등의 객체가 있습니다. 각각의 객체에는 우리가 사용할 수 있는 메소드들이 있습니다. 만약 date() 메소드를 사용하고 싶다면 다음과 같이 코드를 작성해야 합니다.

```
import datetime
datetime.datetime.date()
```

■ **모듈을 가져오는 방법도 다양합니다.**

닉네임을 붙여 가져오기도 하고, 모듈의 특정 객체만 가져올 수도 있습니다.

```
import datetime  ← datetime 모듈을 통째로 가져왔어요.
datetime.datime.date()  ← 가져온 모듈을 사용하기 위해 모듈명.객체명.메소드명 순으로 작성합니다.

from datetime import datetime  ← datetime 모듈에서 datetime 객체만 가져왔어요.
datetime.date()  ← 가져온 모듈을 사용하기 위해 객체명.메소드명 순으로 작성합니다.

import datetime as dt  ← dt라는 닉네임으로 모듈을 가져왔어요.
dt.datime.date()  ← 가져온 모듈을 사용하기 위해 닉네임을 사용합니다.

from datetime import *  ← datetime 모듈에서 모든 객체를 가져왔어요.

datetime.date()  ← 가져온 모듈을 사용하기 위해 객체명.메소드명 순으로 작성합니다.
                   이 경우 모듈명을 적지 않아도 됩니다.
date.today()
```

■ **어떤 모듈이든 import 키워드만 사용하면 내 모듈로 가져와 사용할 수 있습니다.**

이미 만들어진 모듈뿐만 아니라 내가 만든 모듈도 import 키워드를 사용해 가져올 수 있습니다.

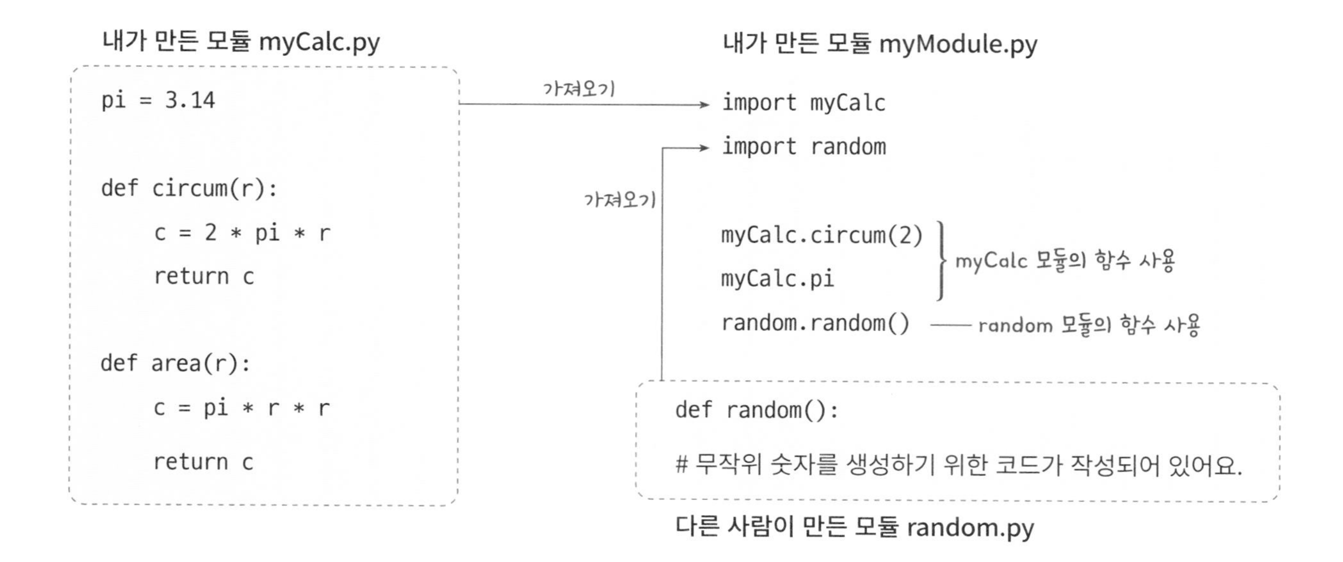

■ **먼저 import를 하고 모듈을 사용해야 합니다.**

모듈을 사용하기 전에 'import 모듈명'을 작성하지 않으면 오류가 발생합니다.

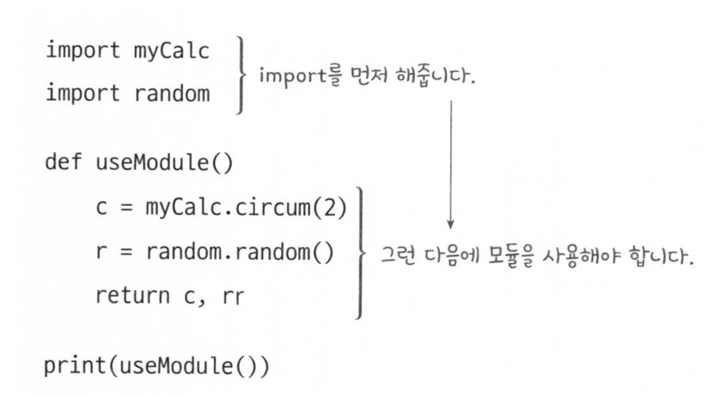

■ **모듈명은 파일명과 동일하게 사용합니다.**

파일명이 abc.py이면 import abc라고 작성하고, 파일명이 Abc.py이면 import Abc라고 작성합니다. 모듈명을 정확하게 사용하지 않으면 오류가 발생합니다.

예를 들어, 파일명은 abc.py이지만, import abC라고 작성하면 다음과 같이 오류가 발생합니다.

```
ModuleNotFoundError: No module named 'abC'
```

모듈을 사용하는 이유는 무엇일까요?

자동차 부품을 만들 때 다른 부품에 영향을 받지 않도록 부품을 모듈화하고 있어서 하나의 부품에 문제가 발생해도 다른 부품에 영향을 주지 않습니다. 또한, 부품이 연결되는 방식을 통일하니 어느 회사에서 부품을 만들어도 연결에 문제 없이 사용할 수 있습니다. 자동차를 폐차라도 하면 이들 부품을 재활용할 수 있으니 여러 가지 장점이 있답니다. 이런 장점 때문에 하드웨어 부품처럼 소프트웨어도 한 덩어리로 프로그램을 만들지 않고 모듈화해서 만듭니다. 레고 블록을 끼워 에펠탑을 만들 수 있듯이 프로그램도 여러 개의 모듈을 모아 만든답니다.

253. b.py 파일에서 a.py의 함수를 사용할 수 있도록 빈칸을 채우세요.

a.py

```
def sum(a, b):
    c = a+b
    return c
```

b.py

```
(빈칸)
c = a.sum()
print( c*c )
```

254. myCalculator 모듈을 mc라는 닉네임으로 가져오기 위해 코드를 어떻게 작성해야 하는지 보기에서 고르세요.

① import myCalulator
② import myCalulator as mc
③ import mc as myCalulator
④ from mycalulator as MC

255. 다음과 같이 myCal 모듈이 주어졌을 때, myProgram 모듈에서 myCal 모듈의 circum() 함수를 호출하는 코드를 빈칸에 작성하세요. 이때 circum() 함수의 인자는 2로 지정합니다.

myCalc.py

```
pi = 3.14

def circum(r):
    c = 2 * pi * r
    return c
```

myProgram.py

```
import myCalc

(빈칸)
```

256. 다음은 모듈에 관한 설명입니다. 잘못된 설명을 고르세요.

① 파이썬 파일 하나가 모듈에 해당한다.
② 모듈을 사용하기 위해 import 키워드를 사용한다.
③ abc.py을 모듈로 가져오기 위해서는 import ABC라고 작성해야 한다.
④ 모듈을 가져올 때 닉네임을 지정할 수 있다.

257. 다음 코드와 같이 abc 모듈을 가져와 사용하는 경우 abc 모듈에는 어떤 함수가 정의되어 있어야 하는지 보기에서 모두 고르세요.

```
import abc

abc.getValue()
abc.setValue(3)

abc.setValue(1)
print(abc.getValue())
```

① getValue() ② print() ③ input() ④ setValue()

258. 다음과 같이 코드가 주어질 경우, rn모듈의 파일명이 어떻게 지정되어야 하는지 파일명을 작성하세요.

```
import getRandomNumber as rn
```

259. abc 모듈에 pi라는 상수가 정의되어 있습니다. 이 변수가 출력되도록 빈칸을 채우세요.

정답은 198~199쪽에 있습니다.

```
import abc
print(          )
```

260. 다음과 같이 datetime 모듈이 여러 개의 객체로 구성되어 있을 경우, now() 함수를 호출하는 코드를 보기에서 2개 고르세요.

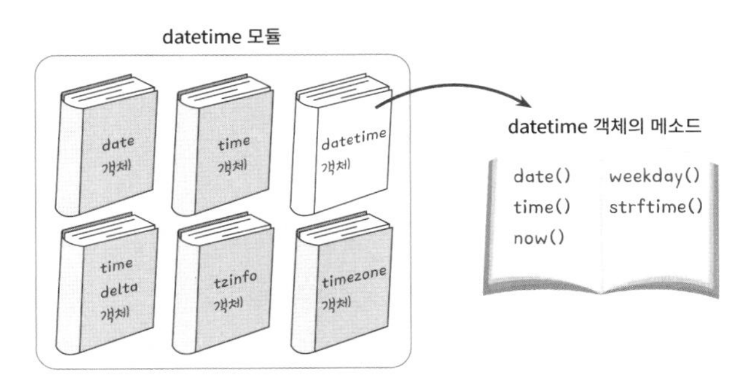

① import datetime
  datetime.now

② import datetime as dt
  dt.datetime.now()

③ import datetime
  datetime.datetime()

④ from datetime import *
  datetime.now()

261. 다음 그림을 참고하여 datetime 모듈의 replace() 함수를 호출하도록 빈칸에 코드를 작성하세요.

```
import datetime as dt

```

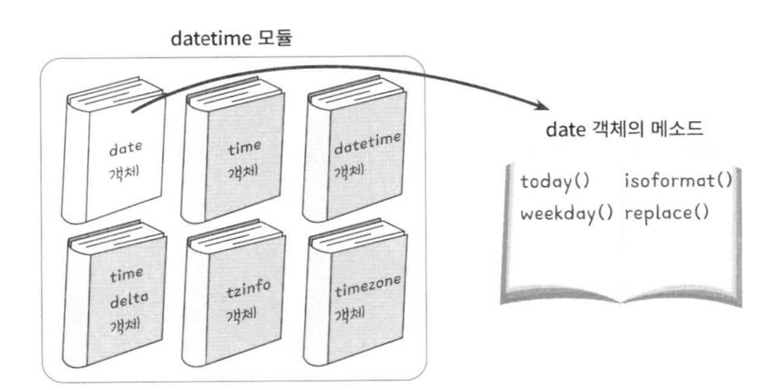

262. 다음 코드를 실행하면 오류가 발생합니다. 261번 문제의 그림을 참고하여 오류가 발생하지 않는 적절한 코드를 보기에서 고르세요.

```
import datetime

datetime.today()
```

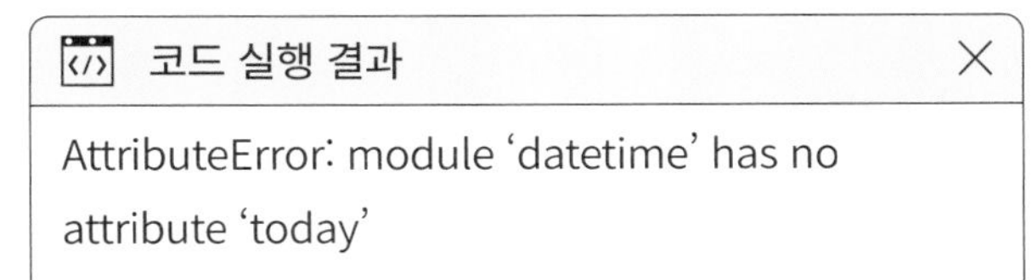

① import datetime.today

② import datetime
  datetime.date.today()

③ import datetime as dt
  dt.datetime.today

④ from datetime import datetime
  today()

263. 다음과 같이 코드가 작성되어 있다면 datetime 모듈의 datetime 객체에는 어떤 메소드가 정의되어 있어야 하는지 보기에서 모두 고르세요.

```
from datetime import *

td=datetime.today()
datetime.weekday(td)
print(datetime.now())
```

① today() ② weekday() ③ print() ④ now()

정답은 199쪽에 있습니다.

264. 다음과 같이 myCalc 모듈에는 원둘레와 원넓이를 구하는 함수 circum()과 area()가 정의되어 있습니다. 반지름 3을 함수의 인자로 사용하여 원둘레를 구한 후 c 변수에 할당하는 코드를 빈칸에 작성하세요.

myCalc.py

```
pi = 3.14

def circum(r):
    c = 2 * pi * r
    return c

def area(r):
    c = pi * r * r
    return c
```

myProgram.py

```
import myCal

(빈칸)

print('원둘레: ', c)
```

265. 다음은 myProgram 모듈에서 myCalc 모듈의 함수를 호출하고 있습니다. myProgram 모듈을 실행하면 NameError: name 'myCalc' is not defined라는 오류가 발생합니다. 그 이유를 설명하세요.

myCalc.py

```
def add(a, b):
    return a+b

def minus(a, b):
    return a-b

def multiply(a, b):
    return a*b

def divide(a, b):
    return a/b
```

myProgram.py

```
myCalc.add(4, 2)

myCalc.minus(4, 2)

myCalc.multiply(4, 2)

myCalc.divide(4, 2)
```

266. myProgram 모듈을 실행하면 AttributeError: module 'timetable' has no attribute 'gettable'라는 오류가 발생합니다. 오류가 발생한 이유를 보기에서 고르세요.

timetable.py

```
table = [1, 2, 3, 2, 1]

def getTable(day):
    return table[day]
```

myProgram.py

```
import timetable

timetable.gettable(1)
```

① 모듈명을 가져올 때 모듈명을 잘못 작성해서
② timetable 모듈에 gettable() 함수가 없어서
③ gettable() 함수의 인자가 2개이지만 1개만 사용해서
④ gettable() 함수의 반환값을 할당하기 위한 변수를 정의하지 않아서

267. 다음 코드를 실행하면 'NameError: name 'random' is not defined'라는 오류가 출력됩니다. 오류가 발생한 이유를 설명하세요.

myProgram.py

```
for i in range(10):
    print(random.randint(1, 9))

import random
```

정답은 199~200쪽에 있습니다.

random 모듈

■ 무작위 수를 뽑기 위해 random 모듈을 사용합니다.

random 모듈에서 제공하는 random() 함수를 실행하면 0.1과 1.0 사이의 실수값을 무작위로 뽑아줍니다. 아래 실행 결과처럼 random() 함수를 실행할 때마다 다른 값을 뽑아줍니다.

```
import random
for i in range(4):
    c = random.random()
    print(c)
```

실행 결과 →

```
0.6890472646874842   ← 첫번째 실행 결과
0.5337277833179062   ← 두번째 실행 결과
0.004361885852961822 ← 세번째 실행 결과
0.7413938936604376   ← 네번째 실행 결과
```

randint() 함수를 실행하면 특정 범위의 정수값을 무작위로 뽑아줍니다.

```
import random
for i in range(4):
    c = random.randint(1, 10)
    print(c)
```

실행 결과 →

```
6 ← 첫번째 실행 결과
7 ← 두번째 실행 결과
8 ← 세번째 실행 결과
6 ← 네번째 실행 결과
```

choice() 함수를 실행하면 리스트에서 무작위로 한 개의 항목을 뽑아줍니다.

```
import random
for i in range(4):
    c = random.choice([‘win’, ‘lose’, ‘draw’])
    print(c)
```

실행 결과 →

```
draw ← 첫번째 실행 결과
draw ← 두번째 실행 결과
win  ← 세번째 실행 결과
win  ← 네번째 실행 결과
```

sample() 함수를 실행하면 리스트에서 무작위로 k개의 항목을 뽑아줍니다.

```
import random as rm
for i in range(4):
    c = rm.sample([10, 20, 30, 40, 50], k=3)
    print(c)
```

실행 결과

```
[40, 20, 50] ← 첫번째 실행 결과
[30, 40, 20] ← 두번째 실행 결과
[50, 20, 30] ← 세번째 실행 결과
[50, 20, 40] ← 네번째 실행 결과
```

코딩 연습하기 ▶▶▶▶▶

268. 다음은 random 모듈을 사용하여 무작위 수를 뽑는 코드입니다. 80부터 100까지 범위의 무작위 수를 10개 뽑아 리스트에 추가하도록 빈칸을 채우세요.

```
import random

alist = []
for num in range(10):
    alist.append(                    )
print(alist)
```

269. 다음은 random 모듈을 사용하여 학생 리스트에서 발표자를 중복 없이 3명을 무작위로 뽑아 발표자 리스트에 추가하는 코드입니다. 코드를 완성하기 위해 빈칸을 채우세요.

```
import random

alist = ['서아', '권우', '지호', '지원', \
        '연주', '하늘', '연우', '준희'] #학생 리스트
blist = []  # 발표자 리스트
while True :
    name =
    if name not in blist:
        blist.append(name)
    if len(blist) >= 3 :
        break
print(blist)
```

270. 다음은 리스트에서 무작위로 8가지 항목을 뽑아 비밀번호를 생성하는 코드입니다. 빈칸을 채워 코드를 완성하세요.

```
import random

letters = ['a', 'b', 'c', 'd', 'e', 'f', 'g', '1', '2', '3', '4', \
           '5', '6', '7', '8']
pwdList =
pwdStr = ''.join(pwdList)
print(pwdStr)
```

271. 아래 코드를 실행하면 무작위 값을 생성하여 guess 변수에 할당합니다. guess 변수값을 맞추면 '정답입니다.'라고 출력하고, 맞추지 못하면 '틀렸습니다. 다시 시도하세요.'라고 출력합니다. 다음 페이지의 빈칸에 1에서 9 사이의 무작위 수를 생성하기 위한 코드를 작성하세요.

코드 실행 결과

```
1에서 9사이의 숫자를 맞춰보세요 : 3
틀렸습니다. 다시 시도하세요.

1에서 9사이의 숫자를 맞춰보세요 : 2
틀렸습니다. 다시 시도하세요.

1에서 9사이의 숫자를 맞춰보세요 : 5
정답입니다.
```

tip 코드가 여러 줄에 걸쳐 있을 때 백슬래시(\)를 사용합니다.

정답은 200~201쪽에 있습니다.

```
import random

guess = 

while True:
    val = int(input('1에서 9 사이의 숫자를 \
    맞춰보세요 : '))
    if val==guess:
        print('정답입니다.')
        break
    else:
        print('틀렸습니다. 다시 시도하세요.')
```

272. 0에서 1 사이의 무작위 실수값을 생성하기 위한 코드를 빈칸에 채우세요.

```
import random

num = 
print(num)
```

정답은 202쪽에 있습니다.

math 모듈

■ **수학과 관련된 계산을 위해 math 모듈을 사용합니다.**

math 모듈에는 sqrt(), fabs, factorial() 등 수학과 관련된 다양한 함수를 제공하고 있습니다. 이 모듈을 사용하기 위해 import math를 작성합니다.

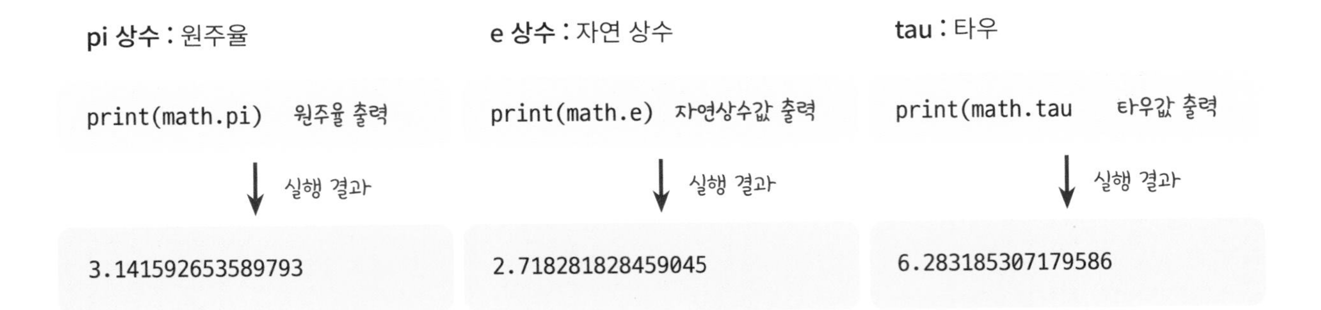
pi 상수 : 원주율
print(math.pi) 원주율 출력
실행 결과
3.141592653589793
e 상수 : 자연 상수
print(math.e) 자연상수값 출력
실행 결과
2.718281828459045
tau : 타우
print(math.tau 타우값 출력
실행 결과
6.283185307179586

코딩 연습하기 ▶▶▶▶▶

273. 다음은 math 모듈의 함수 목록입니다. 이들 함수를 실행하면 어떤 결과가 출력되는지 오른쪽 실행 결과에 작성하세요.

```
import math
print(math.sqrt(4))      →
print(math.fabs(-10))    →
print(math.floor(4.90))  →
print(math.pow(5, 2))    →
```

실행 결과

274. e의 10승에 대한 계산 결과를 출력하도록 pow() 함수를 이용하여 코드를 작성하세요.

275. input() 함수를 통해 임의의 값을 입력받고, 이 값의 소수점 이하를 올림하기 위해 ceil() 함수를 이용하여 코드를 작성하세요.

276. 다음은 원의 넓이와 둘레를 구하는 코드입니다. math 모듈의 원주율 pi를 사용하여 빈칸을 작성하세요.

```
import math
def area(r):
    result = r * r * 
    return result

def circumference(r)
    result = 2 * r * 
    return result
```

277. input() 함수를 통해 입력받은 값에 대해 sqrt() 함수를 이용하여 제곱근을 구하는 코드를 작성하세요.

278. 다음 코드는 리스트의 각 항목의 실수값을 소수점 이하로 버림하여 정수값으로 변환하는 코드입니다. 빈칸을 채워 코드를 완성하세요.

```
import math
def getIntVal(alist):
    blist = []
    for item in alist:
      blist.append(            )
    return blist
print(getIntVal([1.1, 3.5, 5.0, 3.9, -7.2]))
```

279. 다음은 두 수를 입력받아 이 숫자의 최대공약수를 출력하는 코드입니다. 빈칸을 채워 코드를 완성하세요.

```
import math
a = int(input('첫번째 숫자를 입력하세요.'))
b = int(input('두번째 숫자를 입력하세요.'))

print('두 숫자의 공약수는 다음과 같습니다.')
print(            )
```

정답은 202~203쪽에 있습니다.

코딩 미션

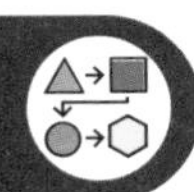

280. random 모듈을 사용해 1부터 25까지 숫자 중 무작위 숫자 5개를 뽑아 리스트 형태로 출력하는 코드를 작성하세요.

281. 삼각형의 세 변의 길이 a, b를 정수값으로 입력받아 c의 길이를 출력하는 코드를 작성하세요. (힌트: 제곱근을 구하기 위해 math 모듈의 sqrt()을 사용하세요.)

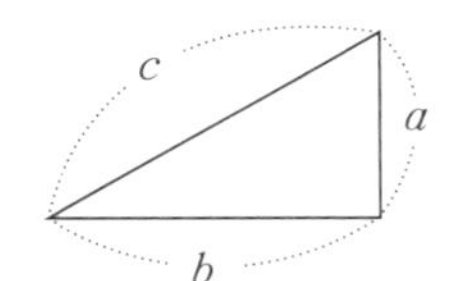

직각삼각형의 변의 길이

$$c = \sqrt{a^2 + b^2}$$

282. randomletters 모듈에는 getLetters() 함수가 정의되어 있습니다. max_length를 인자를 사용하여 getletters() 함수를 호출하는 코드를 빈칸에 작성하세요. max_length는 input() 함수를 통해 결정합니다. (참고: string.ascii_letters는 abcdefghijklmnopqrstuvwxyzABCDEFGHIJKLMNOPQRSTUVWXYZ가 할당되어 있습니다.)

randomletters.py

```
import math

def getLetters(max_length):
    s = “”
    for i in range(random.randint(1, max_length)):
        s+=random.choice(string.ascii_letters)
    return s
```

283. input() 함수를 이용해 사용자로부터 반지름을 입력받아 원의 둘레를 계산하는 코드를 작성하세요. (원주율은 math.pi 사용)

284. statistics 모듈에는 평균과 분산을 구하는 함수가 정의되어 있습니다. 이 모듈의 getAvg와 getvariance() 사용해 [1, 2, 3, 4, 5]에 대한 평균과 분산을 출력하는 코드를 작성하세요.

statistics.py

```
import math

def getAvg(vals):
    mean = sum(vals) / len(vals)
    return mean

def getVariance(vals, mean):
    sumVals = 0
    for a in vals:
        sumVals = sumVals + (a - mean) ** 2
    variance = sumVals / len(vals)
    return variance
```

정답은 203~206쪽에 있습니다.

PYTHON

5단계

종합 실습하기

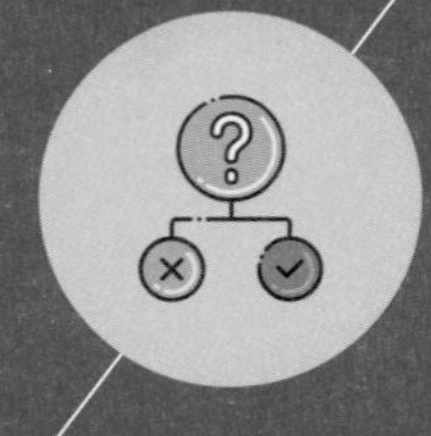

종합 실습 ▶▶▶▶▶▶▶▶▶▶

285. 다음 실행 결과와 같이 숫자열(예: 1, 2, 3)을 두 번 입력받아 숫자열의 각 항목을 더한 결과를 출력하도록 코드를 작성하세요.

```
첫번째 숫자열을 입력하세요:
1, 2, 3, 4, 5, 6, 7
두번째 숫자열을 입력하세요:
3, 3, 3, 3, 3, 3, 3
각각을 더한 결과는 다음과 같습니다.
4, 5, 6, 7, 8, 9, 10
```

286. 숫자, 영어 대소문자 및 특수문자(@#$%)를 무작위로 조합하여 8자리 비밀번호를 생성하고, 생성된 비밀번호를 출력하는 코드를 작성하세요.

287. 다음과 같이 숫자가 입력되었을 경우, 짝수와 홀수의 개수를 출력하는 코드를 작성하세요.

```
숫자열을 입력하세요:
1, 3, 7, 4, 5, 9, 2, 3, 5, 6, 10, 34, 23
짝수의 개수는 5개입니다.
홀수의 개수는 8개입니다.
```

288. 전화번호를 5번 입력받아 리스트에 추가하고 이를 출력하는 코드를 작성하세요. 단, 전화번호에 '-'가 포함있다면 해당 문자를 제거하고 리스트에 추가하세요. (힌트: '-' 문자를 제거하기 위해 replace('-', '')와 같이 작성합니다.)

289. input() 함수를 이용해 사용자로부터 문자열을 입력받고 이 문자열을 역순으로 출력하는 코드를 작성하세요.

```
문자열을 입력하세요 : abcdefg
문자열의 역순은 gfedcba입니다.
```

290. '종료'라는 단어를 입력할 때까지 영어 단어와 한글 단어를 입력받아 사전형 변수에 추가하고 '종료' 단어를 입력하면 변수의 내용을 출력하는 코드를 작성하세요.

```
영어와 한글 단어의 쌍을 입력하세요: school, 학교
영어와 한글 단어의 쌍을 입력하세요: apple, 사과
영어와 한글 단어의 쌍을 입력하세요: dog, 강아지
영어와 한글 단어의 쌍을 입력하세요: 종료
{'school':'학교', 'apple':'사과', 'dog':'강아지'}
```

291. 다음 실행 결과를 참고하여 숫자 n을 입력받아 1부터 n까지 곱한 결과를 출력하는 코드를 작성하세요.

```
숫자를 입력하세요: 5
5 * 4 * 3 * 2 * 1 = 120
```

정답은 206~210쪽에 있습니다.

292. 숫자를 입력받아 다음 실행 결과와 같이 출력하는 코드를 작성하세요.

숫자를 입력하세요: 5

55555
4444
333
22
1

293. 다음과 같이 콤마로 구분되는 문자열을 입력할 경우, 사전형 변수를 사용하여 과일의 개수를 종류별로 출력하는 코드를 정의하세요.

문장을 입력하세요:
사과, 바나나, 사과, 바나나, 포도, 오렌지

종류별 과일의 개수:
사과 2 바나나 2 포도 1 오렌지 1

294. 다음 실행 결과를 참고하여 두 숫자를 입력받아 두 숫자 사이에서 무작위 수를 정하고, 이 숫자를 맞추면 '정답입니다.', 그렇지 않으면 '다시 시도하세요.'라고 출력하는 코드를 작성하세요.

첫번째 숫자를 입력하세요: 1
두번째 숫자를 입력하세요: 10

무작위 숫자가 정해졌습니다.

숫자를 맞춰보세요: 3
다시 시도하세요.

숫자를 맞춰보세요: 5
정답입니다.

295. 다음과 같이 숫자로 구성된 리스트를 함수의 인자로 받아 중복된 항목을 제거한 결과를 반환하는 getUniqueValeu() 함수를 작성하세요.

숫자를 입력하세요: 1, 2, 2, 3, 3, 3, 4, 5

중복된 숫자를 제외한 결과는 다음과 같습니다.
1, 2, 3, 4, 5

296. 리스트형 변수를 사용하여 버킷 리스트를 만들려고 합니다. 다음 실행 결과를 참고하여 버킷 리스트에 항목을 추가, 수정 및 삭제하는 코드를 작성하세요.

원하는 메뉴를 고르세요. (1: 버킷리스트 조회, 2: 버킷리스트 추가, 3: 버킷리스트 삭제) : 1

버킷리스트는 다음과 같습니다.
['유럽여행', '보라색으로 머리 염색하기', '프랑스어 공부하기']

원하는 메뉴를 고르세요. (1: 버킷리스트 조회, 2: 버킷리스트 추가, 3: 버킷리스트 삭제) : 2

추가할 버킷을 입력하세요: 운전면허 따기

버킷이 추가되었습니다.
['유럽여행', '보라색으로 머리 염색하기', '프랑스어 공부하기', '운전면허 따기']

원하는 메뉴를 고르세요. (1: 버킷리스트 조회, 2: 버킷리스트 추가, 3: 버킷리스트 삭제) : 3

삭제할 버킷의 인덱스를 입력하세요: 1
버킷이 삭제되었습니다.
['유럽여행', '프랑스어 공부하기', '운전면허 따기']

정답은 210~214쪽에 있습니다.

297. 다음 실행 결과를 참고하여 리스트 변수를 함수의 인자로 사용하여 짝수값을 반환하는 코드를 작성하세요.

```
숫자열을 입력하세요. (예: 1, 2, 3):
1, 2, 3, 4, 5, 6, 7

짝수는 다음과 같습니다.
2, 4, 6
```

298. 다음 실행 결과를 참고하여 임의의 숫자를 입력받아 1부터 해당 숫자까지 더하는 코드를 작성하세요.

```
숫자를 입력하세요(예: 3): 10
1부터 10까지 더한 결과: 55
```

299. 45개 숫자에서 6개를 자동으로 뽑아주는 로또번호 생성기를 만들려고 합니다. 다음 실행 결과를 참고하여 로또 번호 생성 코드를 작성하세요.

```
로또를 몇 장 구매하시겠습니까? 5

다음과 같이 로또번호가 무작위로 생성되었습니다.
[1] 1, 4, 8, 10, 11, 40
[2] 3, 6, 17, 20, 38, 46
[3] 5, 9, 10, 11, 30, 31
[4] 1, 2, 3, 5, 10, 11
[5] 21, 26, 29, 40, 41, 42
```

300. 다음 설명에 따라 구구단 계산 게임이 동작하도록 코드를 작성하세요.

- 1에서 9 사이의 무작위 값 2개를 생성하고, 두 값에 대한 곱셈 결과를 묻는 문제를 보여줍니다.
- 사용자의 입력을 받아 구구단 문제를 모두 맞추면 '정답입니다.'라고 출력하고, 그렇지 않으면 '오답입니다.'라고 출력합니다.
- 이 과정을 10번 반복하고, 정답 횟수를 출력합니다.

```
구구단을 맞춰보세요. 5 X 6 = 30
정답입니다.

구구단을 맞춰보세요. 7 X 3 = 21
정답입니다.

구구단을 맞춰보세요. 8 X 8 = 60
오답입니다.

...

총 10개 문제 중 5개를 맞췄습니다.
```

정답은 214~217쪽에 있습니다.

PYTHON

정답 및 해설

정답 확인하기

1단계 코딩과 친해지기

1. 정답 ①

```
age = 15  ← 숫자를 변수에 할당하면 정수형 변수가 됩니다.
name = '서아' ← 따옴표로 묶인 문자열을 할당하면 문자형 변수입니다.
weight = 40.2 ← 소수점이 있는 숫자를 할당하면 실수형 변수가 됩니다.
age = "15" ← 따옴표로 묶인 문자열을 할당하면 문자형 변수입니다.
```

2. 정답 ④

변수는 숫자로 시작하면 안 되기 때문에 2second와는 변수의 이름으로 적절하지 않습니다.

3. 정답 : '사과'라는 단어가 따옴표로 묶이지 않았습니다.

따옴표가 없는 문자가 오면 파이썬은 변수로 이해하기 때문에 문자열은 반드시 따옴표로 묶어줘야 합니다.

```
❶ name = 사과   ← 따옴표가 없어서 사과를 변수로 이해합니다.
❷ name = '사과' ← 따옴표가 있어서 사과를 문자열로 이해합니다.
```

변수는 값을 할당(정의)을 한 후에 사용해야 합니다. ❶과 같이 코드를 작성하면 파이썬은 '사과'를 변수로 생각합니다. 하지만 이 변수에 값이 할당되어 있지 않기 때문에 "사과 is not defined"라는 오류가 출력됩니다.

4. 정답 : 등호가 두 번 사용되었습니다.

변수에 값을 할당할 때는 등호(=)가 한 번만 사용되어야 합니다. 두개의 등호는 두 변수가 같은지 비교할 때 사용합니다.

5. 정답 : "지호"

```
student = "지호" ← 따옴표로 묶인 문자열을 할당하면 문자형
                   변수가 정의됩니다.
```

6. 정답 : 3

```
num = 3 ← 숫자를 변수에 할당하면 정수형 변수가 정의됩니다.
```

7. 정답 : 13.2

```
temperature = 13.2
```

← 소수점이 있는 숫자를 할당하면 실수형 변수가 정의됩니다.

8. 정답 : ②

```
① a == 0   ← 등호가 두 번 사용되면 a와 0을 비교합니다.
② a = 0    ← 등호가 한 번 사용되면 a에 0을 할당합니다.
③ a > 0    ← a가 0보다 큰지 두 값을 비교합니다.
④ a < 0    ← a가 0보다 작은지 두 값을 비교합니다.
```

9. 정답 : 변수의 이름에 공백이 들어가서

```
num of name = 10    변수 이름에 공백이 포함되면 안 됩니다.
```

10. 정답 : "Hello"

print()의 괄호에 "Hello"을 작성하면 괄호 안에 있는 글자가 화면에 출력됩니다.

11. 정답 : name

print()의 괄호에 변수명을 작성하면 변수에 들어 있는 내용이 화면에 출력됩니다.

12. 정답 : ②, ③

파이썬은 따옴표로 묶어주어야 문자열로 생각합니다. 이 경우 괄호안의 문장을 따옴표로 묶어주지 않았기 때문에 변수로 처리되었습니다. 변수를 사용하기 전에는 반드시 값을 정의(할당)해주어야 하는데 그렇지 않아서 "'안녕하세요' is not defined"라는 오류가 출력되었습니다.

13. 정답 : name

input() 함수를 통해 입력받은 값을 변수에 할당하기 위해서는 빈 칸에 name이라는 변수명을 적어줘야 합니다.

14. 정답 : 아래 참조

```
a = "반갑습니다."
print(a)
```

15. 정답 : 아래 참조

```
a = input("성별을 입력하세요.")
```

16. 정답 : ②

"제니"는 문자형이므로 문제에서 주어진 코드를 실행하면 <class ‘str’>가 출력됩니다.

17. 정답 : 1, 2, 3과 같은 정수

<class ‘int’>가 출력되기 위해서는 type() 함수 괄호 안에 1, 2, 3과 같은 정수가 들어가야 합니다.

18. 정답 : ③, ④

① 20 == 10 ← 두 값이 다르므로 거짓
② ‘학교’ == ‘학생’ ← 두 값이 다르므로 거짓
③ 100 > 30 ← 100이 30보다 크므로 참
④ 15 <= 15 ← 15가 15보다 작거나 같으므로 참

19. 정답 : type(a)

변수의 자료형을 확인하기 위해서는 type() 함수를 사용합니다.

20. 정답 : False

a와 b에 할당되어 있는 값이 다르므로 False를 출력합니다.

21. 정답 : 아래 설명 참조

```
print(2 == 2)
print("3.14" == '3.14')
print(3 > 2)
print(True)
```

22. 정답 : 숫자에 따옴표를 사용하면 문자형이 됩니다. 코드에서 숫자와 문자를 비교하므로 두 값이 서로 달라 False를 출력합니다.

```
print(3 == '3')
```

23. 정답 : ②

오류의 내용을 이해하면 힌트를 얻을 수 있습니다. "SyntaxError: expression cannot contain assignment"에서 SyntaxError는 코드 문법에 오류가 있다는 뜻입니다. expression cannot contain assignment는 함수 괄호 안에 값을 할당하는 코드(3=3)를 사용하면 안 된다고 설명하고 있습니다.

24. 정답 : ②, ③, ④

① a = 10, b = 5 ← a가 b보다 크므로 True
② a = 10, b = 10 ← a가 b보다 크지 않으므로 False
③ a = 10, b = 20 ← a가 b보다 크지 않으므로 False
④ a = 5.12, b = 10 ← a가 b보다 크지 않으므로 False

25. 정답 : ②

① result = 1 + 1.5 ← result에 두 값을 더한 결과인 2.5가 할당됩니다.
② result = "안녕" + 1 ← 문자와 정수형을 더할 수 없으므로 오류가 발생합니다.
③ result = "안녕" * 2 ← result에 "안녕안녕"이 할당됩니다.
④ result = 1/1.5 ← result에 0.666666이 할당됩니다.

26. 정답 : a * 3

문자열을 여러번 반복하기 위해 곱하기 연산자를 사용합니다.

27. 정답 : / , *

나누기는 / 기호를 사용하고, 곱하기는 * 기호를 사용합니다.

28. 정답 : 실수값이 곱해져 있습니다.

문자형 변수에는 정수값을 곱할 수 있습니다. 실수값을 곱하면 에러가 발생합니다.

29. 정답 : 딸기는 참 맛있어

더하기 연산자를 사용해서 여러 개의 문자열을 합칠 수 있습니다. a+b+c를 하면 a, b, c, 변수에 담긴 문자열이 합쳐집니다.

30. 정답 : a * 10

문자형 변수에 곱하기(*) 연산자를 사용하면 곱해지는 숫자만큼 문자열이 반복됩니다. #를 10번 반복적으로 출력하기 위해 a*10을 작성합니다. 그러면 a변수에 담겨진 #가 10번 반복됩니다.

31. 정답 : ④

리스트 변수를 정의하기 위해서는 대괄호를 사용해야 합니다.

32. 정답 : alist = [1, 3, 5, 7]

리스트 변수는 대괄호에 숫자를 적어주면 됩니다. "1"과 같이 따옴표를 사용하면 문자열이 되니 주의해주세요.

33. 정답 : 사과

```
alis t = ["바나나", "오렌지", "사과", "포도"]
   인덱스   0        1       2      3
```

alist[2]는 리스트에서 2번째 항목인 사과를 가리킵니다. print() 함수는 괄호 안의 값을 화면에 출력하는 함수이므로 print(alist[2])를 작성하면 '사과'가 출력됩니다.

34. 정답: alist[3]

```
alist = [132.3, 140.2, 150.9, 160.0, 141.4]
  인덱스  0       1      2      3      4
```

160.0의 인덱스가 3이므로 alist[3]이라고 코드를 작성합니다.

35. 정답: 리스트 범위를 초과하는 인덱스를 사용해서

```
alist = ["바나나", "오렌지", "사과", "포도"]
   인덱스  0         1       2      3
print(alist[4])
```

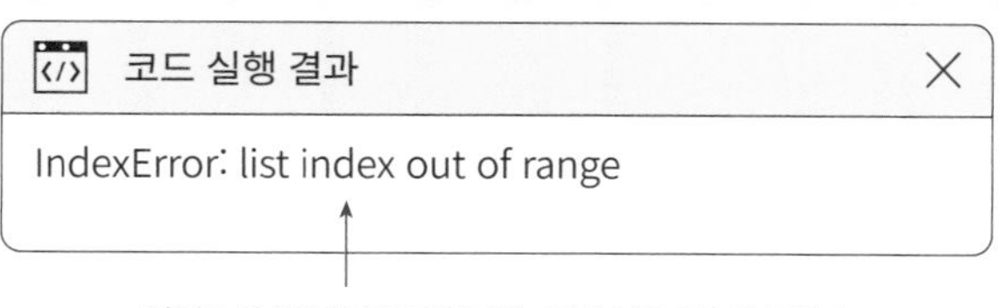

인덱스가 0에서 3까지이지만, 인덱스를 4로 작성해서 인덱스 범위를 초과했다는 오류가 출력되었습니다.

36. 정답: alist[1] = "귤"

리스트에서 "오렌지"의 인덱스는 1이므로 alist[1]이라고 적고 이 항목을 "귤"로 바꾸기 위해 alist[1]="귤"이라고 작성합니다.

37. 정답 : print(alist[0])

리스트에서 "바나나"의 인덱스는 0이므로 alist[0]이라고 적습니다. 이를 출력하기 위해 print() 함수를 사용합니다.

38. 정답: ["바나나", "오렌지", "사과", "배"]

alist 변수의 3번째 항목은 "포도"입니다. 이 항목을 "배"로 변경하기 위해 코드가 alist[3]="배"와 같이 작성되었습니다. print(alist)라고 작성하면 "포도"가 "배"로 변경된 리스트가 출력됩니다.

39. 정답: 내가 좋아하는 과일은 오렌지입니다.

alist[1]은 리스트에서 "오렌지"를 가리킵니다.
print() 함수에서 문자열을 더하기(+)로 연결할 수 있기 때문에 문자열과 변수의 내용이 합쳐서 출력됩니다.

40. 정답: alist.append('수박')

리스트 항목의 맨 마지막에 추가하기 위해서는 append() 메소드를 사용해야 합니다. 추가할 항목을 괄호 안에 넣어주면 됩니다.

41. 정답: ④

리스트의 항목을 삭제하는 메소드는 remove()입니다.

42. 정답: ['바나나', '오렌지', '귤', '사과']

alist.insert('귤', 2)를 실행하면 2번째에 '귤'이 추가되고, alist.remove('포도')를 실행하면 '포도' 항목이 삭제됩니다. 마지막으로 print(alist)를 실행하면 리스트가 출력됩니다.

43. 정답: alist.sort()

리스트의 항목을 정렬하기 위해서는 sort() 메소드를 사용합니다.

44. 정답: alist.index('포도')

리스트에서 특정항목의 인덱스를 알기 위해서는 index() 메소드를 사용합니다.

45. 정답 : [3, 4, 5, 6, 8]

sort() 메소드는 리스트의 항목을 정렬해주기 때문에 alist의 숫자를 작은 값에서부터 큰 값으로 배열합니다.

46. 정답: 바나나는 0번째 위치에 있습니다

alist.index('바나나')를 실행하면 리스트에서 바나나의 위치인 0을 반환합니다. 0은 '바나나는'과 '번째 위치에 있습니다'와 함께 출력됩니다.

47. 정답: 리스트에 없는 항목을 삭제해서

alist.remove('수박')를 실행하면 리스트에서 '수박'이라는 항목을 삭제하기 위해 시도합니다. 하지만, 리스트에서 이 항목이 없기 때문에 오류가 발생합니다.

48. 정답

```
firstname = input("이름을 입력하세요:")
lastname = input("성을 입력하세요:")

print("당신의 이름은", lastname, firstname, "입니다.")
```

49. 정답

```
r = float(input("원의 반지름을 입력하세요:"))
print("원의 넓이는", 3.14*r*r, "입니다.")
```

50. 정답

```
a = input("나이를 입력하세요: ")
print("입력한 값의 자료형은", type(a), "입니다.")
```

51. 정답

```
a = int(input("나이를 입력하세요: "))
```

input() 함수를 사용하면 숫자를 입력해도 문자형으로 처리합니다.
그래서 문자형을 정수형으로 바꾸기 위해 int() 함수를 사용해야 합니다.

52. 정답

```
a = int(input("첫번째 값을 입력하세요: "))
b = int(input("두번째 값을 입력하세요: "))
print("계산 결과: ", a + b)
```

53. 정답

```
val = float(input("값을 입력하세요:"))
```

input() 함수를 통해 입력받은 값은 문자형이 됩니다.
문자형을 실수형으로 바꾸기 위해 float() 함수를 사용합니다.

54. 정답

```
print(2 != "2")
print("2" == "2")
print(2 == 2)
print(True)
```

55. 정답

```
print("#" * 30)
```

56. 정답

```
print(color_list[0])
print(color_list[3])
```

57. 정답

```
namelist = [ ]

name = input("이름을 입력하세요:")
namelist.append(name)  ← appen()는 리스트에 항목을 추가해줍니다.

name = input("이름을 입력하세요:")
namelist.append(name)

name = input("이름을 입력하세요:")
namelist.append(name)

print(namelist)  ← 리스트를 출력해줍니다.
```

58. 정답

```
print(len(color_list))
```

59. 정답

```
vallist = [10, 20, 30, 40, 50, 60, 70]
```

```
print(vallist.index(40))
```

60. 정답 : 120

리스트에서 vallist[1]은 20, vallist[3]는 40, vallist[5]는 60을 가지고 있으므로, 이 값을 합한 결과로 120이 출력됩니다.

61. 정답 : 2040

리스트에서 vallist[1]은 '20', vallist[3]는 '40'을 가지고 있습니다. 두 값이 문자형이므로 더하기 연산자를 사용하면 두 문자열이 합쳐집니다.

62. 정답

```
day = ['월', '화', '수', '금', '토', '일']

val = int(input("단어를 추가할 위치를 입력하세요: "))
word=input("단어를 입력하세요: ")

day.insert(val, word)
print(day)
```

63. 정답: 리스트의 인덱스 범위를 초과해서

```
value = [100, 200, 300, 400, 500, 600]
```

value 변수의 인덱스는 0부터 5까지이지만, 코드에서는 value[6]이라고 작성하고 있습니다. 인덱스 범위를 초과해서 코드를 작성했기 때문에 오류가 발생하였습니다.

정리하기

첫째, 자료형에는 정수형, 실수형, 문자형, 리스트형 등이 있습니다. 변수의 자료형을 알기 위해서는 type() 함수를 사용합니다.

둘째, 입력을 받는 함수는 input()이고, 화면에 출력하는 함수는 print()입니다.

셋째, 리스트의 항목을 접근하기 위해서는 항목의 위치 정보인 인덱스를 사용합니다. 예를 들어, alist[0]에서 0이 인덱스입니다.

넷째, 변수에 값을 할당할 때는 = 기호를 사용하고, 두 값이 같은지 비교할 때는 == 기호를 사용합니다.

다섯째, 리스트 변수를 위해 index(), append(), insert() 등 다양한 메소드가 있습니다. 이들 메소드의 영어 뜻을 이해하면 어떤 기능을 제공하는 함수인지 쉽게 이해할 수 있습니다.

2단계 제어문 연습하기

64. 정답: ②

'NameError: name 'a' is not defined'는 '이름 오류: 이름 a가 정의되어 있지 않습니다.'라는 의미를 가집니다. 코드에서 a변수를 사용하기 전에 정의(할당)하는 코드가 빠져 있어 오류가 발생하였습니다.

65. 정답: ① 참, ② 거짓, ③ 참, ④ 거짓

① `if a > 5`	a변수의 값(10)이 5보다 크므로 조건식은 참입니다.
② `if a == 0`	a변수의 값(10)이 0과 같지 않으므로 조건식은 거짓입니다.
③ `if a! = 3`	a변수의 값(10)이 3과 같지 않으므로 조건식은 참입니다.
④ `if a < 7`	a변수의 값(10)은 7보다 크므로 조건식은 거짓입니다.

66. 정답: a는 문자형 30입니다.

a에 '30'이 할당되어 있으므로 30과 동일하지 않습니다. a는 문자형이고, 30는 정수형이기 때문입니다. 그러므로 이 조건식은 거짓이 되어 아랫줄의 코드가 실행되지 않습니다.

```
if (a == 30) :
print('a는 정수형 30입니다.')
```

a에 '30'이 할당되어 있으므로 '30'과 동일합니다. 둘다 문자형이기 때문에 그렇습니다. 그러므로 이 조건식은 참이 되어 아랫줄의 코드가 실행됩니다.

```
if (a == '30') :
print('a는 문자형 30입니다.')
```

67. 정답: ① 참, ② 거짓, ③ 참, ④ 참, ⑤ 거짓

여러 개의 조건식이 함께 사용되는 복합 조건식의 경우 개별 조건식을 확인한 후 이 결과에 따라 전체 조건식의 참거짓을 확인합니다.

```
if a > 5 and b == 40
```

개별 조건식 / 개별 조건식

전체 조건식

a는 10이고, b는 40이므로 각각의 전체 조건식은 다음과 같이 판단합니다.

① if a > 5 and b == 40

조건식1: a의 값(10)은 5보다 크므로 조건식1은 참이 됩니다.

조건식2: b의 값(40)은 40과 같으므로 조건식2는 참이 됩니다.

and로 연결된 전체 조건식은 개별 조건식이 모두 참이어야 전체 조건식도 참이 됩니다. ①번 코드는 두 조건식이 모두 참이 되므로 전체 조건식은 참이 됩니다.

② if a > 20 and b == 40

조건식1: a의 값(10)은 20보다 크지 않으므로 조건식1은 거짓이 됩니다.

조건식2: b의 값(40)은 40과 같으므로 조건식2는 참이 됩니다.

조건식1은 거짓이지만, 조건식2는 참이므로 전체 조건식은 거짓이 됩니다.

③ if a > 5 or b == 30

조건식1: a의 값(10)은 5보다 크므로 조건식1은 참이 됩니다.

조건식2: b의 값(40)은 30과 같지 않으므로 조건식2는 거짓이 됩니다.

개별 조건식이 하나라도 참이라면 or로 연결된 전체 조건식은 참이 됩니다. 조건식2는 거짓이지만, 조건식1은 참이므로 전체 조건식이 참이 됩니다.

④ if a > 20 or b == 40

조건식1: a의 값(10)은 20보다 크지 않으므로 조건식1은 거짓이 됩니다.

조건식2: b의 값(40)은 40과 같으므로 조건식2는 참이 됩니다.

조건식1이 거짓이지만, 조건식2가 참이므로 전체 조건식은 참이 됩니다.

⑤ if a > 20 or b == 30

조건식1: a의 값(10)은 20보다 크지 않으므로 조건식1은 거짓이 됩니다.

조건식2: b의 값(40)은 30과 같지 않으므로 조건식2는 거짓이 됩니다.

조건식1과 조건식2가 모두 거짓이므로 전체 조건식은 거짓이 됩니다.

68. 정답: ①

'SyntaxError: invalid syntax'는 '문법오류:유효하지 않은 문법'이라는 의미입니다. if로 시작하는 문장은 마지막에 콜론(:)을 사용해야 하는데, 콜론이 빠져 있어서 오류가 발생하였습니다.

69. 정답: 리스트에 화요일이 포함되어 있습니다.

```
day = ['월요일', '화요일', '수요일', '목요일']
if '화요일' in day      ← day라는 리스트 변수에 화요일이 포함되어 조건식이 참이 됩니다. 그러므로 아랫줄의 들여쓰기한 코드가 실행됩니다.
print('리스트에 화요일이 포함되어 있습니다.')
if '토요일' in day      ← day라는 리스트 변수에 토요일이 포함되어 있지 않아 조건식이 거짓이 됩니다. 그러므로 아랫줄의 들여쓰기한 코드가 실행되지 않습니다.
print('리스트에 토요일이 포함되어 있습니다.')
```

70. 정답: a가 80보다 크거나 같습니다.

```
if a >= 90 :     a변수의 값이 80이므로 이 조건식은 거짓이 됩니다.
print('a가 90보다 크거나 같습니다.')
elif a >= 80 :   a변수의 값이 80이므로 이 조건식은 참이 됩니다.
print('a가 80보다 크거나 같습니다.')
else:            elif문이 실행되었으므로 이 코드는 실행되지 않습니다.
print('a는 80보다 작습니다.')
```

71. 정답: 초등학생입니다.

네번째 조건식(elif a == '초등학생')이 참이 되어 print('초등학생입니다.')가 실행됩니다.

72. 정답: a는 O도 아니고 X도 아닙니다.

```
a = 'z'
if a == 'O' :    거짓
    print('a가 O입니다.')
elif a == 'X' :  거짓
    print('a가 X입니다.')
else:    if와 elif문이 모두 거짓이 되어 else문이 실행됩니다.
    print('a는 O도 아니고 X도 아닙니다.')
```

73. 정답: 냉장고에 딸기가 없습니다.

리스트에 딸기가 없기 때문에 if에 작성된 조건식(if문)이 거짓이 됩니다. 그러므로 else가 실행되어 "냉장고에 딸기가 없습니다." 라고 출력합니다.

74. 정답: 문법에 맞지 않게 코드가 작성되어서

else문을 사용하기 전에 반드시 if문이 먼저 작성되어야 합니다. 문제에서 if문 없이 else문을 사용해서 문법오류가 발생하였습니다.

75. 정답 : 4번

코드가 다음 순서로 실행되어 '날씨가 좋습니다.'가 4번 출력됩니다.

```
num = 0   ① num 변수에 0이 할당됩니다.
while num <=3 :   ② num은 0이므로 조건식이 0 <= 3이 되어 참
 print ('날씨가 좋습니다.')   ③ print() 함수 실행
 num = num + 1   ④ num이 1로 증가

while num <=3 :   ⑤ num은 1이므로 조건식이 1 <= 3이 되어 참
 print('날씨가 좋습니다.')   ⑥ print() 함수 실행
 num = num + 1   ⑦ num이 2로 증가

while num <=3 :   ⑧ num은 2이므로 조건식이 2 <= 3이 되어 참
 print('날씨가 좋습니다.')   ⑨ print() 함수 실행
 num = num + 1   ⑩ num이 3으로 증가

while num <=3 :   ⑪ num은 3이므로 조건식이 3 <= 3이 되어 참
 print('날씨가 좋습니다.')   ⑫ print() 함수 실행
 num = num + 1   ⑬ num이 4로 증가

while num <=3 :  ⑭ num은 4이므로 조건식이 4 <= 3이 되어 거짓
 print('날씨가 좋습니다.')  } 조건식이 거짓이 되어
 num = num + 1              } 실행되지 않습니다.
```

76. 정답 : num < 5 또는 num <= 4

while문의 조건식이 num <5이거나 num <=4이면 print() 함수가 5번 실행되어 '날씨가 좋습니다'라는 문장이 5번 출력됩니다.

```
num = 0
while num <5 :
 print('날씨가 좋습니다.')
 num = num + 1
```

```
num = 0
while num <= 4 :
 print('날씨가 좋습니다.')
 num = num + 1
```

77. 정답 : num은 4입니다.

print() 함수는 while 안쪽으로 들여쓰기가 되어 있지 않으므로 1번만 실행됩니다.

```
num = 1
while num < 4 :
 num = num + 1
print('num은', num, '입니다.')
```

코드가 다음 순서로 실행되어 print() 함수가 1번 실행됩니다.

```
num = 1   ① num 변수에 1이 할당됩니다.
while num < 4 :   ② num은 1이므로 조건식이 1 < 4가 되어 참
 num = num + 1   ③ num이 2로 증가
while num < 4 :   ④ num은 2이므로 조건식이 2 < 4가 되어 참
 num = num + 1   ⑤ num이 3으로 증가
while num < 4 :   ⑥ num은 3이므로 조건식이 3 < 4가 되어 참
 num = num + 1   ⑦ num이 4로 증가
while num < 4 :   ⑧ num은 4이므로 조건식이 4 < 4가 되어 거짓
print('num은', num, '입니다.')  ⑨ num은 4이므로 'num은
                                 4입니다.' 라고 출력합니다.
```

78. 정답 : while문의 조건식이 True이기 때문에 while문 아랫줄의 들여쓰기된 코드가 무한반복됩니다.

79. 정답 : while문의 조건식이 False이기 때문에 while문 아랫줄의 들여쓰기된 코드가 실행되지 않습니다.

80. 정답 : ④

while문의 조건식이 num < 10 이기 때문에 num이 10보다 작을 때까지 while문 아랫줄의 들여쓰기한 코드가 실행됩니다.
if문의 조건식 때문에 num이 3보다 크거나 같으면 break가 실행됩니다. num이 0부터 시작하므로, 0, 1, 2, 3과 같이 증가하면서 print() 함수가 반복적으로 실행되고 num이 3이 되면 break가 실행되어 while문의 반복을 멈춥니다. 그러므로 '딸기를 좋아합니다'가 3번 출력됩니다.

81. 정답 : count > 5

```
count = 0
while True :
  count = count + 1
  if count > 5 :
     break
```

82. 정답 : 10

```
for num in range(10) :
    print(num)
```

range(10)이라고 작성하면 0부터 9까지 1씩 증가

83. 정답 : 1, 32

```
for num in range(1, 32) :
    print(num, '일')
```

range(1, 32)라고 작성하면 1부터 31까지 1씩 증가

84. 정답 : num+1

```
for num in range(5) :
    print(num + 1)
```

range(5)라고 작성하면 num 변수가 0부터 4까지 1씩 증가하므로 num 변수에 1을 더해서 출력해야 합니다.

85. 정답 : ③

for로 시작하는 문장 아래의 코드는 들여쓰기되어야 합니다. 그렇지 않으면 들여쓰기 오류인 "IndentationError: expected an indented block"가 발생합니다. 오류 내용을 번역하면 "들여쓰기 오류: 들여쓰기 블록이 예상됩니다."입니다.

86. 정답 : 1, 10, 2

```
for num in range(1, 10, 2) :
    print(num)
```

range(1, 10, 2)이라고 작성하면 1부터 9까지 2씩 증가

87. 정답 : 10, 4, -1

```
for num in range(10, 4, -1) :
    print(num)
```

range(10, 4, -1)이라고 작성하면 10부터 5까지 1씩 감소

88. 정답 : 1, 6, 2, num, '월'

```
for num in range(1, 6, 2) :
    print(num, '월')
```

range(1, 6, 2) 라고 작성하면 1부터 5까지 2씩 증가해서 num 변수에 담깁니다. 변수의 값에 '월'을 붙이기 위해 print(num, '월')이라고 작성합니다.

89. 정답 : i+2

```
for i in range(10, 40, 10) :
    print(i + 2)
```

range(10, 40, 10)라고 작성하면 10, 20, 30, 40이 i 변수에 담깁니다. 여기에 2를 더하기 위해 i + 2라고 작성합니다.

90. 정답 : 아래 참조

코드를 실행하면 다음과 같이 리스트의 항목이 한 줄씩 출력됩니다.

```
10
20
30
40
```

91. 정답 : my_expression

```
my_expressio = ['Joy', 'Hope', 'Love', 'Angry']
for item in my_expression :
    print(item)
```

92. 정답 : 2번째 문자: o

```
keyword = 'today'
count = 1
for letter in keyword:
    print(count, '번째 문자: ', letter)
    count = count + 1
```

문자형 변수에서 문자를 한 개씩 가져오기 위해서 'for 변수 in 문자형 변수' 형태로 작성되었습니다.

print() 함수의 괄호 안에 콤마(,)를 사용하면 변수와 문자열을 합쳐서 출력할 수 있습니다. count 변수가 1이고 letter 변수에는 t가 들어 있으므로 다음과 같이 변수에 값이 들어갑니다.

```
print(count, '번째 문자:', letter)
      1                    t
```

count 변수가 2일 때 letter 변수에는 o가 들어 있으므로 다음과 같이 변수에 값이 들어갑니다.

```
print(count, '번째 문자:', letter)
      2                    o
```

count와 keyword의 나머지 항목들도 이와 같은 방식으로 출력됩니다. 그러므로 답은 '2번째 문자: o'입니다.

93. 정답 : len()

리스트의 항목 개수나 문자열의 문자 개수를 카운트하기 위해 len() 함수를 사용합니다. 사용방법은 len() 함수의 괄호 안에 리스트명이나 변수명 등을 작성합니다.

94. 정답 : 5

리스트의 항목 수가 5개이므로 len() 함수를 실행하면 5가 출력됩니다.

95. 정답 : 90

코드의 실행과정을 함께 살펴보겠습니다. 아래 ①번에서 alist에 리스트가 할당되고, ②번에서 sum이라는 정수형 변수가 정의되었습니다.

```
① alist = [10, 20, 30]
② sum = 150
③ for a in alist :
④ sum = sum - a
⑤ print(sum)
```

for문에 alist 변수가 사용되고 있으므로, allist 변수의 항목 수만큼 ④ 코드가 반복됩니다. 즉, 항목 수가 3개이므로 3번 반복됩니다.
③이 첫번째로 실행되면 a변수에 10이 들어갑니다. ④를 실행하면 sum에서 a를 뺀 결과(150-10)가 할당됩니다. 즉, sum은 140이 됩니다.
다시 ③ 코드가 실행됩니다.
③에서 a는 20이 들어갑니다. ④를 실행하면 sum에는 140에서 20을 뺀 결과가 할당됩니다. 즉, sum은 120이 됩니다.
다시 ③ 코드가 실행됩니다.
③에서 a는 30이 들어갑니다. ④를 실행하면 sum에는 120에서 30을 뺀 결과가 할당됩니다. 즉, sum은 90이 됩니다.
3번 반복했으므로 for문의 반복 실행이 끝나고 ⑤가 실행되어서 90을 출력합니다.

96. 정답 : daylist를 정의하는 코드를 추가해야 합니다.

변수를 사용하기 전에는 반드시 정의해주어야 합니다. 예를 들어 daylist = ['월', '화', '수']와 같이 정의해줍니다.

97. 정답 : 아무런 결과가 출력되지 않습니다.

```
my_expression = ['Joy', 'Hope', 'Love', 'Angry']
for item in my_expression:    ← 리스트에서 항목을 꺼내 와 item 변수에 넣습니다.
    if item == 'Happy':       ← item 변수의 값이 'Happy'와 같으면 이 변수의 값을 출력합니다.
        print(item)
```

리스트에는 Happy라는 항목이 없으므로 if문의 조건식은 거짓이 되어 print()함수가 실행되지 않습니다.
즉, 아무런 결과가 출력되지 않습니다.

98. 정답 : 아래 참조

```
val= int(input('숫자를 입력하세요.'))

if val >=100:
    print('100보다 큽니다.')
else:
    print('100보다 작습니다.')
```

} 100보다 작으면 문장을 출력하는 코드를 추가합니다.

99. 정답 : 아래 참조

```
val= input('단어를 입력하세요.')

if val == 'RED' or val == 'red':
    print('붉은색입니다.')
elif val == 'BLUE' or val == 'blue':
    print('파란색입니다.')
else:
    print('붉은색도 아니고 파란색도 아닙니다.')
```

} BLUE 또는 blue가 입력된 경우 '파란색입니다.'를 출력하도록 코드를 추가합니다.

100. 정답 : 아래 참조

```
grade = input('학점을 입력하세요.')

if grade == 'A' or grade == 'B' or grade == 'C' :
    print('Pass')
else:
    print('Fail')
```

↑ grade가 A와 같거나 grade가 B와 같거나 grade가 C와 같다면 참이 되는 문장입니다. 즉 3개의 조건식 중 하나라도 참이면 전체 조건식이 참이 됩니다.

101. 정답 : 아래 참조

```
juice = input('원하는 주스를 입력하세요.')

mart = ['오렌지 주스', '레몬 주스', '사과 주스', '수박 주스']

  리스트 변수인 mart에 juice 변수값이 포함되어 있다면 참이 됩니다.
if juice in mart: ↙
   print('마트에 주스가 있습니다.')
else: ←—— if문이 거짓이 되면 실행됩니다.
   print('마트에 주스가 없습니다.')
```

코딩 패턴을 기억하자!

- if 조건식:
- if 변수명 in 리스트명:
- while 조건식:
- for 변수명 in range(반복횟수):
- for 변수명 in 리스트명:

---

102. 정답 : 아래 설명 참조

리스트에 특정 항목이 포함되어 있는지 확인하기 위해서 if 항목명 in 리스트명: 패턴으로 작성해줍니다. 아래 코드에서는 항목명이 member 변수에 담기게 되므로 if member in BTS:라고 작성해주어야 합니다.

```
BTS = ['RM', '슈가', 'V', '제이홉', '지민', '정국', '진']
member = input('BTS 멤버 이름을 입력하세요.')

if member in BTS:
   print('BTS 멤버입니다.')
else:
   print('BTS 멤버가 아닙니다.')
```

103. 정답 : 아래 설명 참조

입력한 단어가 '선생님'과 같은지 확인하기 위해 world == '선생님'과 같이 조건식을 작성해줍니다. 첫번째를 제외한 나머지 조건문은 elif로 작성해줘야 합니다. 즉 elif word == '선생님'이라고 작성합니다.

```
word= input('단어를 입력하세요.')

if word == '학생'
   print('1층으로 가세요.')
elif word == '선생님':
   print('2층으로 가세요.')
elif word == '부모님':
   print('3층으로 가세요.')
else:
   print('입장할 수 없습니다.')
```

104. 정답: 0 < month < 13

입력한 값이 month 변수에 할당되므로 month가 1과 12 사이인지 확인하기 위해 if 0 < month < 13이라고 작성합니다. 입력값이 1과 12 사이의 숫자가 아니라면 else가 실행되어 '잘못된 값을 입력하였습니다.'라는 문장이 출력되어야 합니다.

```
days = [31, 28, 31, 30, 31, 30, 30, 31, 30, 31, 30, 31]

month = int(input('원하는 월을 숫자로 입력하세요.'))
if  0 < month < 13:
    print(month, '월은', days [month-1], '일')
else:
    print('잘못된 값을 입력하였습니다.')
```

105. 정답: else에 조건식을 작성해서

조건식은 if와 elif 다음에 작성할 수 있습니다. else는 조건식 없이 사용해야 하지만, 주어진 코드에서는 val == 'orange'라고 조건식을 사용해서 문법 오류가 발생하였습니다.

```
val = input('영어 단어를 입력하세요.')

if val == 'apple':
   print('사과입니다.')
else val == 'orange' : ←—— 조건식을 써서
   print('오렌지입니다.')     오류가 발생했습니다.
```

여기서 잠깐

조건문은 if, elif, else 순서로 작성해야 합니다. if문 이전에 elif나 else가 오면 오류가 발생합니다.

106.정답: count == 100

while문 아래줄의 들여쓰기된 코드가 반복될 때마다 ①번 코드가 실행되어 count 변수가 1씩 증가합니다. count 변수가 100이 되었을 때 반복을 멈추도록 ②번과 같이 코드를 추가합니다.

```
count = 0
while True:
 print(count)
 count = count +1
 if count == 100 : ①번 코드
    break          ②번 코드
```

107. 정답: count = count + 1

print(count)를 통해 0부터 9까지 숫자가 출력됩니다. count 변수값을 출력하므로 count가 1씩 증가하도록 ①과 같이 코드를 추가합니다.

```
count = 0

while count <10 :
 count = count + 1  ①번 코드
 print(count)
```

108. 정답: i in day

for문에 리스트를 사용하려면 for 변수명 in 리스트명 패턴을 사용합니다. 이 패턴은 리스트에서 항목을 한 개씩 꺼내 와 변수에 담아 주고, 들여쓰기한 코드를 반복해 줍니다.

```
day = ['월', '화', '수', '목', '금', '토']
for i in day:
  print(i, '요일')
```

109. 정답 : k in range(3)

for문 아랫줄의 들여쓰기한 코드를 3번 반복하기 위해 for 변수명 in range(반복 횟수) 패턴을 사용합니다. 아래 코드에서 k 대신에 다른 변수명을 사용해도 됩니다.

```
alist = []
for k in range(3):
    a = input('단어를 입력하세요.')
    alist.append(a)
```

110. 정답: k in range(2, 101, 2)

1부터 100까지 숫자 중 짝수만 출력하기 위해서는 2, 4, 6, 8과 같이 2의 배수로 출력되어야 합니다. for value in range(2, 101, 2)와 같이 작성하면 2부터 2씩 증가해 100까지 value 변수에 짝수 값을 넣어줍니다.

```
for value in range(2, 100, 2):
  print(value)
```

111. 정답: value in number

for 변수명 in 리스트명 패턴을 사용하면 리스트에서 항목을 하나씩 꺼내 와 변수에 담습니다. 즉, ①번과 같이 코드를 작성합니다. 문제에서는 리스트의 홀수 번째 항목만 출력하도록 요구하고 있으므로 ②번과 같이 코드를 추가합니다.

```
count = 1
number = [1, 2, 3, 4, 5, 6, 7, 8, 9, 10, 11, 12]
for value in number:   ①번 코드
  if count % 2 != 0 :  ②번 코드
     print(value)
  count = count + 1
```

%는 나머지를 구하는 연산자이고, != 는 '같지 않다'라는 의미입니다. if count %2 != 0는 '2로 나눈 나머지가 0과 같지 않다면'라는 의미로 count에 홀수값이 들어 있는지 판단해주는 조건식입니다.

112. 정답 : 아래 설명 참조

제시된 설명을 코드로 변경하는 문제입니다. 문장에서 '~라면'이라는 단어가 등장한다면 if를 사용하고, '그렇지 않으면'이라는 단어는 'else'를 사용합니다. 그리고 '출력한다'는 print() 함수를 사용합니다. 그럼, 문제에서 제시된 설명을 한 줄씩 코드로 바꿔보겠습니다.

다음과 같이 리스트 변수를 정의합니다.

```
family = ['아빠', '엄마', '아들', '딸']
```

input() 함수를 통해 입력받은 값을 member 변수에 할당합니다.

```
member = input('단어를 입력하세요.')
```

member가 리스트에 포함되어 있으면 '리스트에 있습니다.'라고 출력합니다.

```
if member in family:
   print('리스트에 있습니다.')
```

그렇지 않으면 '리스트에 없습니다'라고 출력합니다.

```
else:
print('리스트에 없습니다.')
```

완성된 코드는 다음과 같습니다.

```
family = ['아빠', '엄마', '아들', '딸']
member = input('단어를 입력하세요.')
if member in family:
    print('리스트에 있습니다.')
else:
    print('리스트에 있습니다.')
```

113. 정답 : 아래 설명 참조

제시된 설명을 코드로 변경하는 문제입니다. 문장에서 '~라면'이라는 단어가 여러 번 등장하므로 if, elif, else를 순서대로 사용해 코드를 작성합니다. 조건문에서 if가 맨 먼저 와야 하고, else는 맨 마지막에 와야 합니다. if와 else 사이에는 elif를 사용합니다. 문제의 설명을 코드로 바꾸면 다음과 같습니다.

input() 함수를 통해 단어를 입력받아 임의의 변수에 할당합니다.

```
val = input('먹고 싶은 과일을 입력하면 어떤 음식이
있는지 알려드릴게요.')
```

변수의 값이 '오렌지'라면 '오렌지 주스가 있습니다.'라고 출력합니다.

```
if val == '오렌지':
    print('오렌지 주스가 있습니다.')
```

변수의 값이 '사과'라면 '사과 파이가 있습니다.'라고 출력합니다.

```
elif val == '사과':
    print('사과 파이가 있습니다.')
```

오렌지 혹은 사과가 아니면 '아무것도 없습니다.'라고 출력합니다.

```
else:
    print('아무것도 없습니다.')
```

완성된 코드는 다음과 같습니다.

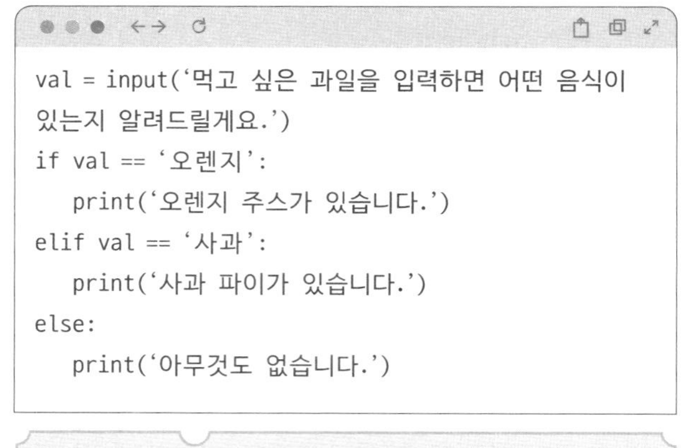

```
val = input('먹고 싶은 과일을 입력하면 어떤 음식이
있는지 알려드릴게요.')
if val == '오렌지':
    print('오렌지 주스가 있습니다.')
elif val == '사과':
    print('사과 파이가 있습니다.')
else:
    print('아무것도 없습니다.')
```

여기서 잠깐

코딩에서 =와 ==는 다른 의미를 가집니다. =는 변수에 값을 할당할 때 사용하고, ==는 왼쪽과 오른쪽 값이 같은지 비교할 때 사용합니다.

114. 정답 : 아래 설명 참조

제시된 설명을 코드로 변경하는 문제입니다. input() 함수를 통해 값을 입력받으면 문자형으로 처리됩니다. 이를 정수형으로 바꿔 주기 위해 int() 함수를 사용해야 합니다. 숫자를 입력받으면 변수에 할당해야 하므로 val이라는 변수명을 사용하겠습니다. '~라면'이라는 단어가 있으므로 if, elif, else를 사용해 코드를 작성해야 합니다.

- 'val 변수의 값이 90보다 같거나 크다면'에 대한 조건식은 if val>= 90:이라고 작성합니다.
- '변수의 값이 70에서 89 사이라면' elif 70 <= val <= 89:라고 작성합니다. 70과 89를 포함해야 하므로 등호(=)를 사용합니다.
- '변수의 값이 70보다 작으면'에 대한 조건식은 else:이라고 작성합니다. 70을 포함하지 않으므로 등호(=)를 사용하지 않습니다.

문제의 설명에 따라 작성된 코드는 다음과 같습니다.

```
val = int(input('숫자를 입력하세요.'))

if val >= 90:
print('우수')
elif 70 <= val <= 89:
print('보통')
else:
print('미흡')
```

115. 정답 : 아래 설명 참조

제시된 설명을 코드로 변경하는 문제입니다. 리스트에 어떤 값이 포함되어 있는지 확인하기 위해서는 if 변수명 in 리스트명: 패턴으로 작성합니다. 문제에서 리스트명은 '놀이기구'로 정의하고 있습니다. input() 함수를 통해 입력받은 값을 '선택'라는 변수에 할당한다면 if 선택 in 놀이기구:라고 작성하면 됩니다. '그렇지 않으면'이라는 단어가 등장하므로 else를 사용해 코드를 작성합니다. 문제의 설명에 따라 작성된 코드는 다음과 같습니다.

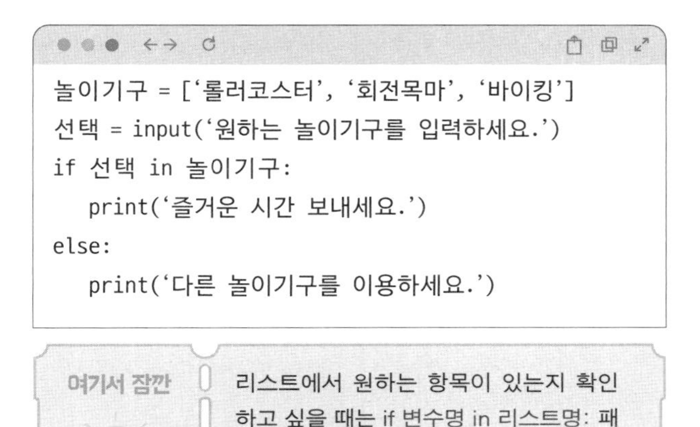

```
놀이기구 = ['롤러코스터', '회전목마', '바이킹']
선택 = input('원하는 놀이기구를 입력하세요.')
if 선택 in 놀이기구:
    print('즐거운 시간 보내세요.')
else:
    print('다른 놀이기구를 이용하세요.')
```

> **여기서 잠깐**
> 리스트에서 원하는 항목이 있는지 확인하고 싶을 때는 if 변수명 in 리스트명: 패턴을 사용합니다.

116. 정답 : 아래 설명 참조

while문을 사용해 1에서 100까지 출력하는 코드를 작성하는 문제입니다. while문은 while 조건식: 패턴으로 사용할 수 있습니다. 이 문제의 경우 숫자를 100까지 출력하도록 조건식을 count <= 100:으로 작성해야 합니다. 조건식에 count 변수가 사용되었으므로 다음과 같이 값을 정의(할당)하는 코드가 필요합니다.

```
count = 1
```

숫자가 1부터 출력해야 하므로 count 변수에 1을 할당합니다. count 변수의 값이 1씩 증가하도록 count = count + 1과 같이 작성해야 합니다. 마지막으로 count 변수의 값을 출력하기 위해 print(count)라고 작성합니다. 지금까지 설명한 코드를 완성하면 다음과 같습니다.

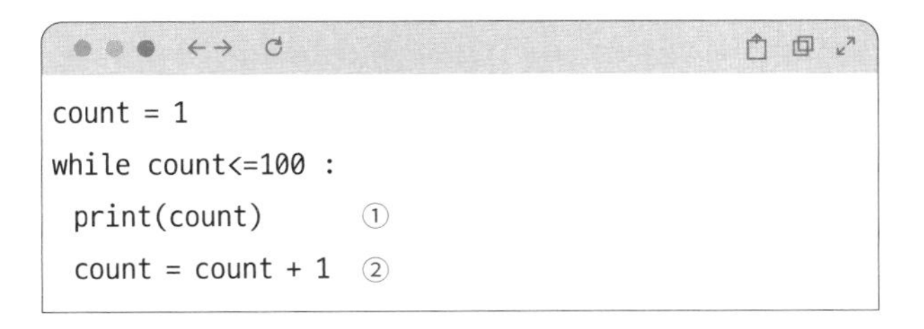

```
count = 1
while count<=100 :
  print(count)        ①
  count = count + 1   ②
```

> **여기서 잠깐**
> 
> 만약 ①번과 ②번 코드의 위치를 바꾸면 어떻게 될까요? 그러면 숫자가 1부터 출력되지 않고 2부터 출력됩니다. 그 이유는 count= count+1이 print() 함수보다 먼저 실행되므로 count 변수 2가 출력되기 때문에 그렇습니다.

다음과 같은 패턴으로도 코드를 작성할 수 있습니다.

```
count = 1
while True :  ③  조건식이 항상 참이 됩니다.
  print(count)
  count = count + 1
  if count > 100:  ④
    break
```

(print(count) ~ break: while문이 참이 되므로 왼쪽의 코드가 계속 반복되다가 count 변수가 100보다 크면 반복을 멈춥니다.)

while True:라고 작성하면 조건식이 항상 참이므로 들여쓰기한 코드가 계속 반복됩니다. 그래서 반복을 중단하기 위해 break를 사용합니다. 즉 ④번과 같이 if문을 사용해 count가 100보다 크면 break를 실행하도록 코드를 작성할 수 있습니다.

117. 정답 : 아래 설명 참조

while문을 사용해 1에서 100까지 숫자 중 짝수만 출력하는 코드를 작성하는 문제입니다. 특정 조건에 대해서만 출력해야 하므로 if문을 사용하고, 짝수를 확인하기 위해 조건식을 if count % 2 == 0:와 같이 작성합니다.

%는 나머지를 구하는 연산자입니다. count % 2라고 작성하면 count 변수값을 2로 나눈 나머지를 계산해줍니다. 그리고 count % 2 == 0와 같이 작성하면 나머지가 0과 같은지 판단합니다. 여기서 나머지가 0이면 짝수이고 1이면 홀수라는 뜻입니다.

완성된 코드를 살펴보겠습니다. 다음과 같이 if문을 사용해 count 변수값을 2로 나눈 나머지가 0이 된다면 count 변수를 출력하도록 코드를 작성하면 짝수만 출력합니다.

```
count = 1
while count<=100 :
  if count % 2 == 0:
    print(count)  ← if문의 영향을 받는 코드이므로 if문보다 안쪽으로 들여쓰기를 합니다.
count = count + 1
```

여기서 if문의 조건식에 따라 실행되는 코드는 print(count)입니다. 그래서 이 코드는 들여쓰기가 되어 있습니다. 반면, count =

count +1 코드는 if문에 영향을 받지 않아야 하므로 들여쓰기를 하지 않습니다.

118. 정답 : 아래 설명 참조

#의 개수를 증가시켜 출력하는 문제입니다. 출력을 반복해야 하므로 for문을 사용합니다. for k in range(5):라고 작성하면 k변수가 0부터 4까지 1씩 증가하면서 for문 아래의 들여쓰기한 코드가 5번 반복됩니다. #를 여러 번 반복되도록 출력하기 위해서는 곱하기(*) 연산자를 사용합니다. 예를 들어, '#' * 2 라고 작성하면 #가 두 번 반복되어 ##가 됩니다. '#' * k라고 작성하면 #가 k번만큼 반복됩니다. 이를 화면에 출력하기 위해 print() 함수를 사용합니다. 다음과 같이 코드를 작성하면 문제에서 제시된 결과와 같이 출력됩니다.

```
for k in range(5):
    print('#' * k)
```

119. 정답 : 아래 설명 참조

1에서 10까지의 숫자를 모두 더한 후 평균을 구하는 문제입니다. 숫자를 반복적으로 더해야 하므로 for문을 사용합니다. 범위가 1부터 10까지이므로 for k in range(1, 11):과 같이 작성합니다. 이것은 1부터 시작해 10까지 10번 반복하고, 각각의 숫자를 k변수에 담으라는 의미입니다. 숫자들의 합계를 구하기 위해 sum이라는 변수를 정의합니다. 그리고 다음과 같이 코드를 작성하면 sum 변수에 1부터 10까지 숫자가 더해집니다.

```
sum = sum + k
```

지금까지 설명한 코드는 다음과 같습니다.

```
sum = 0
for k in range(1, 11):
    sum = sum + k
```

합계를 구했으므로 이제 평균을 구해야 합니다. 10개 값에 대해 평균을 구하므로 합계를 10으로 나누어주어야 합니다. 평균값을 위해 avg 변수를 사용하고, 평균을 구하기 위해 avg = sum / 10의 코드를 추가합니다. 여기서 /는 나누기를 의미합니다. 지금까지 설명한 코드를 완성하면 다음과 같습니다.

```
sum = 0
avg = 0
for k in range(1, 11):
    sum = sum + k
avg = sum / 10
print(avg)
```

120. 정답 : 아래 설명 참조

'for 변수명 in 리스트명' 패턴을 사용하는 문제입니다. 문제에서 주어진 리스트명은 val이므로 다음과 같이 코드를 작성할 수 있습니다.

```
for item in val:
```

여기서 item 변수 대신에 다른 변수명(예: a)을 사용해도 됩니다. 리스트 항목이 5보다 클 경우에 해당 항목을 출력하도록 다음과 같이 if문을 사용합니다.

```
if item >=5:
```

이를 조합하면 다음과 같이 코드가 완성됩니다.

```
val = [3, 7, 2, 9, 10, 4, 7, 2]
for item in val:
  if item >= 5:
     print(item)
```

121. 정답 : 아래 설명 참조

120번 문제와 동일하게 다음의 패턴으로 코드를 작성합니다.

```
for 변수명 in 리스트명:
  if 조건식:
```

숫자가 짝수인지를 확인하기 위해 다음과 같이 코드를 작성합니다.

```
if 변수명 % 2 == 0:
```

변수를 2로 나눈 나머지가 0과 같다면 참이 되고 같지 않다면 거짓이 됩니다. 즉 짝수인 경우만 조건식이 참이 됩니다. 지금까지 설명한 코드를 완성하면 다음과 같습니다.

```
val = [1, 2, 3, 4, 5, 6, 7, 8, 9]
for item in val:
  if item % 2 == 0:
     print(item)
```

122. 정답 : 아래 설명 참조

50에서 100 사이 숫자를 하나씩 가져와 반복적으로 조건을 확인해야 하므로 아래와 같이 for문을 사용합니다.

```
for val in range(50, 101):
```

val 변수의 값이 3의 배수인지를 확인하기 위해서 다음과 같이 조건식을 작성합니다.

```
if val % 3 == 0:
```

지금까지 설명한 코드를 완성하면 다음과 같습니다.

```
for val in range(50, 101):
  if val % 3 == 0:
     print(val)
```

123. 정답 : 아래 설명 참조

신장과 체중을 입력받기 위해 아래와 같이 input() 함수를 사용합니다.

```
height = input("신장을 입력하세요.")
weight = input("체중을 입력하세요.")
```

input() 함수를 통해 입력된 값이 문자형으로 처리되므로, 이를 정수형으로 변경하기 위해 int() 함수를 사용합니다.

```
height = int(input("신장을 입력하세요."))
weight = int(input("체중을 입력하세요."))
```

BMI 계산식에 따라 코드를 작성합니다.

```
BMI = weight / height * height
```

BMI 계산값은 조건에 따라 저체중, 정상, 과체중, 비만으로 분류하기 위해 다음과 같이 문장을 작성합니다.

- 만약 BMI가 20 미만이면, 저체중이라고 출력
- 만약 BMI가 20-24이면, 정상이라고 출력
- 만약 BMI가 25-29이면, 과체중이라고 출력
- 만약 BMI가 30 이상이면, 비만이라고 출력

이를 코드로 작성하면 다음과 같습니다.

```
if BMI >= 30: print("비만")
elif 25 <= BMI <= 29 : print("과체중")
elif 20 <= BMI <= 24 : print("정상")
else: print("저체중")
```

지금까지 설명한 코드를 완성하면 다음과 같습니다.

```
height = int(input("신장을 입력하세요."))
weight = int(input("체중을 입력하세요."))
BMI = weight / height * height
  if BMI >= 30: print("비만")
  elif 25 <= BMI <= 29 : print("과체중")
  elif 20 <= BMI <= 24 : print("정상")
  else: print("저체중")
```

124. 정답 : 아래 설명 참조

점수를 입력받기 위해 아래와 같이 input() 함수를 사용하고, 정수형으로 변환하기 위해 int() 함수를 사용합니다.

```
score = int(input("점수를 입력하세요."))
```

100보다 크거나 0보다 작으면 '입력 오류'라고 출력해야 하므로 or를 사용해 두 개의 조건식을 연결합니다.

```
if score > 100 or score < 0 :
   print("입력 오류")
```

입력값이 0에서 100사이인 경우는 else 구문 안에 작성합니다.

```
if score > 100 or score < 0 :
   # 코드 작성
else:
   # 코드 작성
```

점수에 따라 학점을 출력하는 코드를 작성하면 다음과 같습니다.

```
else:
  if score >= 90: print("A")
  elif 80 <= score <= 89 : print("B")
  elif 70 <= score <= 79 : print("C")
  elif 60 <= score <= 69 : print("D")
  else: print("F")
```

지금까지 설명한 코드를 완성하면 다음과 같습니다.

```
score = int(input("점수를 입력하세요."))
if score > 100 or score < 0 :
   print("입력 오류")
else:
   if score >= 90: print("A")
   elif 80 <= score <= 89 : print("B")
   elif 70 <= score <= 79 : print("C")
   elif 60 <= score <= 69 : print("D")
   else: print("F")
```

125. 정답 : 아래 설명 참조

문제에서 정의된 리스트는 다음과 같습니다.

```
numbers = [1, 2, 3, 4, 5, 6, 7, 8, 9, 10, 11, 12, 13]
```

리스트에서 항목을 하나씩 가져와 변수에 담기 위해서는 다음의 패턴으로 코드를 작성합니다.

```
for 변수명 in 리스트명:
```

변수명은 원하는 이름으로 임의로 정하면 됩니다. 여기서는 item으로 정했습니다.

```
for item in numbers:
```

item 변수에 담겨진 값이 홀수인지 아니면 짝수인지를 확인하기 위해 다음과 같이 조건식을 작성합니다.

```
만약 item이 짝수이면 even_count 변수값 증가
그렇지 않으면 old_count 변수값 증가
```

위 내용을 코드로 작성하면 다음과 같습니다.

```
if item % 2 == 0:
   even_count = even_count+1
else:
   odd_count = odd_count+1
```

item을 2로 나눈 나머지 값이 0과 같다면 짝수이고, 그렇지 않으면 홀수가 됩니다. 이것을 코드로 표현하면 item % 2 == 0 이라고 작성합니다. 그리고 변수를 사용하기 전에 다음과 같이 정의합니다.

```
even_count = 0
odd_count = 0
```

지금까지 설명한 코드를 완성하면 다음과 같습니다.

```
even_count = 0
odd_count = 0
for item in numbers:
  if item % 2 == 0:
     even_count = even_count+1
  else:
     odd_count = odd_count+1
print('짝수의 개수:', even_count)
print('홀수의 개수:', odd_count)
```

126. 정답 : 아래 설명 참조

문제에서 제시된 리스트의 항목은 다음과 같이 다양한 자료형으로 구성되어 있습니다.

```
datalist = [100, '사과', 145.3, [1, 2, 3, 4]]
```

100은 정수형이고, '사과'는 문자형입니다. 145.3은 실수형이고, [1, 2, 3, 4]는 리스트형입니다. 문제에서 각 항목의 자료형을 출력하도록 요구하고 있으므로 type() 함수를 사용합니다. 예를 들어 type('사과')라고 작성하면 '사과'의 자료형을 확인할 수 있습니다. 리스트에서 항목을 하나씩 꺼내 오기 위해서는 다음과 같은 패턴으로 코드를 작성합니다.

```
for item in datalist:
```

item 변수에 들어간 값의 자료형을 확인해야 하므로 type(item)이라고 작성하고 이를 출력하기 위해 print() 함수를 사용합니다. 지금까지 설명한 코드를 완성하면 다음과 같습니다.

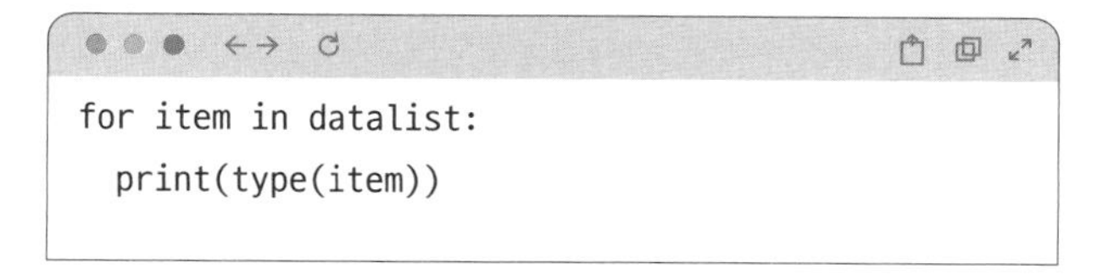

```
for item in datalist:
  print(type(item))
```

127. 정답 : 아래 설명 참조

리스트에서 항목을 하나씩 꺼내 오기 위해서는 다음과 같이 코드를 작성합니다.

```
for 변수명 in 리스트명:
for member in BTS:
```

보기에서 1, 2, 3, 4 등과 같이 숫자를 출력하므로 숫자를 카운트하기 위한 변수를 다음과 같이 정의합니다.

```
count = 1
```

숫자를 1씩 올리기 위해서는 다음과 같이 코드를 작성합니다.

```
count = count + 1
```

보기와 같이 출력하기 위해서는 print()의 괄호 안에 출력할 내용을 작성합니다. 변수를 여러 개 사용해 한 문장으로 출력하기 위해서는 콤마를 사용합니다.

```
print(count, ':', member)
```

지금까지 설명한 코드를 완성하면 다음과 같습니다.

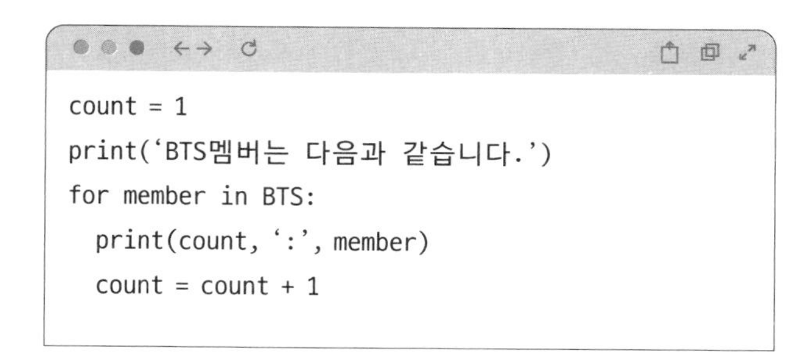

```
count = 1
print('BTS멤버는 다음과 같습니다.')
for member in BTS:
  print(count, ':', member)
  count = count + 1
```

128. 정답 : 아래 설명 참조

0에서 6 사이의 값을 출력하기 위해서는 다음과 같이 for문을 사용합니다. 여기서 a변수 대신에 다른 변수를 사용해도 됩니다.

```
for 변수명 in range(숫자):
for a in range(7):
```

0에서 6 사이 숫자 중 3과 6은 제외해야 하므로 if문을 사용해 조건식을 추가합니다.

```
만약 a가 3 또는 6이라면
if a == 3 or a == 6:
```

변수값을 출력하기 위해 print() 함수를 사용합니다. 지금까지 설명한 코드를 완성하면 다음과 같습니다.

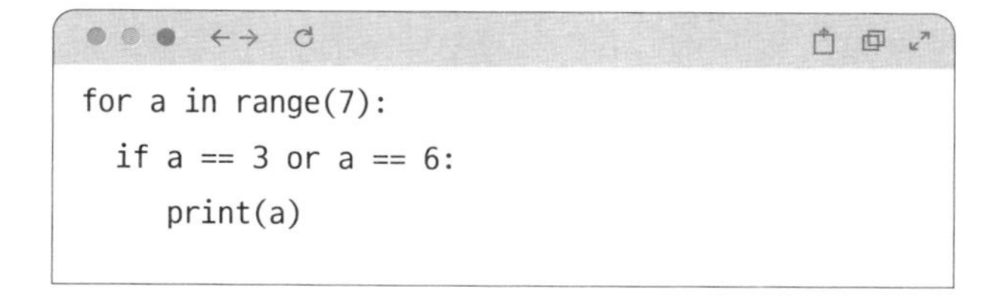

```
for a in range(7):
  if a == 3 or a == 6:
     print(a)
```

129. 정답 : 아래 설명 참조

문제에 따라 단어를 5번 입력받기 위해서는 input() 함수를 사용하고, 함수 괄호 안에는 화면에 출력할 문장을 작성합니다.

```
word=input('단어를 입력하세요: ')
```

단어를 입력받으면 word 변수에 저장합니다. 동일한 코드를 반복하기 위해서는 for문을 사용하고, 5번 반복하므로 range(5)라고 작성합니다.

```
for x in range(5):
```

리스트 변수를 사용하기 위해 다음과 같이 변수를 정의합니다. 변수를 정의하는 코드는 변수를 사용하는 코드 이전에 위치해야 합니다. 그래서 주로 코드 앞부분에 변수를 정의하는 코드를 작성합니다.

```
wordlist = []
```

word 변수값을 리스트에 추가하기 위해 append() 함수를 사용합니다.

```
wordlist.append(word)
```

리스트의 내용을 출력하기 위해서는 print()함수를 사용합니다.

```
print(wordlist)
```

지금까지 설명한 코드를 완성하면 다음과 같습니다.

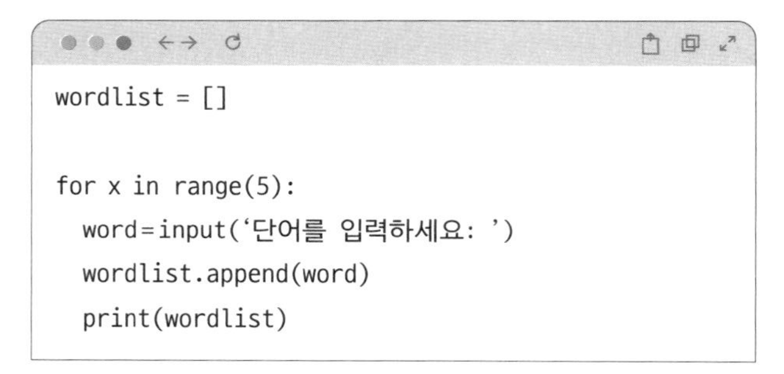

```
wordlist = []

for x in range(5):
  word=input('단어를 입력하세요: ')
  wordlist.append(word)
  print(wordlist)
```

코드를 실행하면 다음과 같이 출력됩니다.

코드 실행 결과

```
단어를 입력하세요 : 무뚝뚝
단어를 입력하세요 : 바나나킥
단어를 입력하세요 : 오감자
단어를 입력하세요 : 빼빼로
단어를 입력하세요 : 고래밥
['무뚝뚝', '바나나킥', '오감자', '빼빼로', '고래밥']
```

130. 정답 : 아래 설명 참조

130번 문제는 129번 문제와 유사합니다. 다만, 입력받은 단어의 길이를 리스트에 추가해야 합니다. 여기서 단어의 길이를 알기 위해서는 len() 함수를 사용합니다.

```
len(word)
```

리스트에 word 변수값 대신에 len(word)를 추가합니다.

```
wordlist.append(len(word))
```

지금까지 설명한 코드를 완성하면 다음과 같습니다.

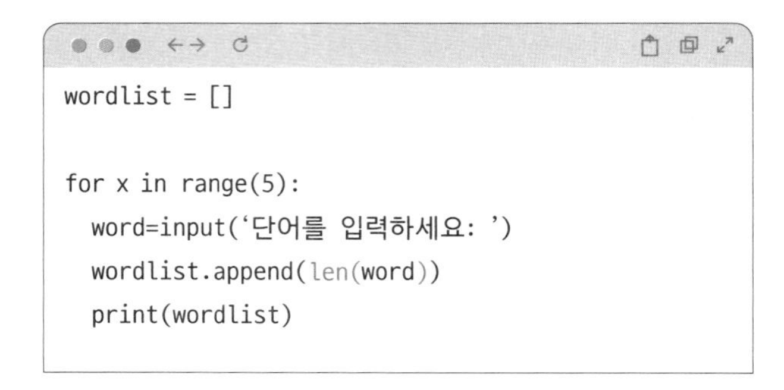

```
wordlist = []

for x in range(5):
  word=input('단어를 입력하세요: ')
  wordlist.append(len(word))
  print(wordlist)
```

코드를 실행하면 다음과 같이 출력됩니다.

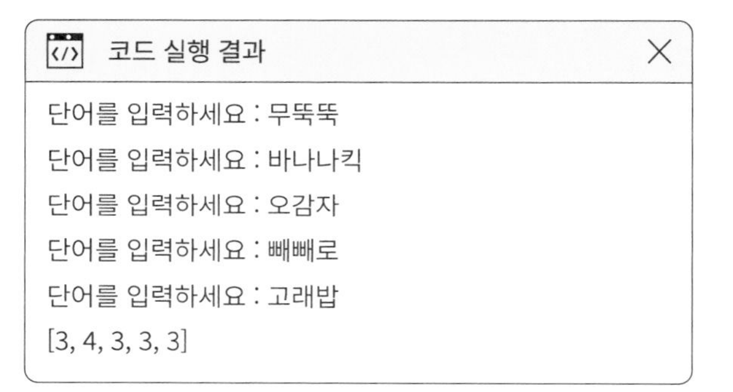

코드 실행 결과

```
단어를 입력하세요 : 무뚝뚝
단어를 입력하세요 : 바나나킥
단어를 입력하세요 : 오감자
단어를 입력하세요 : 빼빼로
단어를 입력하세요 : 고래밥
[3, 4, 3, 3, 3]
```

131. 정답 : 아래 설명 참조

문제에 따라 대문자 한 자를 입력받기 위해 input() 함수를 사용하고, 함수 괄호 안에는 화면에 출력할 문장을 작성합니다.

```
letter=input('대문자 한 자를 입력하세요: ')
```

문제에서 '~이면'이라는 조건을 표현하는 문장이 사용되었으므로 아래와 같이 if문을 사용합니다.

```
if 조건식:
```

입력한 문자가 모음인지 확인하기 위해 다음과 같이 코드를 작성합니다. 이렇게 작성하면 변수값이 리스트에 포함되어 있는지 확인할 수 있습니다.

```
if 변수명 in 리스트명:
if letter in ['A', 'E', 'I', 'O', 'U']
```

입력한 글자가 자음인지 확인하기 위한 코드는 '그 밖에'라는 의미의 else문을 사용하면 됩니다. if문이 실행될 때는 '모음입니다.'라고 출력하고 else 문이 실행될 때는 '자음입니다.'라고 출력하도록 다음과 같이 작성합니다.

```
if 조건식:
    print('모음입니다.')
else:
    print('자음입니다.')
```

지금까지의 코드를 완성하면 다음과 같습니다.

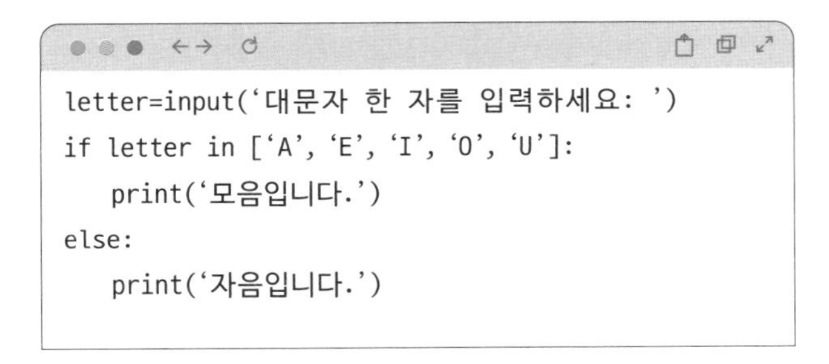

이 코드를 실행하면 다음과 같이 출력됩니다.

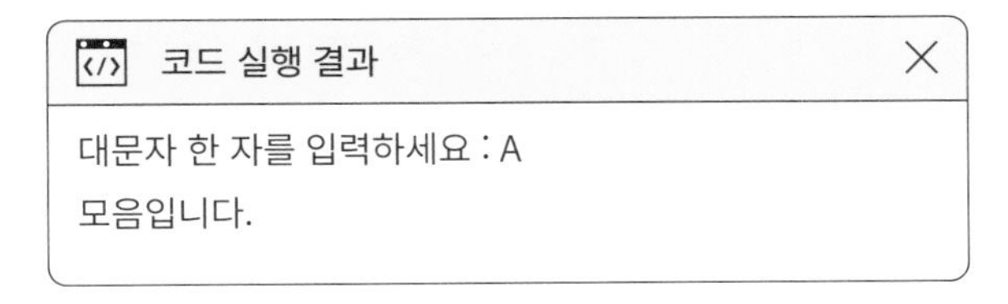

3단계 함수 이해하기

132. 정답 : ③

코드에서 발생한 오류를 해결하기 위해서는 오류 메시지의 내용을 이해해야 합니다.

```
TypeError: input expected at most 1 argument, got 2
```

오류 메시지는 아규먼트(인자)가 1개여야 하지만 코드에서 2개가 사용되었다는 의미입니다. 즉 함수의 인자 개수가 잘못되었다는 뜻입니다. 보기의 코드에서 input()의 인자를 보면, a와 b 이렇게 2개를 인지로 사용하고 있습니다. 이 함수는 1개의 인자를 받도록 정의되어 있는데 2개를 사용해서 오류가 발생한 것입니다. 그래서 정답은 ③이 됩니다.

133. 정답 : ①

다음 코드에서 함수의 괄호 안에 또 다른 함수가 포함되어 있습니다. 이렇게 함수 안에 함수가 포함되면 괄호 안에 있는 함수가 먼저 실행됩니다.

③ int() 함수의 반환값이 number 변수에 할당됩니다.

```
number = int(input('숫자를 입력하세요.')
```

① 제일 먼저 input() 함수가 실행됩니다.

② input() 함수의 반환값이 int()의 괄호 안에 들어갑니다.

134. 정답 : ②

print() 함수는 지정된 반환값이 없기 때문에 None이라는 결과를 반환합니다. int() 함수는 문자열이나 숫자 등이 입력 인자로 사용되어야 하지만, None이 입력 인자로 사용되어 다음과 같이 오류가 발생하였습니다.

```
TypeError: int() argument must be a string, a
bytes-like object or a number, not 'NoneType'
```

그러므로 정답은 ②가 됩니다.

135. 정답 : ②

input() 함수를 통해 값을 입력받으면 숫자를 입력해도 문자형으로 처리됩니다. 문자형을 정수형으로 변환하기 위해 int() 함수가 사용되었습니다. 3을 입력하면 int() 함수를 통해 정수형으로 처리하므로 number 변수에는 3이 할당됩니다. 숫자 2와 number 변수값을 더했기 때문에 print() 함수를 통해 5가 출력됩니다.

③ int() 함수의 반환값이 number 변수에 할당됩니다.

```
number = int(input('숫자를 입력하세요.'))
```

① input() 함수를 통해 문자 3이 입력됩니다.

② 문자형 3을 정수형 3으로 변환해줍니다.

```
print(2+number)
```

④ 2와 number변수값 3을 더합니다.

여기서 잠깐

만약 다음과 같이 int() 함수를 사용하지 않으면 어떤 결과가 출력될까요?

number = input('숫자를 입력하세요.')

① input() 함수를 통해 문자 3이 입력됩니다.

print(2+number)

③ 숫자2와 문자형 변수값 3을 더하므로 오류가 발생합니다.

입력값이 문자형으로 처리되기 때문에 number는 문자형 변수가 됩니다.
2+number를 하면 정수형과 문자형을 연산하기 때문에 다음과 같은 오류가 발생합니다.

```
TypeError: unsupported operand type(s) for +: 'int' and 'str'
```

136. 정답 : 12

min() 함수는 리스트에서 최소값을 반환하는 함수입니다. numbers 리스트에서 최소값은 12이므로 이 값이 화면에 출력됩니다.

137. 정답 : ③

문자형을 정수형으로 변환하기 위해서는 int() 함수를 사용합니다.

138. 정답 : ④

리스트를 입력으로 받아 최대값을 반환하기 위해서는 max() 함수를 사용합니다.

139. 정답 : ①

문제에 제시된 코드는 입력값을 받아 2로 나눈 후 화면에 출력하고 있습니다. 오류가 발생한 이유를 알기 위해서는 다음의 오류 메시지 내용을 이해할 수 있어야 합니다.

```
TypeError: unsupported operand type(s) for /:
'str' and 'int'
```

오류 메시지는 str과 int는 나누기 연산자(/)로 나눌 수 없다는 내용으로, 문자형을 정수형으로 나눌 수 없다는 의미입니다. 그래서 답은 ①이 됩니다. 이 오류를 해결하기 위해서는 input() 함수를 받은 값을 정수형으로 변환하는 int() 함수를 다음과 같이 사용합니다.

```
num = int(input('숫자를 입력하세요.'))
```

140. 정답 : ③

사용자가 입력한 값이 value변수에 할당되어 있고, 이 변수값에 대한 절대값을 구하기 위해서는 abs() 함수의 괄호 안에 value를 작성해야 합니다.

141. 정답 : 12.3 12.0 12

float() 함수는 입력값을 실수형으로 변경하는 함수이고, int() 함수는 입력값을 정수형으로 변경하는 함수입니다. '12.3'은 문자형이지만 float('12.3')을 실행하면 12.3이 반환됩니다. 12는 정수형이지만, float(12)을 실행하면 12.0이 반환됩니다. 12.3은 실수형이지만, int(12.3)을 실행하면 12가 반환됩니다. print() 함수를 통해 함수의 반환값을 출력하면 다음의 결과가 출력됩니다.

```
12.3
12.0
12
```

142. 정답 : pow(x, y)

x의 y제곱을 계산하기 위해서는 pow() 함수를 사용합니다. input() 함수를 통해 x, y를 입력받았으므로 pow(x, y)라고 작성하면 x의 y제곱을 계산합니다.

143. 정답 : ③

문제에서 numbers 변수에 대해 합계와 평균을 구하는 코드가 작성되어 있습니다. 합계를 구하기 위해 sum(numbers)라는 코드를 작성했습니다. 평균을 구하기 위해 합계를 리스트 항목의 개수로 나눠야 합니다. 리스트 항목의 개수는 len() 함수를 통해 알 수 있으므로, 빈칸에 len(numbers)가 들어가야 합니다.

144. 정답 : 12

문제의 print() 함수는 a, b, c를 인자를 받아 화면에 출력해줍니다. 코드를 실행하면 '파이썬은 객체지향 프로그래밍 언어입니다'라고 출력합니다.

145. 정답 : ①-다, ②-가, ③-라, ④-나

type()은 입력된 데이터의 자료형을 알려주는 함수입니다.
①에서 type()의 괄호 안에 들어간 [1, 2, 3, 4]는 리스트형이므로, type([1,2,3,4])는 <class 'list'>를 반환합니다.
②에서 10은 정수형이므로, type(10)은 <class 'int'>를 반환합니다.
③에서 '10'은 문자형이므로, type('10')은 <class 'str'>을 반환합니다.
④에서 10.0은 실수형이므로 type(10.0)은 <class 'float'>를 반환합니다.

146. 정답 : float

input() 함수를 사용하여 값을 입력받으면 문자형으로 처리됩니다. 이를 실수형으로 처리하기 위해 float() 함수를 사용해야 합니다.

147. 정답 : ③

정수형을 문자형으로 바꾸기 위해 str() 함수를 사용합니다.

148. 정답 : 2, 11

range() 함수를 이용하여 2부터 10까지의 숫자를 만들기 위해서는 range(2, 11)이라고 작성합니다.

149. 정답 : ④

range(1, 10)은 1부터 9까지 숫자를 만들어주고, list() 함수는 이 숫자를 리스트로 만들어줍니다. 그러므로 alist 변수에는 리스트가 할당되게 됩니다. print(alist)를 통해 [1, 2, 3, 4, 5, 6, 7, 8, 9]가 출력됩니다.

150. 정답 : 5, 0, -1

range(a, b, c)에서 a와 b는 범위를 정해주고, c는 숫자 간격을 정하는 인자입니다. 예를 들어, 1에서 10 사이의 범위를 지정하기 위해서는 a를 1, b를 11로 정해야 하고, 숫자가 2씩 증가한다면 c는 2가 되어야 합니다. 문제에서 숫자범위가 5에서 1 사이이고, 숫자가 1씩 감소하므로 a는 5, b는 0, c는 -1이 되어야 합니다.

151. 정답 : 1, 10, 2

숫자의 범위가 1에서 9까지이므로, a를 1, b를 10으로 정하고, 숫자가 1, 3, 5, 7, 9와 같이 2씩 숫자가 증가하므로 c는 2로 정해야 합니다.

152. 정답 : ④

리스트의 항목을 정렬하려고 하기 위해 sorted() 함수를 사용합니다. min()는 최소값, max()는 최대값, abs()는 절대값을 구하는 함수입니다.

153. 정답 : ①

scores = list(range(1, 10))은 1에서 9까지 숫자를 리스트로 만들어주고, scores 변수에 넣어줍니다. sum(scores)는 리스트 항목을 모두 더해주기 때문에 코드를 실행하면 45가 출력됩니다.

154. 정답 : 아래 설명 참조

for a in range(1, 5)는 1부터 4까지의 4개의 숫자를 a변수에 순서대로 담아주고, for문 아래에 들여쓰기한 코드를 아래와 같이 4번 반복합니다.

1. for문의 a변수에는 1이 할당되고, days[a]는 days[1]이 됩니다. print(days[1], '요일') 코드는 화요일이 출력됩니다.

```
days = ['월', '화', '수', '목', '금', '토', '일']
for 1 in range(1, 5):          a에 1 할당
  print(days[1], '요일')       days[1]는 '화'
```

2. for문의 a변수에는 2가 할당되고, days[a]는 days[2]가 됩니다. print(days[2], '요일')은 수요일이 출력됩니다.
3. for문의 a변수에는 3이 할당되고, days[a]는 days[3]이 됩니다. print(days[3], '요일')은 목요일이 출력됩니다.
4. for문의 a변수에는 4가 할당되고, days[a]는 days[4]가 됩니다. print(days[4], '요일')은 금요일이 출력됩니다.

코드를 실행하면 다음과 같이 출력됩니다.

```
화 요일
수 요일
목 요일
금 요일
```

155. 정답 : 아래 설명 참조

입력한 값이 양수인지를 확인하기 위해서는 다음과 같이 입력값

이 0보다 큰지 확인하는 조건식을 작성합니다.

```
if number > 0:
```

number에 음수가 들어 있을 경우 if문이 거짓이 되어 else문이 참이 됩니다. 그러면 else문 아랫줄의 코드가 실행됩니다. 여기서 음수를 양수로 변환하기 위해 abs() 함수를 사용해야 합니다.

```
number = abs(number)
```

지금까지 설명한 코드를 완성하면 다음과 같습니다.

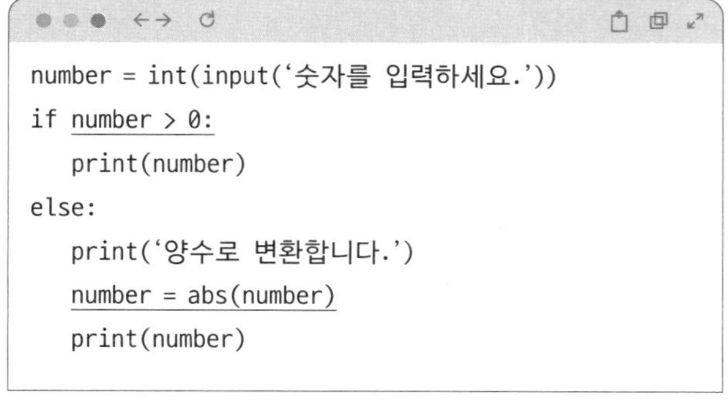

```
number = int(input('숫자를 입력하세요.'))
if number > 0:
    print(number)
else:
    print('양수로 변환합니다.')
    number = abs(number)
    print(number)
```

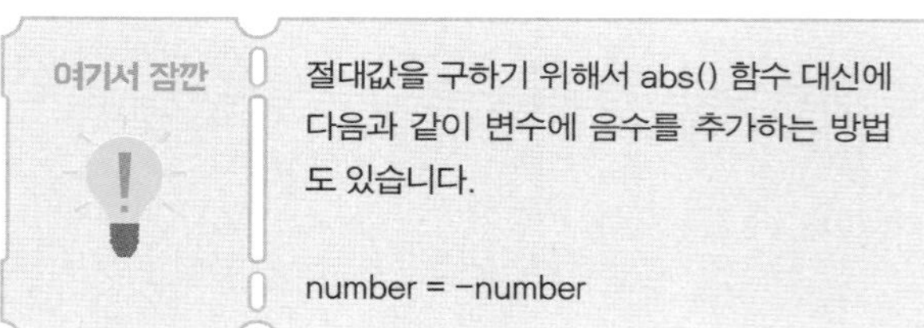

여기서 잠깐

절대값을 구하기 위해서 abs() 함수 대신에 다음과 같이 변수에 음수를 추가하는 방법도 있습니다.

number = -number

156. 정답 : float(num)

num에는 문자형인 '10'이 할당되어 있습니다. 이를 정수형으로 변경하기 위해 int() 함수를 사용하고 있습니다. 빈칸에는 num을 실수형으로 변경하기 위한 코드가 들어가야 하므로 float(num)이라고 작성합니다.

157. 정답 : 아래 설명 참조

아래 코드에서 1번줄은 numbers라는 리스트 변수를 정의하고 있습니다.

```
1:  numbers = []
2:  for x in range(5):
3:      num = int(input(x+'번째 숫자를 입력하세요.'))
4:      numbers.append(num)
5:  print('최대값:', ______________)
6:  print('최소값:', ______________)
```

2번줄은 for x in range(5):이므로 0부터 4까지의 5개의 숫자를 x 변수에 담고, for문 아래의 들여쓰기한 코드(3, 4번줄)를 5번 반복합니다.

3번줄에서 input() 함수를 통해 숫자를 입력받은 후 4번줄에서 numbers 리스트에 추가하고 있습니다.

5번줄에서는 최대값을 출력하도록 max() 함수를 사용하고, 6번줄에서는 최소값을 출력하도록 min() 함수를 사용합니다. 그러므로 빈칸에 들어갈 코드는 다음과 같이 max(numbers)와 min(numbers)가 되어야 합니다.

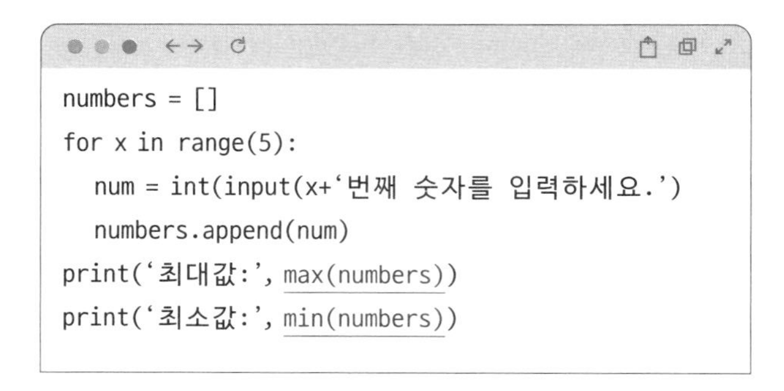

```
numbers = []
for x in range(5):
    num = int(input(x+'번째 숫자를 입력하세요.')
    numbers.append(num)
print('최대값:', max(numbers))
print('최소값:', min(numbers))
```

158. 정답 : 아래 설명 참조

아래 코드에서 1번줄은 weight 변수를 정의하고 있습니다.

```
1: weight = []
2: for x in range(1, 11):
3:    w = ___(input(X+'번 학생의 몸무게를 입력하세요.'))
4:    weight.append(w)
5: print('학생들의 몸무게 평균은', ______________)
```

2번줄은 for x in range(1, 11):이므로, 1부터 10까지 숫자를 차례대로 x변수에 담고, for문 아래의 들여쓰기한 코드를 10번 반복합니다.

3번에서는 학생의 몸무게를 input() 함수로 받고 있습니다. input() 함수는 입력값을 문자형으로 처리하므로 이를 정수형이나 실수형으로 변경해야 합니다. 몸무게는 보통 실수값(예: 39.8)으로 작성하므로 실수형으로 바꾸기 위해 빈칸에는 float() 함수를 사용합니다.

4번 코드에서는 3번에서 입력받은 몸무게를 weight 변수에 추가하고 있습니다.

5번에서 빈칸에는 10명 학생의 몸무게 평균을 구해야 하므로 sum(weight) / len(weight)라고 코드를 작성합니다. 여기서 weight 리스트에 10개의 항목이 추가되므로 len(weight)라고 작성하면 10을 반환하고, sum(weight)은 리스트 항목 값의 합계를 반환합니다. 그러므로 빈칸에 들어갈 코드는 다음과 같습니다.

```
weight = []
for x in range(1, 11):
  w = float(input(X+'번 학생의 몸무게를 입력하세요.'))
  weight.append(w)
print('학생들의 몸무게 평균은', sum(weight)/len(weight))
```

159. 정답 : 아래 설명 참조

코드 실행 결과가 다음과 같이 출력되려면 if문의 조건식이 모두 참이어야 합니다.

```
num1은 리스트형입니다.
num2는 정수형입니다.
num3은 실수형입니다.
num4는 문자형입니다.
```

아래 코드에서 5번줄의 조건식이 참이 되기 위해서는 num1 변수에 리스트가 할당되어야 합니다. 그러므로, num1 = [1, 2, 3, 4]와 같이 빈칸에 리스트를 작성합니다.

```
1:  num1 = ____________
2:  num2 = ____________
3:  num3 = ____________
4:  num4 = ____________
5:  if type(num1) is list:
6:      print('num1은 리스트형입니다.')
7:  if type(num2) is int:
8:      print('num2은 정수형입니다.'))
9:  if type(num3) is float:
10:      print('num3은 실수형입니다.'))
11: if type(num4) is str:
12:     print('num4는 문자형입니다.'))
```

7번줄의 조건식이 참이 되기 위해서는 num2가 정수형 변수가 되어야 합니다. 그러므로, num2 =3과 같이 빈칸에 정수값을 작성합니다.

9번줄의 조건식이 참이 되기 위해서는 num3가 실수형 변수가 되어야 합니다. 그러므로, num3 = 3.0와 같이 빈칸에 실수값을 작성합니다.

11번줄의 조건식이 참이 되기 위해서는 num4가 문자형 변수가 되어야 합니다. 그러므로, num4 = '학교'와 같이 빈칸에 문자열을 작성합니다. 코드를 완성하면 다음과 같습니다.

```
num1 = [1, 2, 3, 4]
num2 = 3
num3 = 3.0
num4 = '학교'
if type(num1) is list:
   print('num1은 리스트형입니다.')
if type(num2) is int:
   print('num2은 정수형입니다.'))
if type(num3) is float:
   print('num3은 실수형입니다.'))
if type(num4) is str:
   print('num4는 문자형입니다.'))
```

개념 반복하기

num1 = [1, 2, 3, 4]　리스트형 변수
num2 = 3　정수형 변수
num3 = 3.0　실수형 변수
num4 = '학교'　문자형 변수

160. 정답 : 숫자에 문자를 더해서

문제의 코드에서 오류가 난 이유를 알기 위해서는 오류의 내용을 이해해야 합니다. 다음 오류 내용은 int와 str를 더할 수 없다는 의미입니다.

```
TypeError: unsupported operand type(s) for +: 'int' and 'str'
```

'지원하지 않는 연산자 유형'이라는 뜻

코드에서 print() 함수의 괄호 안에 숫자에 문자를 더하고 있어 오류가 발생했습니다.

```
a = 123
print(123 + '는 숫자입니다.')
```

오류 발생 위치

숫자에 문자를 더하고 있습니다.

161. 정답 : 5

코드의 실행 결과를 알기 위해서는 코드를 한 줄 한 줄 이해해야 합니다. 1번줄에서 while문의 조건식이 참이므로 들여쓰기한 코드를 계속 반복하다가 3번줄의 조건식이 참이 되면 break가 실행됩니다. 여기에서 break는 반복을 멈추는 코드입니다.

```
1: while True:
2:   word = input('단어를 입력하세요.')
3:   if word == '그만':
4:      break
5:   else:
6:   wordlist.append(word)
7: print(len(wordlist))
```

들여쓰기한 코드 반복

3번줄에서 input() 함수를 통해 입력한 값이 '그만'이면 break가 실행됩니다. 만약 입력값이 '그만'이 아니면 5번줄의 else문이 참이 되어 들여쓰기한 코드(6번줄)가 실행됩니다.

6번줄에서 wordlist 변수에 항목을 추가하고 있습니다. 그리고 7번줄에 print() 함수를 통해 리스트를 출력하고 있습니다. 문제에서 5, 4, 3, 2, 1를 순서대로 입력한다고 설명하고 있습니다.

맨 처음 5를 입력하면 3번줄이 거짓이 되어 5번줄이 실행됩니다. 5번줄이 참이 되어 들여쓰기된 6번줄이 실행됩니다. 6번에서 wordlist 변수에 5가 추가됩니다. 4, 3, 2, 1의 경우도 동일한 방식으로 리스트에 추가됩니다.

마지막으로 '그만'을 입력하면 3번줄의 조건식이 참이 되어 break가 실행됩니다. 그러면 while의 계속 반복하기가 멈추고, 7번줄의 print(len(wordlist)) 함수가 실행됩니다. wordlist 변수에는 5, 4, 3, 2, 1 이렇게 5개 항목이 들어 있으므로 len() 함수를 실행하면 다음과 같이 출력됩니다.

```
5
```

162. 정답 : 123, 123.3

int(123.3)은 괄호 안의 숫자를 정수형으로 변환하여 123을 반환합니다. float(123.3)은 괄호 안의 숫자를 실수형으로 변환하여 123.3을 반환합니다. 코드 실행 결과는 다음과 같습니다.

```
123
123.3
```

163. 정답 : input() 함수는 인자를 1개만 사용해야 하지만, 2개를 사용해서

문제의 코드에서 오류가 난 이유를 알기 위해서는 오류 메시지 내용을 이해해야 합니다. 다음 오류 내용을 번역해보면 input() 함수는 1개의 인자를 가져야 하지만, 2개를 가지고 있다는 의미입니다.

```
TypeError: input expected at most 1 argument, got 2
```

코드를 보면 input() 함수에 '숫자를'과 '입력하세요'라는 2개의 인자가 사용되었습니다.

```
number = int(input('숫자를', '입력하세요.'))
```

input() 함수는 1개의 인자를 사용하므로 콤마를 사용할 수 없습니다. 오류를 수정하기 위해 다음과 같이 코드를 변경합니다.

```
number = int(input('숫자를 입력하세요.'))
```

164. 정답 : 정수형과 문자형을 비교해 조건식이 거짓이 되므로

1번줄에서 input() 함수를 통해 숫자를 입력받으면 이것이 문자형으로 처리됩니다. 2번줄에서 문자형 변수 num과 숫자 2를 비교하고 있습니다. num에 '2'가 할당되어 있어도 자료형이 다르기 때문에 2번줄의 조건식은 참이 될 수 없습니다. 이런 이유 때문에 2를 입력하면 2번줄은 거짓이 되고, 4번줄은 참이 되어 '2가 입력되지 않았습니다.'라고 출력됩니다.

```
1:  num = input('숫자를 입력하세요.')
2:  if num == 2 :
3:      print('2가 입력되었습니다.')
4:  else:
5:      print('2가 입력되지 않았습니다.')
```

165. 정답 : range()의 괄호 안에 문자형 변수가 들어가서

문제에서 제시한 아래의 오류 내용을 보면 for a in range(num)에서 문자형 객체는 정수형으로 해석될 수 없다는 내용입니다. 즉, range()의 괄호에는 정수형이 들어가야 하지만, 문자형이 들어가서 생긴 오류입니다.

```
for a in range(num):
TypeError: 'str' object cannot be interpreted as an
```

```
integer
```

num이 문자형인 이유는 아래 input() 함수를 통해 입력받은 값을 정수형으로 변환하고 있지 않아서입니다. 다음과 같이 int() 함수를 통해 문자형을 정수형으로 변환하면 오류가 발생하지 않습니다.

```
num = int(input('숫자를 입력하세요.'))
for a in range(num):
  print(a)
```

166. 정답 : yadot

코드가 어떻게 출력되는지를 알기 위해서는 문제에서 제시된 코드를 이해해보겠습니다. 1번줄에서 word 변수에 'today'라는 문자열이 할당되어 있습니다.

```
1:  word = 'today'
2:  for letter in range(4, -1, -1):
3:    print(word[letter])
```

range(4, -1, -1)은 4부터 0까지 1씩 감소해 5개의 숫자를 만들어줍니다. 즉, 4, 3, 2, 1, 0의 숫자를 만들어줍니다.

2번줄에서 letter에 이들 숫자가 차례대로 들어가고 3번 줄에서 이 변수가 사용됩니다. for문이 맨처음으로 실행되면 word[letter]가 word[4]가 되어 y가 출력됩니다. 두번째는 word[3]이 되어 a가 출력되고, 세번째는 word[2]이 되어 d가 출력됩니다. 네번째는 word[1]이 되어 o가 출력되고, 다섯번째는 word[0]이 되어 t가 출력됩니다.

코드 실행 결과는 다음과 같습니다.

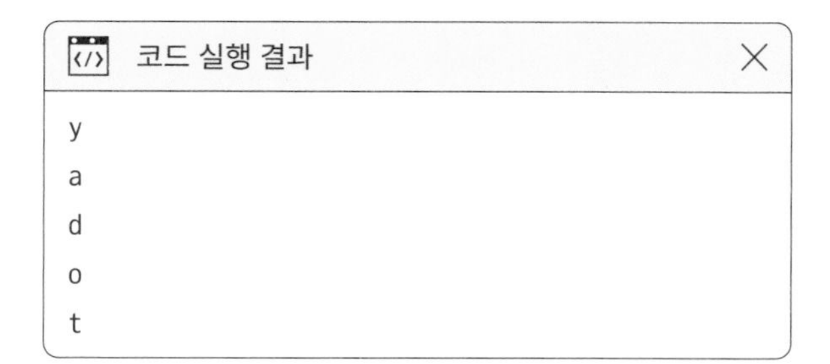

167. 정답 : 3, -1, -1

문제에서 제시한 코드에서 word 리스트 변수가 사용되고 있습니다. word[0]이라고 작성하면 '빨강'이라는 항목을 가져오고, word[1]은 '노랑', word[2]는 '파랑', word[3]은 '검정'을 가져옵니다. 리스트에서 검정, 파랑, 노랑, 빨강 순으로 항목을 가져오기 위해서는 word[3], word[2], word[1], word[0] 순으로 리스트의 인덱스가 지정되어야 합니다.

```
1:  word = ['빨강', '노랑', '파랑', '검정']
2:  for letter in range(a, b, c):
3:    print(word[letter])
```

2번줄에서 range(a, b, c)는 a부터 b까지 범위에서 c만큼 증가하는 숫자를 만들어줍니다. word의 인덱스가 3, 2, 1, 0이므로, a와 b는 3, -1이어야 합니다. 그리고 1씩 감소하므로 c는 -1이어야 합니다.

168. 정답 : 1, 10

range(a, b)에서 a, b를 구하는 문제입니다. 출력 결과를 보면, 첫 번째 줄은 &가 1개, 두번째 줄은 &&가 2개로 &의 개수가 증가하고 있습니다. &의 개수가 1부터 9까지 증가하므로 a, b는 1, 10이어야 합니다. 문자에 숫자를 곱하면 해당 문자가 숫자만큼 생성합니다. 예를 들어, '&' * 2라고 작성하면 &&가 되고, '&' * 4라고 작성하고 &&&&가 됩니다.

169. 정답 : numbers.append(num)

입력한 값을 리스트에 추가하기 위해서는 리스트명.append(항목)과 같이 작성합니다.

170. 정답 : sorted(numbers)

리스트의 항목을 정렬하기 위해서는 sorted(리스트명)으로 작성합니다.

171. 정답 : 아래 해설 참조

원의 반지름을 입력받기 위해서는 아래와 같이 input() 함수를 사용합니다.

```
r = int(input('원의 반지름을 입력하세요.'))
```

원의 둘레와 넓이 공식에 따라 계산하기 위해 다음과 같이 코드를 작성하고, 화면에 출력하기 위해 print() 함수를 사용합니다.

```
circle = r * 2 * 3.14
area = r * r * 3.14
```

코드를 완성하면 다음과 같습니다.

```
r = int(input('원의 반지름을 입력하세요.'))
circle = r * 2 * 3.14
area =  r * r * 3.14
print('원의  둘레:', circle)
print('원의 넓이:', area)
```

172. 정답 : min(numbers), max(numbers)

리스트에서 최소값을 구하는 함수는 min()이고, 최대값을 구하는 함수는 max()입니다.

173. 정답 : 아래 해설 참조

구구단을 출력하기 위해서는 변하는 숫자를 찾아 변수로 정의해야 합니다. 아래 실행 결과에서 붉은색 숫자가 변하는 수입니다. 이 수를 담기 위해 변수 a를 사용합니다. 코드에서 검정색 글자는 변하지 않으므로 따옴표를 사용해 '3 ×', '='와 같이 코드를 작성합니다.

```
3 × 1 = 3    변수 a에 담습니다.
3 × 2 = 6
3 × 3 = 9
3 × 4 = 12
...
```

그리고 곱하기 연산이 반복적으로 이루어지므로 for a in range(1, 10)와 같이 작성해 코드를 반복합니다. 이를 코드로 작성하면 다음과 같습니다.

```
for a in range(1, 10):
  print('3 × ', a, '=', a*3)
```

174. 정답 : 아래 해설 참조

1에서 100 사이의 숫자를 만들기 위해서는 range() 함수를 이용해 코드를 작성합니다. 아래와 같이 코드를 작성하면 생성된 숫자가 a에 할당됩니다.

```
for a in range(1, 101):
```

a에 할당된 숫자에서 짝수만을 더하기 위해 if문을 사용합니다. 아래와 같이 코드를 작성하면 짝수인지를 알 수 있습니다. 참고로 %는 나머지를 구하는 연산자입니다.

```
if a % 2 == 0:
```

합계를 저장하기 위해 sum 변수를 정의합니다. 변수를 사용하기 전에 정의해야 하므로 코드 윗부분에 배치합니다.

```
sum = 0
```

a변수값을 누적해서 sum 변수에 더하기 위해 다음과 같이 코드를 작성합니다.

```
sum = sum + a
```

예를 들어, sum이 0으로 정의된 상태에서 a가 2, 4, 6, 8으로 증가하면 다음과 같이 더해집니다.

```
sum = sum + a = 0 + 2      sum 변수는 2가 됩니다.
sum = sum + a = 2 + 4      sum 변수는 6가 됩니다.
sum = sum + a = 6 + 6      sum 변수는 12가 됩니다.
sum = sum + a = 12 + 8     sum 변수는 20이 됩니다.
...
```

코드를 완성하면 다음과 같습니다.

```
sum = 0
for a in range(1, 101):
  if a % 2 == 0:
    sum = sum + a
print(sum)
```

175. 정답 : 아래 해설 참조

숫자를 입력받기 위해서는 다음과 같이 코드를 작성합니다.

```
num = int(input('숫자를 입력하세요.'))
```

이 숫자부터 1까지 1씩 감소하기 위해서는 다음과 같이 range() 함수를 작성합니다.

```
for a in range(num, 0, -1):
```
num 변수값부터 1까지 1만큼 감소한 숫자열을 생성합니다.

숫자를 출력하기 위해서 print() 함수를 사용합니다.

```
print(a, end=",")
```

코드를 완성하면 다음과 같습니다.

```
num = int(input('숫자를 입력하세요.'))
for a in range(num, 0, -1):
  print(a, end=",")
```

176. 정답 : 아래 해설 참조

코드 실행 결과에서는 단어를 4번 반복해 입력받고 있습니다. 이를 위해 다음과 같이 for문을 작성합니다.

```
for cnt in range(4):
  word = input('영어단어를 입력하세요.')
```

word 변수값을 리스트에 추가하기 위해서 리스트 변수를 정의하고, append() 함수를 이용해 리스트에 항목을 추가합니다.

```
wordlist= []
wordlist.append(word)
```

변수는 사용 전에 정의해야 하므로 코드 윗부분에 위치시킵니다. append() 함수는 단어를 입력받을 때마다 반복해서 실행되어야 하므로 for문의 코드 블록 안에 위치해야 합니다.

```
for cnt in range(4):
  word = input('영어단어를 입력하세요.')
  wordlist.append(word)      for문 안에 위치해야 합니다.
```

리스트의 항목을 출력하기 위해서는 다음과 같이 for문 안에 print() 함수를 사용합니다.

```
for cnt in range(4):   cnt가 가리키는 리스트의 항목을 가져옵니다.
  print(cnt + 1, ':', wordlist[cnt])
```
0부터 시작해 1씩 증가하므로 cnt에 1을 더합니다.

코드를 완성하면 다음과 같습니다.

```
wordlist= []
for cnt in range(4):
  word = input('영어단어를 입력하세요.')
  wordlist.append(word)

for cnt in range(4):
  print(cnt + 1, ':', wordlist[cnt])
```

177. 정답 : 아래 해설 참조

다음 리스트에는 여러 가지 자료형의 항목이 포함되어 있습니다.

```
numbers = [2, 3.4, '33', [1, 2, 3, 4]]
```

항목의 자료형을 알기 위해서는 type() 함수를 사용하고, numbers 변수에서 항목을 차례대로 가져와 item 변수에 넣기 위해서는 다음과 같이 코드를 작성합니다.

```
for item in numbers:
  print(type(item))
```

완성된 코드는 다음과 같습니다.

```
numbers = [2, 3.4, '33', [1, 2, 3, 4]]
for item in numbers:
  print(type(item))
```

178. 정답: ②

입력 인자는 함수 실행 후 반환되는 값이 아니라 함수 실행 시 입력으로 들어가는 변수입니다. 그러므로 정답은 ②입니다.

179. 정답: ④

오류의 내용은 "expected an indented block"으로, 번역하면 들여쓰기가 기대된다는 의미입니다. 이와 같은 오류가 발생한 이유는 def f(a, b): 다음 줄의 코드가 들여쓰기되지 않아서입니다. 그러므로 정답은 ④가 됩니다.

```
def f(a, b):
c1 = a + b
c2 = a - b
return c1, c2
```

이 부분이 들여쓰기 되지 않아 오류가 발생했습니다.

```
f(1, 2)
```

다음과 같이 코드를 들여쓰기하면 오류가 발생하지 않습니다.

```
def f(a, b):
  c1 = a + b
  c2 = a - b
  return c1, c2

f(1, 2)
```

180. 정답: X

함수에서 입력으로 사용되는 것은 '인자'이고, 출력으로 사용되는 것은 '반환값'입니다. 문제의 보기는 반대로 설명하고 있으므로 정답은 X입니다.

181. 정답: result

문제에서 제시한 함수는 인자 r변수값을 이용하여 원의 둘레를 구하는 함수입니다. 2 * 3.14 * r 에 대한 계산 결과를 result 변수에 할당했으므로, 이 값을 반환해야 합니다. 그러므로 빈칸에는 result를 작성해야 합니다. 완성된 코드는 다음과 같습니다.

```
def circle(r):
  result = 2 * 3.14 * r
  return result

print(circle(1))
```

182. 정답 : ②

문제의 코드를 실행하면 3을 인자로 하여 area() 함수가 호출됩니다. area() 함수에서는 return을 위한 코드가 없기 때문에 None을 반환합니다. print(area(3))에서 area(3)은 반환값이 없기 때문에 None을 화면에 출력합니다. 그러므로 정답은 ②가 됩니다. result 변수를 반환하기 위해서는 다음과 같이 코드를 추가합니다.

```
def area(r):
  result = 3.14 * r * r
  return result

print(area(3))
```

183. 정답: sum()

문제의 코드에는 sum()이라는 함수를 정의하고 있습니다. 이 함수에서는 input() 함수를 통해 사용자로부터 값을 입력받아 a와 b 변수에 할당한 후 두 변수값의 합한 결과(a+b)를 반환하고 있습니다. 이 함수를 실행하기 위해서는 함수를 호출하는 코드가 있어야 합니다. 그러므로 빈칸에는 sum()이라고 작성합니다. 완성된 코드는 다음과 같습니다.

```
def sum():
  a = int(input('첫번째 수를 입력하세요.')
  b = int(input('두번째 수를 입력하세요.')
  return a+b

sum()
```

184. 정답: 10

문제에서 제시한 코드는 cal() 함수를 호출하고 있습니다. cal() 함수의 인자는 5, 4, 10으로 각각이 a, b, c 변수로 전달됩니다. a*b-c의 결과가 리턴되므로 10(=5*4-10)이 리턴됩니다. 마지막으로 print() 함수를 통해 10이 출력됩니다.

185. 정답: 10

문제에서 제시된 코드는 함수의 인자로 전달된 값에 따라 '짝수' 혹은 '홀수'를 출력합니다. 2번줄에서 if a % 2 == 0:은 a변수를 2로 나눈 나머지가 0와 같은지를 확인하는 조건식입니다. 즉, a변수가 짝수인지 확인하는 코드입니다. 예를 들어, 2, 4, 6, 8 등은 2로 나눈 나머지가 0이 됩니다. 이 조건식이 True이면 3번줄에서는 '짝수입니다'를 반환합니다.

else:는 2번줄의 코드가 False일 때 실행되므로 a변수값이 홀수라는 의미입니다. '홀수입니다'라는 문자열을 반환하도록 5번 빈칸에는 return '홀수입니다'라는 코드가 들어가야 합니다. 완성된 코드는 다음과 같습니다.

```
1:  def checkNum(a):
2:    if a % 2 == 0:
3:       return '짝수입니다.'
4:    else:
5:       return '홀수입니다.'
6:
7:  a = int(input('숫자를 입력하세요.'))
8:  print(checkNum(a))
```

186. 정답 : return 코드가 들여쓰기 되지 않아서

함수는 다음과 같은 패턴으로 작성해야 합니다. 함수 안에 들어가는 코드는 4칸 들여쓰기를 해야 합니다.

```
def 함수명(인자):
  코드 작성
  return 반환값
```

문제에서 제시된 함수에서 return result 코드가 들여쓰기 되지 않았습니다. 그래서 'return outside function'이라는 오류가 출력되었습니다. 코드가 정상적으로 동작하기 위해서는 다음과 같이 들여쓰기를 해줘야 합니다.

```
def cal(a, b):
  result = a * b
  return result
```

187. 정답 : ①

문제의 원인을 파악하기 위해서는 오류 내용을 이해해야 합니다. 다음 오류 메시지는 sayHello() 함수가 0개의 인자를 가지지만, 1개가 주어졌다고 설명하고 있습니다.

```
sayHello('안녕')
TypeError: sayHello() takes 0 positional arguments
but 1 was given
```

오류가 발생한 이유는 sayHello() 함수를 정의할 때는 인자가 없지만, sayHello() 함수를 호출할 때는 '안녕'이라는 인자를 작성하고 있기 때문입니다. 즉, 함수 호출 시 인자의 개수가 잘못지정되어 오류가 발생하였습니다. 오류를 해결하기 위해서는 함수 정의와 함수 호출 시 사용하는 인자의 개수를 동일하게 맞춰야 합니다.

인자를 사용하지 않는 경우

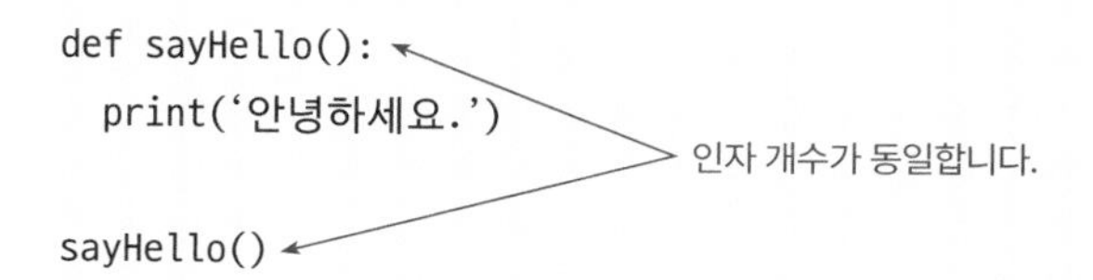

인자를 사용하는 경우

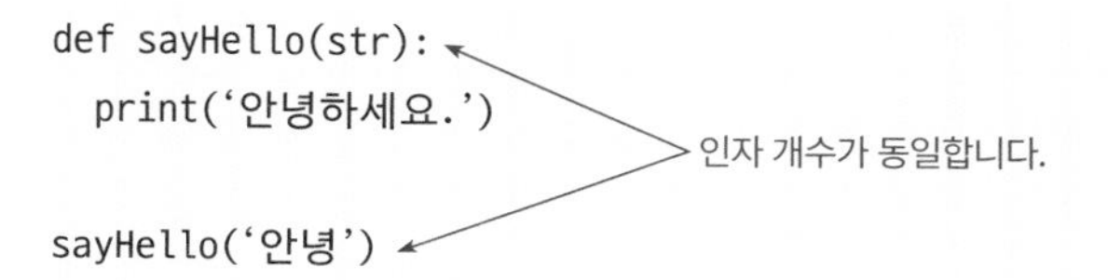

188. 정답 : ②, ④

함수의 인자가 a, b로 2개 전달되므로 2개의 값이 전달되는 함수를 보기에서 고르면 됩니다.

189. 정답 : ②

문제에서 제시된 코드는 함수를 정의하는 코드만 있고, 호출하는 코드는 없기 때문에 코드를 실행해도 아무런 값이 출력되지 않았습니다.

190. 정답 : 아래 해설 참조

name이라는 인자를 받아 코드가 실행되도록 sayHello() 함수가 정의되어 있습니다. 문제에서 sayHello() 함수가 2번 호출되고 있으므로 다음과 같이 결과가 출력됩니다.

```
지호 안녕하세요.
지원 안녕하세요.
```

191. 정답 : 아래 해설 참조

우선 문제의 코드를 이해해봅시다. 2번줄에서 numScore() 함수는 4개의 변수를 인자로 받아 3개의 인자값을 합해 sum 변수에 할당하고 있습니다. 그리고 3번줄에서 name과 sum 변수를 이용해 문장을 출력하고 있습니다.

```
1:  def sumScore(name, math, english, science):
2:    sum = math + english + science
3:    print(name, '총점은', sum, '입니다.')
4:
5:  sumScore('지호', 80, 90, 100)
6:  sumScore('지원', 90, 80, 90)
```

5, 6번줄에서 4개의 인자와 함께 sumScore() 함수를 호출하고 있으므로 아래와 같이 실행 결과가 출력됩니다.

```
지호 총점은 270입니다
지호 총점은 260입니다
```

192. 정답 : alist

빈칸을 채우기 위해 문제에서 제시된 코드를 이해해보겠습니다. 아래 6번줄을 보면 sumavg()의 인자로 [1, 2, 3, 4, 5]가 전달되는 것을 알 수 있습니다. 또한, 2번줄의 sum(alist)에서 alist 변수가 인자로 사용되었지만 alist 변수를 정의한 코드가 없습니다. 코드가 오류 없이 실행되기 위해서는 빈칸에 alist가 작성되어야 합니다.

```
1:  def sumavg(alist):
2:      sum = sum(alist)
3:      avg = sum / len(alist)
4:      return sum, avg
5:
6:  sumavg([1, 2, 3, 4, 5])
```

193. 정답 : 아래 해설 참조

코드가 어떻게 출력되는지 확인하기 위해서는 코드의 실행과정을 단계별로 따라가야 합니다. 아래 코드에서 7번줄이 실행되면 4를 인자로 하여 factorial() 함수가 호출됩니다.

```
1:  def factorial(n):
2:    result = 1
3:    for a in range(1, n):
4:      result = result * a
5:    return result
6:
7:  print(factorial(4))
```

그러면 n이 4로 할당되어 다음과 같이 코드가 실행됩니다.

```
1: def factorial(4):
2:     result = 1
3:     for a in range(1, 4):
4:       result = result * a
5:     return result
```

3번줄에서 for a in range(1, 4)와 같이 작성되어 있으므로 for문 아랫줄에 들여쓰기한 코드가 3번 반복됩니다.

```
3:  for a in range(1, 4):          } 3번 반복
4:       result = result * a       }
```

들여쓰기한 코드가 첫번째로 실행되면, 다음과 같이 a변수에는 1이 할당되고, 4번줄 코드에서 result 변수는 1이 할당됩니다.

```
3:  for 1 in range(1, 4):
4:       result = 1 * 1
```

두번째 실행 시, a변수에는 2가 할당되고, result 변수는 2가 할당됩니다.

```
3:  for 2 in range(1, 4):
4:       result = 1 * 2
```

세번째 실행 시, a에는 3이 할당되고, result 변수는 6이 할당됩니다.

```
3:  for 3 in range(1, 4):
4:       result = 2 * 3
```

5번줄에서 result 변수값(6)이 반환되므로 7번줄에서 print() 함수를 통해 다음과 같이 출력됩니다.

```
6
```

194. 정답 : 0, 1, 2, 3

문제에서 제시한 코드에는 val를 인자로 하여 myfunction() 함수가 정의되어 있습니다.

```
1:  def myfunction(val):
2:    print('인자', val)
3:
4:  for a in range(4):
```

```
5:    myfunction(a)
```

4, 5번줄의 코드에서 for문이 사용되어 5번줄의 myfunction() 함수가 4번 반복되어 호출됩니다. 함수 호출 시 변수 a변수값이 인자로 사용되었으므로, a변수에 들어가는 0, 1, 2, 3이 함수의 인자로 전달됩니다.

195. 정답 : a, b

함수의 인자를 채우는 문제입니다. 우선 sum() 함수를 보면 a와 b를 더한 값을 반환하고 있습니다. substract(), multiply(), divide() 함수 역시 a와 b를 연산한 결과를 반환하고 있으므로 괄호 안에는 a, b가 공통적으로 들어가는 것을 알 수 있습니다.

```
def sum(a, b):
  return a+b

def subtract(a, b):
return a-b

def multiply(a, b):
  return a*b

def divide(a, b):
  return a/b
```

196. 정답 : result

문제에서 제시된 코드의 1번줄에서 리스트형 변수인 numbers를 인자로 받고 있습니다. 2번줄에서는 평균을 구하고, 3번줄에서 이 값을 반환하고 있습니다. 2번줄을 통해 계산된 평균은 result 변수에 할당되므로 이 변수가 반환되어야 합니다. 그러므로 3번줄의 빈칸에 result 변수가 들어가야 합니다.

```
1:  def avg(nubmers):
2:    result = sum(numbers) / len(numbers)
3:    return ________________
4:
5:  print(avg([1, 2, 3, 4, 5]))
```

197. 정답 : Pass입니다.

문제에서 제시된 코드는 합계와 과목수를 입력받아 평균을 구하는 코드입니다. 평균이 80점 이상이면 'Pass입니다.'라고 출력하고 80점 미만이면 'Fail입니다.'라고 출력합니다.

```
1:  def avg(s, n):
2:    avgScore = s / n
3:    return avgScore
4:
5:  s = int(input('합계를 입력하세요.'))
6:  n = int(input('과목수를 입력하세요.'))
7:
8:  result = avg(s, n)
9:
10: if result >= 80:
11:   print('Pass입니다.')
12: else:
13:   print('Fail입니다.')
```

함수를 정의한 부분(1~3번줄)은 함수가 호출될 때 실행됩니다. 그러므로 코드를 실행하면 맨 처음 5번줄이 실행되어 다음과 같이 화면에 출력됩니다. 문제의 설명에 따라 450를 입력하면 입력값이 s변수에 할당됩니다.

```
합계를 입력하세요 450
```

그 다음으로 6번줄이 실행되면 5를 입력합니다. 그러면 n변수에 할당됩니다.

```
합계를 입력하세요 5
```

그리고 8번 코드가 실행되므로 s와 n을 인자로 전달되어 avg() 함수가 호출되어 1~3번줄의 코드가 실행됩니다. s, n의 인자가 avg() 함수로 전달되면 2번줄에서 450을 5으로 나눈 결과인 90을 avgScore 변수에 할당합니다. 3번줄에서는 이 변수값을 반환하고 있고, 함수 실행이 완료되어 함수가 호출된 위치인 8번줄로 되돌아 갑니다. 그리고 avg() 함수의 반환값 9는 result 변수에 할당됩니다.

10번줄이 실행되면 result 변수값이 80 이상인지 확인합니다. 반환값 90은 80보다 크므로 10번줄의 조건식은 참이 되어 11번줄이 실행됩니다. 그래서 화면에 'Pass입니다.'가 출력됩니다. 12번줄의 조건식은 거짓이 되므로 13번줄은 실행되지 않습니다.

198. 정답 : ③

문제에서 제시된 코드는 r 변수를 인자로 받아 원의 둘레와 넓이를 구하는 코드입니다. calfunc1() 함수에서 원의 둘레를 계산하고, calfunc2() 함수에서 원의 넓이를 계산하도록 코드가 작성되어 있습니다.

```
1: def calfunc1(r):
2:    return 2 * 3.14 * r
3:
4: def calfunc2(r):
5:    return 3.14 * r * r
6:
7: calfunc2(3)
8: calfunc1(5)
```

정의된 함수는 함수가 호출될 때 실행되므로 문제의 코드에서 1~5줄은 함수가 호출될 때 실행됩니다.

7번줄은 3을 인자로 하여 calfunc2() 함수를 호출하는 코드입니다. 이 함수를 호출하면 4~5번줄이 실행됩니다. 함수 실행이 완료되면 함수를 호출한 위치인 7번줄로 되돌아 옵니다.

그 다음으로 8번줄이 실행됩니다. 8번줄은 5를 인자로 하여 calfunc1() 함수를 호출하므로 1~2번줄이 실행됩니다. 그러므로 코드 실행순서는 7, 4, 5, 8, 1, 2가 됩니다.

199. 정답 : ②

문제에서 제시된 코드는 a와 b를 인자로 받아 a의 b 제곱을 구하는 코드입니다. 예를 들어, a가 2이고 b가 3이면 2의 3제곱을 구하기 때문에 2를 3번 반복해서 곱해줘야 합니다.

```
1: def calPower(a, b):
2:    for a in range(b):
3:        result = result * a
4:    return result
5:
6: print(calPower(            ))
```

2번줄에서 거듭제곱을 구하기 위해 for문을 사용하고 있습니다. 3번줄은 b변수값만큼 반복 실행되고, 그 결과가 4번줄을 통해 반환됩니다. calPower()의 인자로 사용된 a변수는 result 변수에 곱해지는 값이므로 정수형이어야 합니다. b변수는 range() 함수의 인자로 사용되므로 이 변수도 정수형이어야 합니다. 그러므로 정답은 ②가 됩니다.

보기 ①은 인자가 3개이므로 답이 아닙니다. 보기 ③은 정수형이 아니라 문자형이므로 정답이 아닙니다. 보기 ④의 a, b 변수를 사용하면 'a is not defined'라는 오류가 발생합니다. calPower(a, b)에서 a, b변수는 함수 내부에서만 사용할 수 있는 변수이기 때문에 함수 밖에서는 이 변수의 사용하면 오류가 발생합니다. 그래서 ④도 답이 아닙니다.

200. 정답 : ④

문제에서 제시된 코드는 numbers() 함수를 정의하고 있고, n을 인자로 받아 n, n+1, n+2를 반환하고 있습니다.

```
1: def numbers(n):
2:    return n, n+1, n+2
3:
4: numbers(3)
```

4번줄에서 인자를 3으로 하여 numbers() 함수를 호출하므로 1번줄의 n 변수에 3이 전달됩니다. 그리고 2번줄의 코드가 return 3, 4, 5로 실행 되어 (3, 4, 5)가 반환됩니다. 2번줄과 같이 여러 개의 값이 열거되면 튜플형으로 반환됩니다. 만약 4번줄을 return [n, n+1, n+2]와 같이 작성하면 리스트형으로 값이 반환됩니다.

201. 정답 : ③

문제에서 제시된 코드는 numbers() 함수를 정의하고 있습니다(1~5번줄). numbers() 함수는 1번줄에서 n을 인자로 받아 5번줄에서 alist를 반환하고 있습니다. 2번줄에서 alist 변수는 리스트형으로 정의되고 있으므로 이 함수에서 반환하고 있는 변수는 리스트형입니다.

```
1: def numbers(n):
2:    alist = []
3:    for a in range(n):
4:      alist.append(a)
5:    return alist
6:
7: numbers(10)
```

함수의 실행과정을 살펴보겠습니다. 7번줄에서 10을 인자로 사용하여 number() 함수를 호출합니다. 그러면 이 인자는 1번줄의 n 변수로 전달됩니다. 3번줄에서 n 변수가 range() 함수의 인자로 사용되어 range(10)이 됩니다. 그래서 4번줄은 10번 반복되어 실행됩니다. 4번줄에서는 append() 함수를 통해 a변수값을 alist 변수에 추가하고, 5번줄에서 alist 변수값을 반환합니다.

202. 정답 : sumValue, avgValue

문제에서 제시된 코드는 score 변수를 인자로 받아 합계와 평균을 구한 후 이 값을 반환하는 함수입니다. 아래 2번줄에서 sum() 함수를 이용해 score 변수에 대한 합계를 구한 후, sumValue 변수에 할당하고 있습니다. 3번줄에서 sum()과 len()함수를 이용해 평균을 구하고, avgValue 변수에 할당하고 있습니다. 합계와 평균을 반환해야 하므로 빈칸에는 두 개의 변수명 sumValue, avgValue을 작성해주어야 합니다. 빈칸을 채운 코드는 다음과 같습니다.

```
1: def sumavg(score):
2:   sumValue = sum(score)
3:   avgValue = sum(score) / len(score)
4:   return sumValue, argValue
5:
6: sumavg([90, 80, 70, 80])
```

203. 정답 : ②

오류가 난 이유를 알기 위해서는 오류 내용을 이해해야 합니다. 오류가 발생한 위치는 for a in range(n):이고, 아래 오류 내용을 번역해보면 '리스트' 객체는 정수로 번역될 수 없다는 의미입니다.

```
for a in range(n):
TypeError: 'list' object cannot be interpreted as an integer
```

range() 함수의 인자는 정수값만 인자로 사용할 수 있지만, n은 리스트형 변수입니다. 즉, 리스트 n을 range() 함수의 인자로 사용해서 오류가 발생하였습니다.

204. 정답 : ①

문제에서 제시한 코드에서는 wordlist() 함수를 정의하고 있고, a, b, c를 인자로 사용하고 있습니다. 함수를 정의할 때 사용한 인자와 함수를 호출할 때 사용한 인자의 개수가 동일해야 합니다. 1번줄에서는 3개의 인자를 받고 있지만, 5번줄에서는 1개의 리스트값이 인자로 전달되고 있습니다.

```
1: def wordlist(a, b, c):
2:   for item in [a, b, c]:
3:     print(item)
4:
5: wordlist(['사과', '오렌지', '포도'])
```

함수 호출부분과 정의부분의 인자가 다르면 다음과 같은 오류가 발생합니다.

```
wordlist(['사과', '오렌지', '포도'])
TypeError: wordlist() missing 2 required positional arguments: 'b' and 'c'
```

오류를 해결하기 위해 3개의 인자가 전달되도록 다음과 같이 코드를 수정합니다.

```
1: def wordlist(a, b, c):
2:     for item in [a, b, c]:
3:         print(item)
4:
5: wordlist('사과', '오렌지', '포도')
```

1개의 리스트 대신에 3개의 문자열을 인자로 사용합니다.

물론 1개의 인자만 사용되도록 코드를 수정할 수도 있습니다. 예를 들어, 다음과 같이 함수 정의를 변경하면 됩니다.

```
1: def wordlist(alist):
2:     for item in alist:
3:         print(item)
4:
5: wordlist(['사과', '오렌지', '포도'])
```

1개의 리스트를 받기 위해 인자를 1개로 변경하였습니다.

205. 정답 : ['apple', 'grape', 'banana']

문제에서 제시된 코드는 3개의 함수 viewlist(), makelist(), changelist()가 정의되어 있습니다.

```
1: wordlist = []
2:
3: def viewlist():
4:   print(wordlist)
5:
6: def makelist(word):
7:   wordlist.append(word)
8:
9: def changelist(index, word):
10:    wordlist[index] = word
```

함수 정의

```
11:
12: makelist('apple')
13: makelist('grape')
14: makelist('banana')
15:
16: viewlist()
```

함수 호출

3번줄 viewlist() 함수는 wordlist 변수를 출력하고 있고, 6번줄 makelist() 함수는 word 변수를 인자로 받아 wordlist 변수에 추가하고 있습니다. 9번줄 changelist() 함수는 index와 word 변수 2개를 인자로 받아 리스트의 특정 위치의 항목을 word 변수값으로 변경하고 있습니다.

3~10번줄은 함수를 정의하는 부분이므로 함수가 호출될 때 이 코드가 실행됩니다. 12번줄의 makelist('apple')가 호출되면 6~7번줄의 함수가 실행되어 다음과 같이 wordlist 변수에 'apple'이 추가됩니다.

```
wordlist = ['apple']
```

함수 실행이 완료되면 함수를 호출한 위치로 복귀되어 13번줄의 makelist('grape')가 호출됩니다. 그러면 6~7번줄의 함수가 실행되어 다음과 같이 wordlist 변수에 'grape'가 추가됩니다.

```
wordlist = ['apple', 'grape']
```

이제는 14번줄의 makelist('banana') 함수가 호출되어 다시 6~7번 코드가 실행되고 다음과 같이 wordlist 변수에 'banana'가 추가됩니다.

```
wordlist = ['apple', 'grape', 'banana']
```

마지막으로 16번줄이 실행되어 viewlist() 함수가 호출됩니다. 그러면 3~4번줄의 코드가 실행되어 wordlist 변수를 다음과 같이 출력합니다.

```
['apple', 'grape', 'banana']
```

206. 정답 : changelist(l, 'mongo')

문제에 따라 wordlist 변수의 두번째 항목인 grape를 mango로 변경하도록 changelist() 함수를 '호출'하는 코드를 작성해야 합니다. 문제에서 제시된 코드에서 changelist() 함수는 2개의 인자를 사용하고 있습니다. 그러므로 이를 호출하는 코드도 2개의 인자가 필요합니다. 첫번째 인자(index)는 변경할 위치이고, 두번째 인자(word)는 변경할 값입니다. 변경할 위치는 1번째이고, 변경할 값은 mango이므로 changelist(l, 'mongo')와 같이 코드를 작성합니다.

207. 정답 : deletelist('apple')

문제에서 정의된 deletelist() 함수는 word 변수를 인자로 사용하고 있고, 이것은 다시 remove() 함수의 인자로 사용되고 있습니다. remove() 함수는 리스트에서 특정항목을 삭제하는 내장함수로, 함수의 괄호 안에는 삭제할 항목을 작성해줘야 합니다. 문제에서는 wordlist 변수에서 'apple'을 삭제하는 코드를 작성하도록 요구하고 있으므로 다음과 같이 함수를 호출하는 코드를 작성합니다.

```
deletelist('apple')
```

208. 정답 : alist

문제에서 제시된 코드의 1~11번줄에는 maketodolist() 함수를 정의하고 있고, 13번줄에서 이 함수를 호출하고 있습니다. 아래 13번줄의 빈칸에는 함수의 반환값을 할당하기 위한 변수를 작성해야 합니다.

```
1:  def maketodolist():
2:    todolist = []
3:
4:    while True:
5:      todo = input('할일을 작성하세요: ')
6:      if todo == '없음':
7:         break
8:      else:
9:         todolist.append(todo)
10:
11:   return todolist
12:
13: ________________ = maketodolist()
14: print(alist)
```

13번줄에서 할당받은 변수를 14번줄에서 alist라는 변수를 사용해 출력하고 있으므로 13번줄의 빈칸에는 alist가 들어가야 합니다.

이제 maketodolist() 함수가 어떻게 동작하는지 이해해보겠습니다. 2번줄에서는 todolist 변수가 정의되어 있습니다. 이 변수에 []가 할당되어 있으므로 리스트형 변수임을 알 수 있습니다.

4번줄에서 while True:가 사용되어 5~9줄의 코드가 계속 반복됩니다. 5번줄에서 '할일을 작성하세요'라는 문장이 화면에 출력되고 사용자가 입력한 값을 todo 변수에 할당합니다.

만약 todo 변수값이 '없음'과 같다면 break가 실행되어 반복이 멈추고 11번줄이 실행됩니다.

8번줄에서 만약 todo 변수값이 '없음'과 같지 않다면 8~9번줄이 실행되어 todolist 변수에 todo 변수값이 추가됩니다. 즉 리스트에 항목이 하나 추가됩니다.

코드 실행 과정을 살펴보도록 하겠습니다. 코드를 실행하면 '할일을 작성하세요'라는 문장이 출력되고 커서가 깜빡입니다. '줄넘기'를 입력하고 엔터키를 누릅니다.

```
할일을 작성하세요:        줄넘기
```

동일한 방법으로 '영어단어 외우기', '수학숙제'를 입력합니다.

```
할일을 작성하세요:        영어단어 외우기
할일을 작성하세요:        수학숙제
```

마지막으로 '없음'을 입력하면 다음과 같이 alist 변수가 출력됩니다.

```
할일을 작성하세요:        없음
['줄넘기', '영어단어 외우기', '수학숙제']
```

209. 정답 : 함수에 반환값이 없어서

maketodolist() 함수는 입력을 받기 위한 인자가 없고, 결과값을 반환하기 위한 return 코드도 없습니다. 인자가 없기 때문에 아래 11번줄에서 maketodolist()를 통해 전달되는 값이 없고, 반환값이 없기 때문에 None이라는 결과가 출력됩니다.

```
1:  def maketodolist():
2:    todolist = []
3:
4:    while True:
5:      todo = input('할일을 작성하세요.')
6:      if todo == '없음':
7:         break
8:      else:
9:         todolist.append(todo)
10:
11: print(maketodolist())
```

코드의 실행과정을 살펴보겠습니다. 코드를 실행하면 11번줄부터 실행됩니다. 11번줄에서 함수 안에 다시 함수가 들어 있으므로 maketodolist()가 먼저 실행되어 함수가 호출됩니다. 그러면 1~9번줄의 코드가 실행됩니다. 4번줄에서 while True:가 사용되었으므로 5~9번줄은 계속 반복됩니다.

5번줄에서 input() 함수를 통해 '할일을 작성하세요.'가 화면에 출력되고, 사용자의 입력을 받아 todo 변수에 할당합니다. '없음'을 입력하지 않으면 6번줄의 조건식이 거짓이 되어 8번줄이 실행됩니다.

그리고 9번줄이 실행되어 todolist 변수에 todo 변수값이 추가됩니다. 5번줄 실행시 '없음'이 입력되면 todo 변수에 '없음'이 할당되어 7번줄의 break가 실행되고 while문의 반복을 멈춥니다. 마지막으로 maketodolist()을 호출한 위치인 11번줄로 복귀되어 print() 함수가 실행됩니다.

210. 정답 : input() 함수 사용 시 괄호를 누락해서

함수를 사용할 때는 항상 괄호가 함께 사용되어야 합니다. 그렇지 않으면 파이썬은 이를 변수로 처리합니다. 아래 코드에서 int() 함수 안에 input() 함수가 사용되었습니다. 앞에서 설명한 것처럼 함수는 반드시 괄호가 함께 사용되어야 하지만, input에는 괄호가 빠져 있습니다.

```
a = int(input)

print(a)
```

이 코드를 실행하면 다음과 같은 오류가 발생합니다. 오류를 해석하면 'int()의 인자는 문자열, 바이트와 같은 객체, 혹은 숫자여야 합니다.'라는 뜻입니다.

```
a = int(input)
TypeError: int() argument must be a string, a bytes-like object or a number, not 'builtin_function_or_method'
```

코드가 오류 없이 실행되도록 다음과 같이 작성합니다.

```
a = int(input('숫자를 입력해주세요.'))
```
(input('숫자를 입력해주세요.'): 사용자 입력값을 반환)

코드가 정상적으로 실행되면 input() 함수가 호출되어 사용자의 입력을 받아 이를 반환합니다. 반환값은 int() 함수의 인자로 사용됩니다. 예를 들어 사용자가 10을 입력하면 input() 함수는 문자열 '10'을 반환합니다. 그리고 int() 함수의 인자로 사용되므로 문자열 '10'이 정수 10으로 변환됩니다.

211. 정답 : '안녕하세요'

문제에서 제시된 코드는 helloWorld() 함수를 정의하고 있습니다. 이 함수는 msg 변수를 인자로 받아 화면에 출력하는 코드입니다.

```
1: def helloWorld(msg):
2:     print(msg)
3:
4: helloWorld(                )
```

1번줄에서 인자를 1개 받으므로 4번줄의 빈칸에도 인자를 1개 작성해야 합니다. 문제에서는 '안녕하세요.'라는 문장을 출력하도록 요구하고 있으므로, 빈칸에 해당 문장을 작성해야 합니다. 빈칸을 완성한 코드는 다음과 같습니다.

```
1: def helloWorld(msg):
2:     print(msg)
3:
4: helloWorld('안녕하세요.')
```

212. 정답 : ①

문제에서 제시된 코드는 helloWorld() 함수를 정의하고 있습니다(1~2번줄). 이 함수는 2개를 인자를 받아 두 값을 더한 결과를 화면에 출력하고 있고, 반환값은 없습니다.

```
1: def helloWorld(a, b):
2:     print(a+b)
3:
4: helloWorld(1)
```

4번줄에서 함수 정의와 다르게 helloWorld() 함수를 호출시 1개의 인자를 사용하고 있어 다음과 같은 오류 메시지가 출력됩니다.

```
helloWorld(1)
TypeError: helloWorld() missing 1 required positional argument: 'b'
```

이 오류는 helloWorld() 함수의 인자 b가 누락되었다는 의미입니다. 이 코드가 올바르게 동작하기 위해서는 인자를 2개 사용하여 helloWorld() 함수를 호출해야 합니다. 그러므로 다음과 같이 코드를 변경해야 합니다.

```
1: def helloWorld(a, b):
2:     print(a+b)
3:
4: helloWorld(1, 2)
```

213. 정답 : 함수를 호출하는 코드가 정의하는 코드 안에 들어가 있어서

문제에서 제시된 코드는 printMessage() 함수를 정의하고 있습니다(1~2번줄). 이 함수는 1개를 인자를 받아 화면에 출력하고 있고, 반환값은 없습니다.

```
1: def printMessage(msg):
2:     print(msg)
3:
4:     printMessage("함수가 실행되었습니다.")
```

4번줄은 printMessage() 함수를 호출하는 코드이지만, 들여쓰기 되어 있어서 함수를 정의하는 영역에 포함되어 있습니다. 이렇게 작성되면 printMessage() 함수가 호출되지 않습니다. 함수가 정상적으로 호출되기 위해서는 다음과 같이 4번줄의 들여쓰기를 없애줘야 합니다.

```
1: def printMessage(msg):
2:     print(msg)
3:
4: printMessage("함수가 실행되었습니다.")
```

214. 정답 : ②

문제에서 제시된 muFunc() 함수는 for문을 이용해 특정 문자를 반복해서 출력합니다. 아래 5번줄에서 5와 '*'를 인자로 하여 myFunc() 함수가 호출되면 1~3번줄이 실행되어, 5는 a변수로, '*'는 b변수로 전달됩니다. 즉, a에는 5가 할당되고, b에는 '*'가 할당됩니다.

```
1: def myFunc(a, b):
2:     for val in range(a):
3:         print(b * val)
```

```
4:
5: myFunc(5, '*')
```

할당된 값으로 코드를 바꾸면 다음과 같습니다.

```
2: for val in range(5):
3:   print('*' * val)
```

2번줄에서 val 변수에 0부터 4까지 할당되고, 3번줄의 들여쓰기 한 코드가 5번 반복됩니다. 문자와 숫자를 곱하면 해당 숫자만큼 문자가 반복되어 생성됩니다. 3번줄은 '*'를 val 변수값만큼 반복해서 출력하는 코드입니다. 예를 들어 문자가 '*'이고, 숫자가 3이라면 이 둘을 곱한 결과는 '***'이 됩니다.

이제 for문의 실행과정을 단계별로 살펴보겠습니다. 맨 처음 2번줄을 실행하면 val 변수에는 0이 할당되기 때문에 3번줄은 print('*' * 0)가 되어 출력되는 문자가 없습니다.

```
2: for 0 in range(5):
3:   print('*' * 0)
```

다시 2번줄이 실행되면 val 변수에 1이 할당됩니다. 그러면 3번줄을 통해 '*'가 출력됩니다.

```
2: for 1 in range(5):
3:   print('*' * 1)
```

다시 2번줄이 실행되면 val 변수에 2가 할당됩니다. 그러면 3번줄을 통해 '**'가 출력됩니다.

```
2: for 2 in range(5):
3:   print('*' * 2)
```

다시 2번줄이 실행되면 val 변수에 3이 할당됩니다. 그러면 3번줄을 통해 '***'가 출력됩니다.

```
2: for 3 in range(5):
3:   print('*' * 3)
```

다시 2번줄이 실행되면 val 변수에 4가 할당됩니다. 그러면 3번줄을 통해 '****'가 출력됩니다.

```
2: for 4 in range(5):
3:   print('*' * 4)
```

for 문이 5번 반복되면 다음과 같은 출력 결과를 얻을 수 있습니다.

```
*
**
***
****
```

215. 정답 : ③

문제에서 제시된 코드에는 4개의 함수가 정의되어 있습니다. 4개 함수의 이름은 동일하지만 인자의 개수가 다르기 때문에 서로 다른 함수로 취급됩니다. 아래 13번줄에서 인자 2개로 calculator() 함수를 호출하고 있기 때문에 인자의 개수가 동일한 7~8번줄의 함수가 실행됩니다.

```
1:     def calculator():
2:       return 0
3:
4:     def calculator(a):
5:  return a
6:
7:     def calculator(a, b):
8:       return a+b
9:
10:    def calculator(a, b, c):
11:      return a+b+c
12:
13:    print(calculator(1, 3))
```

7~8번줄 함수는 두 값의 더한 결과를 반환하고 있습니다. 그러므로 인자로 전달된 1과 3을 더한 결과를 반환하여 4가 출력됩니다.

216. 정답 : 함수를 호출하는 코드 앞에 함수를 정의하는 코드가 위치하도록 변경함

문제에서 제시된 코드는 helloWorld() 함수를 정의하고 있습니다. 코드 실행 시 오류가 발생한 이유를 알기 위해서는 오류 메시지를 이해해야 합니다.

```
helloWorld('Welcome to Python')
NameError: name 'helloWorld' is not defined
```

오류 내용은 'helloWorld'가 정의되지 않았다는 의미입니다. 아래 3~4번줄에 함수 정의가 있음에도 오류가 발생한 이유는 함수를 호출하는 코드가 함수를 정의하는 코드보다 앞에 위치해서입니다.

```
1: helloWorld('Welcome to Python') —— 함수 호출 코드
2:
3: def helloWorld(msg):  } 함수 호출 코드
4:   print(msg)
```

이 오류를 해결하기 위해서는 함수 정의 코드를 함수 호출 코드보다 앞에 위치시켜야 합니다. 즉 다음과 같이 코드의 위치를 변경하면 오류가 발생하지 않고 코드가 실행됩니다.

```
1: def helloWorld(msg):  } 함수 호출 코드
2:   print(msg)
3:
4: helloWorld('Welcome to Python') —— 함수 호출 코드
```

217. 정답 : ③

문제에서 제시된 코드는 리스트를 인자로 받아 sumNumber() 함수를 정의하고 있습니다. 다음 코드에서 7번줄이 실행되면 [1, 2, 3, 4, 5, 6, 7, 8, 9]가 인자로 전달되어 1번줄의 alist 변수에 할당됩니다.

```
1: def sumNumber(alist):
2:   sum = 0
3:   for item in alist:
4:     sum = sum + item
5:   return sum
6:
7: print(sumNumber([1, 2, 3, 4, 5, 6, 7, 8, 9]))
```

3~4번줄은 alist 변수의 항목 개수만큼 들여쓰기한 코드(4번줄)를 반복 실행하고, 5번줄에서 sum 변수값을 반환하고 있습니다. 3~4번줄의 실행과정을 단계별로 살펴보겠습니다. for문이 맨 처음 실행되면 item 변수에 1이 할당됩니다. 4번줄의 sum=sum + item에서 등호를 기준으로 오른쪽부터 실행됩니다. sum에는 0이 들어가 있으므로 sum=0+1라고 코드가 실행됩니다. 그럼 sum 변수에는 1이 할당됩니다.

```
3: for 1 in [1, 2, 3, 4, 5, 6, 7, 8, 9]:
4:       sum = 0 + 1
```

다시 3번줄이 실행되고 item 변수에는 2가 할당됩니다. 현재 sum 변수에 1이 할당되어 있으므로 4번줄의 sum=sum + item은 sum=1+2가 됩니다. 그러므로 sum 변수에는 3이 할당되게 됩니다.

```
3: for 2 in [1, 2, 3, 4, 5, 6, 7, 8, 9]:
4:       sum = 1 + 2
```

다시 3번줄이 실행되고 item 변수에는 3이 할당됩니다. 현재 sum 변수에 3이 할당되어 있으므로 4번줄의 sum=sum + item 은 sum=3 + 3가 됩니다. 그러므로 sum변수에는 6이 할당됩니다.

```
3: for 3 in [1, 2, 3, 4, 5, 6, 7, 8, 9]:
4:       sum = 3 + 3
```

동일한 과정으로 리스트의 마지막 항목(9)까지 더하면 sum 변수는 45가 됩니다.

218. 정답 : 4

문제에서 제시된 코드는 alist 변수를 인자로 하여 count() 함수를 정의하고 있습니다. 아래 3~5번줄에는 for문이 사용되어 들여쓰기한 코드가 여러 번 반복됩니다. 4번줄에서 if문이 사용되어 조건식을 만족할 때 5번줄이 실행됩니다. 조건식은 num 변수값을 2로 나눈 나머지가 0과 같을 경우에 참이 됩니다. 즉 num이 짝수일 때 조건식이 참이 됩니다.

```
1: def count(alist):
2:   count = 0
3:   for num in alist:
4:     if num % 2 == 0:
5:       count = count + 1
6:   return count
7:
8: print(count([1, 2, 3, 4, 5, 6, 7, 8, 9]))
```

3~5번줄의 실행과정을 단계별로 살펴보겠습니다. for문을 첫번째로 실행하면 다음과 같이 num 변수에는 1이 할당됩니다. 1 % 2의 결과는 1이 되므로 4번줄의 조건식(1 % 2 == 0)은 거짓이 되어 5번줄이 실행되지 않습니다.

```
3:   for 1 in [1, 2, 3, 4, 5, 6, 7, 8, 9]:
4:     if 1 % 2 == 0:
```

```
5:         count = count + 1
```

for문을 두번째로 실행하면 num 변수에는 2가 할당됩니다. 2 % 2의 결과는 0이 되므로 4번줄의 조건식(2 % 2 == 0)은 참이 되어 5번줄이 실행됩니다. 그러면 count 변수값이 1 증가합니다.

```
3:   for 2 in [1, 2, 3, 4, 5, 6, 7, 8, 9]:
4:     if 2 % 2 == 0:
5:         count = count + 1
```

이와 같은 방식으로 코드가 실행되면 리스트 항목의 짝수의 개수가 count 변수에 할당되고 6번줄을 통해 이 변수값이 반환됩니다. 마지막으로 8번줄에 함수 반환값이 출력되어 4가 출력됩니다.

219. 정답: Fail

문제에서 제시된 코드에서는 getResult() 함수를 1~5번줄에서 정의하고 있고, 이 함수를 7번줄에서 호출하고 있습니다.

```
1: def getResult(test1, test2):
2:   if (test1 * 0.7 + test2 * 0.3) >=70 :
3:       return 'Pass'
4:   else:
5:       return 'Fail'
6:
7: result=getResult(70, 30)
8: print(result)
```

7번줄에서 70과 30을 인자로 하여 getResult() 함수를 호출하고 있으며 70은 test1 변수에, 30은 test2 변수에 할당됩니다. 2번줄의 조건식에서는 test1 * 0.7 + test2 * 0.3의 계산 결과가 70보다 크거나 같은지를 확인하고 있습니다. 이 조건식이 참이면 3번줄이 실행되어 'Pass'가 반환되지만, 거짓이면 4번줄이 실행되어 'Fail'이 반환됩니다.

조건식의 계산식을 계산하면 다음과 같이 58이 됩니다.

```
test1 * 0.7 + test2 * 0.3
= 70 * 0.7 + 30 * 0.3
= 58
```

2번줄에서 58이 70보다 크거나 같지 않으므로 조건식은 거짓이 됩니다. 그러므로 5번줄이 실행되어 'Fail'을 반환합니다.

```
2: if (test1 * 0.7 + test2 * 0.3) >=70 :
          58
```

함수 실행이 완료되면 호출된 위치로 되돌아가기 때문에 7번줄이 실행되어 result 변수에는 'Fail'이 할당되고, 8번줄에서 이를 출력합니다.

```
7: result=getResult(70, 30)
```

Fail이 할당됨

220. 정답: ①

문제에서 제시된 코드에서는 numOfMonth() 함수가 정의되어 있고, month 변수를 인자로 받고 있습니다. 문제를 풀기 위해서는 이 변수가 어떤 용도로 사용되는지를 이해해야 합니다.

```
1: def numOfMonth(month):
2:   if month in [1, 3, 5, 7, 8, 10, 12]:
3:      print(month, '월은 30일이 있습니다.')
4:   elif month == 2:
5:      print(month, '월은 29일이 있습니다.')
6:   else:
7:      print(month, '월은 31일이 있습니다.')
8:
9: numOfMonth(          )
```

2번줄에서는 조건식을 통해 month 변수값이 [1, 3, 5, 7, 8, 10, 12] 중 하나에 속하는지를 확인하고 있습니다. 리스트의 각각의 항목이 정수형이므로, month 변수값이 정수형이나 실수형일 때 참이 나올 수 있는 가능성이 있습니다.

조건식이 참이 되었을 때 3번줄이 실행됩니다. 입력값이 정수형이면 '1월은 30일이 있습니다.'라고 출력되지만, 실수형이면 '1.0월은 30일이 있습니다.'라고 출력됩니다. 월을 숫자로 표현하기 위해서는 실수형보다 정수형을 사용하는 것이 더 적절합니다. 그러므로 빈칸에는 정수형이 인자로 작성되어야 합니다.

만약 문자형이나 리스트형이 빈칸에 들어가면 2번줄의 조건식은 항상 거짓이 나옵니다. 그 이유는 리스트 항목(1, 3, 5, 7, 8, 10, 12)의 자료형은 정수형이지만, month 변수의 자료형은 정수형이 아니기 때문입니다.

```
if month in [1, 3, 5, 7, 8, 10, 12]:
```

month 변수에 정수형이 들어가야 합니다.

221. 정답: ①

문제에서 제시된 코드에서는 addBucketList() 함수를 정의하고 있습니다. 아래 7번줄에서 함수를 호출하고 있고, 이 코드는 for문 안에 포함되어 있습니다. for문은 val 변수에 1부터 4까지 1씩 증가해 할당하면서 들여쓰기한 코드를 4번 반복합니다.

```
1: bucketlist = []
2: def addBucketList(bucket):
3:   bucketlist.append(bucket)
4:   print(bucket, '이 추가되었습니다.')
5:
6: for val in range(1, 5):
7:   addBucketList('버킷'+str(val))
8:
9: print(len(bucketlist))
```

7번줄에서 addBucketList() 함수의 인자에 val 변수가 사용되었고, 이 변수는 6번줄의 for문이 실행될 때마다 바뀌는 변수입니다. 6번줄의 for문이 첫번째로 실행되면 다음과 같이 함수가 호출됩니다.

```
addBucketList('버킷'+str(1))
```

'버킷1'을 인자로 2~4번줄의 addBucketList() 함수가 호출됩니다. 3번줄에서는 bucketlist 변수에 인자로 받은 bucket 변수값('버킷1')을 추가하고 4번줄에서는 '버킷1이 추가되었습니다.'라는 문장을 출력합니다. bucketlist 변수에 항목이 추가된 결과는 다음과 같습니다.

```
bucketlist = ['버킷1']
```

다음으로 6번줄의 for문이 두번째로 실행되어 다음과 같이 함수가 호출됩니다.

```
addBucketList('버킷'+str(2))
```

동일한 방법으로 함수가 실행되면 bucketlist 변수에는 다음과 같이 항목이 추가됩니다.

```
bucketlist = ['버킷1', '버킷2']
```

for문 아래에 들여쓰기한 코드가 4번 반복되므로 bucketlist 변수에는 다음과 같이 4개의 항목이 추가됩니다.

```
bucketlist = ['버킷1', '버킷2', '버킷3', '버킷4']
```

9번줄에서는 리스트 항목의 개수를 구하기 위해 len() 함수가 사용되었습니다. 리스트의 항목이 4개이므로 4가 화면에 출력됩니다.

222. 정답: ①, ③

문제에서 제시된 코드에는 printHello(), inputMessage(), setMessage() 함수 3개가 정의되어 있습니다.

```
1:  def printHello(msg):
2:    print(msg)
3:
4:  def inputMessage():
5:    msg = input('인사말을 입력하세요.')
6:    return msg
7:
8:  def setMessage():
9:    msg = '안녕하세요.'
10:   return msg
11:
12: printHello(setMessage())
```

12줄에는 함수를 호출하는 코드가 작성되어 있습니다. 문제의 코드에서는 함수 안에 다시 함수를 호출하고 있습니다. setMessage() 함수가 호출되고 이 함수의 반환값이 printHello() 함수의 인자로 사용되고 있습니다. 그러므로 이 코드를 실행하면 setMessage() 와 printHello() 함수가 실행됩니다.

223. 정답: 4번

문제에서 제시된 코드에서는 factorial() 함수가 재귀적으로 호출되도록 함수가 정의되어 있습니다. 아래 코드를 실행하면 7번줄부터 실행되어 3을 인자로 사용하여 factorial() 함수가 첫번째로 호출됩니다. 즉 factorial(3)이 호출됩니다.

```
1: def factorial(n):
2:   if n > 0:
3:      return n * factorial(n-1)
4:    else:
```

```
5:       return 1
6:
7: print('함수 실행 결과:', factorial(3))
```

1번줄에서 n변수에 3이 할당됩니다. 2번줄에서 n이 0보다 큰지 확인하고 있습니다. 이 조건식이 참이 되므로 3번줄이 실행되어 n-1을 인자로 하여 factorial() 함수가 두번째로 실행됩니다. 즉 factorial(2)가 호출됩니다.

1번줄에서 n은 2가 되고, 2번줄의 조건식은 참이 됩니다. 그리고 n-1을 인자로 하여 factorial() 함수가 세번째로 실행됩니다. 즉 factorial(1)이 호출됩니다.

1번줄에서 n은 1이 되고, 2번줄의 조건식은 참이 됩니다. 그리고 n-1을 인자로 하여 factorial() 함수가 네번째로 실행됩니다. 즉 factorial(0)이 호출됩니다.

1번줄에서 n은 0이 됩니다. 2번줄의 조건식이 참이 되지 않아 4번줄이 실행 됩니다. 그래서 5번줄의 1이 반환됩니다. 이렇게 재귀적으로 함수를 실행하면 다음과 같이 factorial() 함수가 4번 호출됩니다.

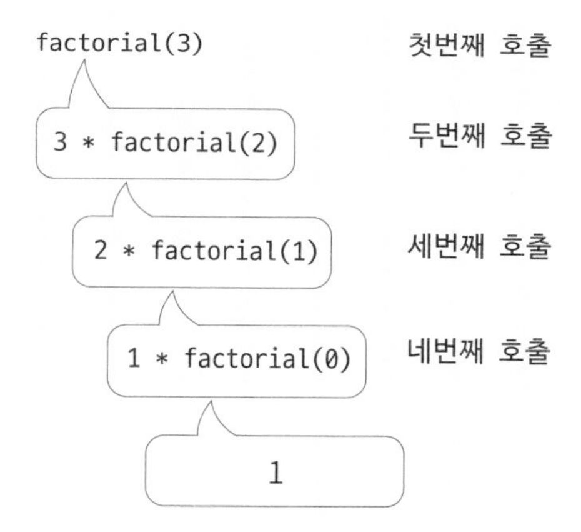

224. 정답: 1

문제에서 제시된 코드에서는 factorial() 함수 안에 다시 factorial() 함수가 재귀적으로 호출되도록 함수가 정의되어 있습니다. 아래 7번줄에서 0을 인자로 하여 factorial()을 호출하고 있습니다. 함수가 호출되면 아래 1~5번줄의 코드가 실행됩니다.

```
1: def factorial(n):
2:   if n > 0:
3:       return n * factorial(n-1)
4:   else:
5:       return 1
6:
7: print('함수 실행 결과:', factorial(0))
```

1번줄에서 n이 0이 되므로, 2번줄의 조건식(n>0)은 거짓이 됩니다. 그러면 4~5번줄이 실행되기 때문에 1이 반환됩니다. 함수 실행이 완료되면 함수를 호출한 위치로 되돌아갑니다. factorial(0)은 1을 반환하기 때문에 다음과 같이 출력됩니다.

```
1
```

225. 정답: print(getInput(3))

문제에서 제시된 코드는 n을 인자로 사용하여 getInput() 함수를 정의하고 있습니다. 이 함수의 반환값은 6번줄에 작성되어 있습니다.

```
1: def getInput(n):
2:   namelist = []
3:   for a in range(n):
4:     name = input('이름을 입력하세요.')
5:     namelist.append(name)
6:   return namelist
7:
8: ______________________________
```

반환값을 출력하기 위해서는 print() 함수의 괄호 안에 getInput() 함수를 작성합니다. 이름을 3번 입력받기 위해 getInput()의 인자를 3으로 정해야 합니다. 즉, getInput(3)을 호출해야 합니다. 함수의 반환값을 출력해야 하므로 8번줄에 다음과 같이 코드를 작성합니다.

```
print(getInput(3))
```

코드를 이해해보겠습니다. 2번줄에서는 리스트형 변수인 namelist를 정의하고 있습니다. n에 3이 할당되므로 3~5줄은 3번 반복됩니다. 4번줄에서 이름을 입력받아 name 변수에 할당하고 5번줄에서 namelist 변수에 name 변수값을 추가하고 있습니다. 그리고 6번줄에서는 namelist 변수값을 반환하고 있습니다.

226. 정답: ④

문제에서 제시된 코드는 리스트 변수를 정의하고 이 리스트의 평균을 구하고 있습니다. 평균을 구하기 위해서는 리스트의 합계를 리스트의 항목 수로 나눠줘야 합니다. 리스트의 합계는 sum() 함수를 사용하고, 리스트 항목 수는 len() 함수를 사용해 다음과 같이 코드를 작성합니다.

```
sum(numbers)/len(numbers)
```

227. 정답: ①

문제에서 제시된 코드에서는 여러 개의 함수를 중첩적으로 사용하고 있습니다. 함수의 괄호 안에 함수가 들어갈 경우 가장 안쪽 괄호 안의 함수부터 차례대로 실행되기 때문에 sorted()부터 실행됩니다.

```
print(max(sorted([5, 4, 3, 2, 1])
```

첫번째로 실행됩니다.

sorted() 함수의 반환값이 [1, 2, 3, 4, 5]이므로 다음과 같이 max() 함수의 인자로 사용됩니다.

```
print(max([1, 2, 3, 4, 5])
```

두번째로 실행됩니다.

max() 함수의 반환값이 5이므로 다음과 같이 print() 함수의 인자로 사용됩니다.

```
print(5)
```

세번째로 실행됩니다.

결론적으로 함수가 다음과 같은 순서로 실행됩니다.

```
sorted() → max() → print()
```

228. 정답: ①, ②, ④

주어진 문제는 max()의 인자를 찾는 문제입니다. max() 함수는 여러 개의 항목을 담을 수 있는 변수를 인자로 사용합니다. 예를 들어, 리스트형 변수, 튜플형 변수가 있습니다. 그러므로 답은 ①, ②, ④가 됩니다. ③번의 경우 여러 개 항목을 담는 변수가 아니므로 이 값을 인자로 사용하면 다음과 같은 오류가 발생합니다.

```
Traceback (most recent call last):
  File "<pyshell#3>", line 1, in <module>
    val = max(90)
TypeError: 'int' object is not iterable
```

229. 정답: ④

제시된 문제는 int() 함수의 인자로 적절한 것을 고르는 문제입니다. int() 함수는 숫자나 문자열을 정수형으로 변환하는 함수입니다. 문자열의 경우 숫자로 변환 가능한 형태여야 합니다. 예를 들어 '10'은 문자형이지만, 숫자로 변환 가능합니다.

```
10.0 →          → 10
        int()
'10' →          → 10
```

만약 문자열이 숫자로 변환가능한 형태가 아니면 다음과 같이 오류가 발생합니다.

```
int('안녕')
ValueError: invalid literal for int() with base 10:
'안녕'
```

보기 ④에서 int('안녕')은 숫자 형태로 변환이 가능하지 않으므로 코드 함수 실행 시 오류가 발생합니다.

230 정답: 자료형이 다른 두 값을 비교해서

제시된 코드가 예상과 다르게 동작하고 있는 이유를 설명하는 문제입니다. 이를 위해 아래 코드를 이해해보겠습니다.

```
1: val = input('숫자를 입력하세요.')
2:
3: if val == 100:
4:     print('성공')
5: else:
6:     print('실패')
```

1번줄에서는 input() 함수를 통해 사용자의 입력을 받아 val 변수에 할당하고 있습니다. 3번줄에서는 val 변수값이 100인지 확인하는 조건식이 작성되어 있습니다. 만약 이 조건식이 참이라면 4번줄이 실행됩니다. 그렇지 않다면 6번줄이 실행됩니다. 코드 실행 시 '성공'이라는 결과가 출력되기 위해서는 4번줄의 조건식이 참이 되어야 합니다. 하지만 조건식이 참이 되지 않아 '실패'라는 결과가 출력되었습니다.

4번줄 조건식이 참이 되지 않는 이유는 비교하는 자료형이 다르기 때문입니다. 즉, val 변수값은 문자형이지만, 100은 숫자형이므로, 자료형이 다른 두 값은 비교하면 조건식은 거짓으로 판단합니다. 이 문제를 해결하기 위해 input() 함수를 통해 반환된 값은 문자형이므로 이를 정수형으로 변환하기 위해 int() 함수를 다음과 같이 추가합니다.

```
1: val = int(input('숫자를 입력하세요.'))
```

231. 정답: 33

문제에서 제시된 코드는 min() 함수를 사용하고 있습니다. min() 함수는 인자로 들어가는 리스트형 변수에서 최소값을 반환하는 함수입니다.

```
1: alist = [34, 56, 33, 45, 78]
2: val=min(alist)
3: print(val)
```

위 코드에서 1번줄에 리스트형 변수인 alist가 정의되어 있습니다. 2번줄에서 min() 함수의 인자로 alist가 사용되었습니다. alist 변수의 최소값은 33이므로 2번줄의 val변수에는 33이 할당됩니다. 3번줄에서는 val 변수값을 print() 함수를 통해 출력하므로 33이 출력됩니다.

232. 정답: 4

문제에서 제시된 코드는 evenNumber() 함수를 사용하고 있고, 이 함수는 리스트형 변수인 alist를 인자로 받고 있습니다. 다음 코드에서 3번줄에서는 alist 변수에서 항목을 하나씩 꺼내와 a변수에 담고, 4번줄에서는 이 값이 짝수인지를 확인합니다. 만약 a가 짝수이면 5번줄에서 evenList 변수에 추가합니다.

```
1: def evenNumber(alist):
2:    evenList = []
3:    for a in alist:
4:      if a % 2 == 0:
5:          evenList.append(a)
6:    return evenList
7:
8: print(max(evenNumber([1, 2, 3, 4, 5])))
```

코드를 실행하면 8번줄이 실행되어 evenNumber() 함수가 호출됩니다. 인자가 [1, 2, 3, 4, 5]이므로, 1번줄에서 alist 변수에 [1, 2, 3, 4, 5]가 담기게 되고, 3번줄 alist 변수에서 하나씩 항목을 꺼내와 a변수에 담습니다. 3번줄이 첫번째로 실행되면 a변수에 1이 담깁니다. 1은 짝수가 아니므로 4번줄의 조건식은 거짓이 됩니다.

```
           1 이 담깁니다.
3:    for a in alist:
4:      if a % 2 == 0:   a는 짝수가 아니므로 조건식은 거짓
5:          evenList.append(a)   ← 이 줄은 실행되지 않아요!
```

다시 3번줄이 다시 실행되어 a변수에 2가 담깁니다. 4번줄에서 a 변수값은 짝수이므로 조건식이 참이 되어 5번줄이 실행됩니다. 그러므로 evenList에 2가 추가됩니다.

```
           2가 담깁니다.
3:    for a in alist:
4:      if a % 2 == 0:   a는 짝수이므로 조건식은 참
5:          evenList.append(a)   ← evenList에 2 추가
```

세번째로 for문이 실행되어 a변수에 3이 담깁니다. 4번줄이 거짓이 되므로 5번줄은 실행되지 않습니다.

```
           3 이 담깁니다.
3:    for a in alist:
4:      if a % 2 == 0:   a는 홀수이므로 조건식은 거짓
5:          evenList.append(a)   ← 이 줄은 실행되지 않아요!
```

네번째로 for문이 실행되어 a변수에 4가 담깁니다. 4번줄이 참이 되므로 5번줄은 실행됩니다.

```
           4가 담깁니다.
3:    for a in alist:
4:      if a % 2 == 0:   a는 짝수이므로 조건식은 참
5:          evenList.append(a)   ← evenList에 4 추가
```

마지막으로 for문이 실행되어 a변수에 5가 담깁니다. 4번줄이 거짓이 되므로 5번줄은 실행되지 않습니다.

```
           5가 담깁니다.
3:    for a in alist:
4:      if a % 2 == 0:   a는 홀수이므로 조건식은 거짓
5:          evenList.append(a)   ← 이 줄은 실행되지 않아요!
```

for문 반복이 완료된 후 6번 코드가 실행되면 evenList 변수값이 반환되고 함수가 호출된 위치로 되돌아갑니다.

```
8: print(max(evenNumber([1, 2, 3, 4, 5])))
                  [2, 4]
```

max() 함수에는 evenNumber() 함수의 반환값이 들어가므로 다음과 같이 실행됩니다.

```
print(max([2, 4]))
```

리스트에서 최대값은 4이므로 최종적으로 4가 출력됩니다.

233. 정답: 12

문제에서 제시된 코드는 a변수를 인자로 사용하여 makeNumbers() 함수를 정의하고 있습니다. 코드를 실행하면 4번줄부터 시작합니다. 3을 인자로 makeNumbers()가 호출되면 1~2번줄이 실행됩니다.

```
1: def makeNumbers(a):
2:    return a, a+1, a+2
3:
4: print(sum(makeNumbers(3)))
```

2번줄에서 a, a+1, a+2와 같이 여러 개의 값이 반환되므로 튜플형으로 (3, 4, 5)가 반환됩니다.

```
4: print(sum(makeNumbers(3)))
                (3, 4, 5)
```

makeNumbers() 함수의 반환값이 바로 sum() 함수의 인자로 사용됩니다.

```
4: print(sum(3, 4, 5))
```

sum() 함수는 튜플형 변수의 항목을 모두 더하는 함수로 이 함수를 실행하면 12가 반환됩니다. 마지막으로 print() 함수를 실행하면 12가 출력됩니다.

234. 정답: 함수 실행 결과 : 18

문제에서 제시된 코드에는 one() 함수와 two() 함수가 정의되어 있고, 하나의 함수가 또 다른 함수를 호출하고 있습니다. 코드를 실행하면 아래 8번줄부터 시작합니다. 8번줄에서 one() 함수를 호출하면 1번줄의 a와 b변수에 3이 할당됩니다.

2번줄에서 a*b를 인자로 사용하여 two() 함수를 호출하고 있습니다. 그러면 5번줄의 two() 함수가 실행됩니다. c변수에 9가 할당되므로 6번 코드에서 c*2의 결과인 18이 반환됩니다.

```
1: def one(a, b):
2:    result=two(a*b)
3:    return result
4:
5: def two(c):
6:    return c*2
7:
8: print('함수 실행 결과:', one(3, 3))
```

함수가 호출된 위치로 되돌아가므로 다시 2번줄이 실행됩니다. result 변수에 18이 할당되고 이 값이 3번줄을 통해 반환됩니다. 함수가 호출된 위치로 되돌아가므로 8번이 다시 실행됩니다. one(3, 3)의 반환값은 18이 되므로 이 코드는 다음과 같이 출력됩니다.

```
함수 실행 결과 : 18
```

235. 정답: 함수의 인자 개수가 잘못되어서

문제에서 제시된 코드를 실행하면 아래와 같이 오류가 발생합니다. 오류의 내용을 보면 최대 1개의 인자가 예상되지만 2개가 사용되었다고 적혀 있습니다.

```
TypeError: input expected at most 1 argument, got 2
```

이렇게 오류가 발생한 이유는 input() 함수의 경우 1개의 인자만 필요하지만, 주어진 코드에서는 2개의 인자를 사용하고 있기 때문입니다.

```
        인자가 2개 사용되었습니다.
a = input('값을', '입력하세요.')
```

오류를 해결하기 위해 다음과 같이 코드를 작성합니다.

```
a = input('값을 입력하세요.')
```

236. 정답 : 아래 해설 참조

입력값에 대한 거듭제곱을 구하는 함수를 정의하는 문제입니다. 입력 인자를 a라고 한다면, 반환값은 a에 대한 거듭제곱이므로 빈칸에는 다음과 같이 함수를 정의해야 합니다. 여기서 a 대신에 다른 이름을 사용해도 됩니다.

```
def getPower(a):
  return a*a
```

237. 정답 : 아래 해설 참조

더하기와 빼기 함수와 유사하게 곱하기와 나누기 함수를 정의하는 문제입니다. 함수의 목적에 맞게 함수명, 연산자, 메시지 내용 등을 변경하면 다음과 같이 곱하기와 나누기 함수를 정의할 수 있습니다.

정답!

```
# 곱하기 함수
def multiply(a, b):
    result = a*b
    print('곱하기 결과:', result)
    return result

# 나누기 함수
def divide(a, b):
    result = a/b
    print('나누기 결과:', result)
    return result
```

238. 정답 : 아래 해설 참조

조건문을 작성하는 문제입니다. 현재 C에 해당하는 코드가 없으므로 다음과 같이 빈칸에 조건문에 대한 코드를 작성합니다.

```
elif 70 <= score <= 79:
   return 'C'
```

다음은 완성된 코드입니다.

```
1: def getGrade(score):
2:
3:    if 90 <= score <= 100:
4:       return 'A'
5:    elif 80 <= score <= 89:
6:       return 'B'
7:    elif 70 <= score <= 79:
8:       return 'C'
9:    elif 60 <= score <= 69:
10:       return 'D'
11:    else:
12:       return 'F'
13:
14: val = int(input('점수를 입력하세요: '))
15: print(getGrade(val))
```

그럼 완성된 코드가 어떻게 동작하는지 살펴보겠습니다. 코드를 실행하면 제일 먼저 14번줄의 코드가 실행되어 '점수를 입력하세요'라고 출력됩니다.

```
점수를 입력하세요 : 90
```

여기서 90을 입력하면 14번줄의 val 변수에 할당되고 15번줄의 getGrade() 함수 인자로 사용됩니다. getGrade() 함수가 호출되면 1~12번 함수가 실행되고 1번줄의 score 변수에는 90이 할당됩니다. score 변수가 90이므로 3번줄의 조건식은 참이 되어 'A'를 반환합니다. 함수가 반환되면 호출된 위치인 15번줄로 되돌아갑니다. 마지막으로 print() 함수가 실행되어 A를 출력합니다.

이번엔 90점 대신에 85를 입력하는 경우를 생각해보겠습니다.

```
점수를 입력하세요 : 85
```

15번줄의 getGrade() 함수의 인자가 85이므로 1번줄의 score 변수에는 85가 할당됩니다. 3번줄의 조건식은 거짓이 되기 때문에 5번줄의 조건식이 실행됩니다. 5번줄의 조건식은 참이 되므로 'B'를 반환합니다. 함수를 반환하면 함수를 호출된 위치로 되돌아가므로 15번줄이 실행되어 B를 출력합니다. 이런 방식으로 점수 구간에 따라 A, B, C, D, F가 출력됩니다.

239. 정답 : 아래 해설 참조

임의의 숫자 n를 인자로 받아 1부터 n까지 곱한 결과를 반환하는 함수를 정의하는 문제입니다. 함수명, 인자 및 반환값이 지정되었으므로 다음과 같이 함수를 작성할 수 있습니다.

```
def multiply(n):
   # 코드 작성
   return result
```

이제 함수 안의 코드를 작성해보겠습니다. 우선 계산 결과를 담기 위해 result 변수를 정의합니다. 일반적으로 변수는 0을 초기값으로 할당하지만 result 변수에 값이 곱해지므로 0이 아닌 1을 할당해야 합니다.

```
result = 1
```

계산식을 보면 1부터 시작해 1씩 숫자가 증가된 값이 n번 반복해 곱해지는 것을 알 수 있습니다. 코드를 반복적으로 실행해야 하므로 다음과 같이 for문을 사용하고, 계산식(1×2×3…×n)과 관련된 코드를 작성합니다.

```
for x in range(1, n+1):
    result = result * x
```

지금까지 설명한 내용을 완성하면 다음과 같습니다.

정답!

```
1: def multiply(n):
2:   result = 1
3:   for x in range(1, n+1):
4:     result = result * x
5:   return result
```

그럼, 코드가 어떻게 실행되는지 단계별로 살펴보겠습니다. 다음과 같이 함수가 3을 인자로 하여 호출된다고 가정하겠습니다.

multiply(3)

그러면 1번줄의 n 변수에 3이 할당되고, 3~4번줄의 for문은 다음과 같이 실행됩니다. range() 함수의 범위가 1부터 4까지 지정되어 있으므로 x 변수에는 1부터 3까지 숫자가 순서대로 담기고 4번줄은 3번 반복됩니다.

```
3:   for x in range(1, 4):
4:     result = result * x
```

3번줄이 첫번째로 실행되면, x 변수값(1)과 result 변수값(1)이 곱해서 result 변수에 1이 할당됩니다.

```
result = result * x
       = 1 * 1
```

3번줄이 두번째로 실행되면, x 변수값(2)와 result 변수값(1)이 곱해서 result 변수에 2가 할당됩니다.

```
result = result * x
       = 1 * 2
```

3번줄이 세번째로 실행되면, x 변수값 3과 result 변수값 2가 곱해져 result 변수에 6이 할당됩니다.

```
result = result * x
       = 2 * 3
```

최종적으로 resul 변수에 6이 담기게 되므로 5번줄에서 6이 반환됩니다.

240. 정답 : 아래 해설 참조

일정 횟수만큼 반복하여 숫자를 입력받고 이를 리스트로 반환하는 함수를 정의하는 문제입니다. 함수명, 인자 및 반환값이 지정되었으므로 다음과 같이 함수를 작성할 수 있습니다.

```
def getInput(n):
   # 코드 작성
   return alist
```

이제 함수 안의 코드를 작성해보겠습니다. 입력한 값을 리스트로 담기 위해 다음과 같이 비어 있는 리스트형 변수를 정의합니다.

```
alist = []
```

문제에서 제시한 실행 결과에서는 다음과 같이 '리스트에 추가할 숫자를 입력하세요: '라고 출력하고 사용자로부터 값을 반복적으로 입력받고 있습니다.

```
리스트에 추가할 숫자를 입력하세요: 5
```

반복적으로 코드를 실행하기 위해서는 다음과 같이 for문을 사용합니다. for문의 반복횟수를 정하기 위해 getInput() 함수의 인자 n을 range() 함수의 인자로 사용합니다.

```
for x in range(n):
```

인자 n이 사용되었습니다.

for문 안에 input() 함수를 사용해 사용자의 입력을 반복적으로 받아 리스트의 항목으로 추가합니다. 여기서는 range() 함수의 인자가 n이므로 n번만큼 반복합니다.

```
for x in range(n):
    number = int(input('리스트에 추가할 숫자를 입력하
    세요:'))
    alist.append(number)
```

빈칸에 들어갈 코드는 다음과 같습니다.

정답!

```
1: # 함수 정의 부분
2: def getInput(n):
3:   alist = []
4:
5:   for x in range(n):
6:     number = int(input('리스트에 추가할 숫자를 \
       입력하세요:'))
7:     alist.append(number)
8:
9:   return alist
```

다음은 함수 호출 부분에 해당하는 코드입니다.

```
10: # 함수 호출 부분
11: val = int(input('입력값: '))
12: blist = getInput(val)
13:
14: print('리스트 : ', blist)
```

그럼 코드가 어떻게 작동하는지 살펴보겠습니다. 코드가 실행되면 11번줄부터 실행됩니다. input() 함수를 통해 입력을 받으면 val 변수에 할당됩니다. 그리고 이 변수를 getInput()의 인자로 사용합니다. getInput() 함수가 실행되어 alist 변수값이 반환되면 12번줄의 blist에 할당되고, 14번줄을 통해 출력됩니다.

241. 정답 : 아래 해설 참조

임의의 숫자를 함수의 인자로 받아 3의 배수인지 알려주는 함수를 정의해야 합니다. 입력 인자는 숫자이므로 정수형 변수로 사용하고, 반환값은 문자열로 사용하도록 다음과 같이 코드를 작성합니다.

정수형 변수

```
def isThreeMultiple(n):
    # 코드 작성
    return result
```

문자형 변수

입력 인자 n이 3의 배수인지 확인하기 위해서는 다음과 같이 조건식을 사용하고, 조건식이 참이면 result 변수에 '입력한 값은 3의 배수입니다.'라는 문장을 할당합니다.

```
if n % 3 == 0:
    result = '입력한 값은 3의 배수입니다.'
```

만약 n변수가 3이 아닌 경우를 위해 else문을 사용합니다. 그리고 result 변수에 '입력한 값이 3의 배수가 아닙니다.'라는 문장을 할당합니다.

```
else:
  result = '입력한 값은 3의 배수가 아닙니다.'
```

함수 정의 부분을 완성하면 다음과 같습니다.

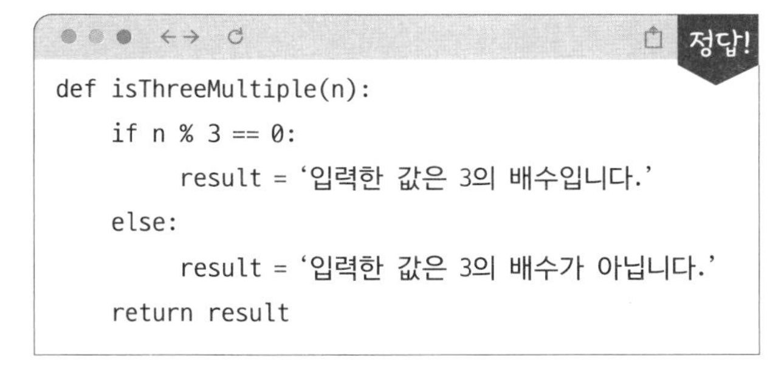

정답!

```
def isThreeMultiple(n):
    if n % 3 == 0:
        result = '입력한 값은 3의 배수입니다.'
    else:
        result = '입력한 값은 3의 배수가 아닙니다.'
    return result
```

문제에서 제시한 실행 결과를 보면 사용자로부터 값을 입력받고, isThreeMultiple() 함수를 통해 이 값이 3의 배수인지를 출력하고 있습니다. 이를 위해 다음과 같이 input() 함수와 isThreeMultiple() 함수를 호출하는 코드가 필요합니다.

```
val = input('입력값 : ')
isThreeMultiple(val)
```

정리하면 input() 함수를 통해 입력된 값이 val 변수에 할당되고, 이 변수를 isThreeMultiple() 함수의 인자로 사용하면 됩니다. 지금까지 설명한 내용을 완성하면 다음과 같습니다.

```
def isThreeMultiple(n):
    if n % 3 == 0:
        result = '입력한 값은 3의 배수입니다.'
    else:
        result = '입력한 값은 3의 배수가 아닙니다.'
    return result

val = input('입력값 : ')
isThreeMultiple(val)
```

이 코드를 실행하면 다음과 같이 출력되고 사용자의 입력을 기다리기 위해 커서(|)가 깜박입니다.

```
입력값 : |
```

여기서 9를 입력하면 다음의 결과가 출력됩니다.

```
입력값 : 9
입력한 값은 3의 배수입니다.
```

242. 정답 : 아래 해설 참조

코드의 실행 결과를 예상하는 문제입니다. 이를 위해 코드가 어떻게 동작하는지 이해해야 합니다. 문제에서 제시한 코드를 실행하면 제일 먼저 아래 코드에서 7번줄이 실행됩니다. 7번줄에서 sumValue(10)이 실행되면 이 함수의 반환값이 print() 함수의 인자로 사용됩니다.

```
1: def sumValue(n):
2:   sum = 0
3:   for x in range(n):
4:      sum = sum + x
5:   return sum
6:
7: print('계산 결과 : ', sumValue(10))
```

sumValue(10)은 10을 인자로 함수를 호출하기 때문에 1~5번줄이 실행됩니다. 1번줄의 n변수에 10이 할당되므로 3~4번줄은 다음과 같이 실행됩니다.

```
3:   for x in range(10):
4:      sum = sum + x
```

for문이 어떻게 실행되는지 단계별로 살펴보겠습니다. 3번줄이 첫번째로 실행되면 x변수에는 0이 할당됩니다. 그러면 4번줄의 계산식이 다음과 같이 연산되어 sum 변수에는 1이 할당됩니다.

```
            할당
4:      sum = sum + x
         0     0   0
```

3~4번줄이 두번째로 실행되면 x 변수에는 1이 할당됩니다. 그러면 4번줄의 sum 변수에는 1이 할당됩니다.

```
            할당
4:      sum = sum + x
         1     0   1
```

동일한 방법으로 3~4번줄이 10번 반복하면 다음과 같은 순서로 숫자가 더해집니다.

```
sum = 0 + 1 + 2 + 3 + 4 + ... + 8 + 9 + 10
```

for문의 반복이 끝나면 5번줄이 실행되어 sum 변수값이 반환됩니다. 7번줄에서 sumValue(10)의 반환값을 이용해 다음과 같이 문장을 화면에 출력합니다.

```
계산 결과 : 45
```

정답!

243. 정답 : 아래 해설 참조

리스트를 입력 인자로 받아 10보다 작은 숫자를 가지는 리스트를 반환하는 filtering() 함수를 정의하는 문제입니다. 함수를 정의하기 위해 다음과 같이 코드를 작성합니다.

```
def filtering(alist):
  # 코드 작성
  return blist
```

리스트의 각 항목이 10보다 작은 숫자인지 확인하기 위해서는 다음과 같이 for문 안에 if문을 사용합니다.

```
for item in alist:
  if item < 10:
     blist.append(item)
```

리스트 변수 blist에 10보다 작은 항목을 추가하기 위해서 append() 함수를 사용합니다. blist 변수를 정의하기 위해 다음과 같이 for문 위에 변수를 정의하는 코드를 추가합니다.

```
blist = []
```

지금까지 작성한 코드를 완성하면 다음과 같습니다.

정답!

```
1: def filtering(alist):
2:   blist = []
3:   for item in alist:
4:     if item < 10:
5:        blist.append(item)
6:   return blist
```

이번에는 다음의 함수 호출 부분과 함께 실행과정을 단계별로 살펴보겠습니다.

```
7: val = [12, 3, 6, 10, 15, 7]
8: print('입력 인자 : ', val)
9:
10: result = filtering(val)
11: print('반환 결과: ', result)
```

7번줄에는 val 변수에 리스트를 할당하고 있습니다. 8번줄에서는 print() 함수를 이용해 다음과 같이 val 변수를 출력합니다.

```
입력 인자 : [12, 3, 6, 10, 15, 7]
```

10번줄에서는 val 변수를 인자로 하여 filtering() 함수를 호출하고 있습니다. 그러면 1~6번줄이 실행됩니다. alist 인자에 val 변수값이 할당되어 [12, 3, 6, 10, 15, 7]이 전달됩니다. 그리고 3~5번줄은 리스트의 항목 개수(6)만큼 반복되어 실행됩니다.

```
            [12, 3, 6, 10, 15, 7]
                  ↓
3: for item in alist:
4:     if item < 10:
5:        blist.append(item)
```

for문이 첫번째로 실행되면 item에는 12가 들어가므로 4번줄의 조건식은 거짓이 됩니다. 그럼 5번줄은 실행되지 않습니다.

```
3: for 12 in alist:
4:     if 12 <= 10: ←— 조건식은 거짓이 됩니다.
5:        blist.append(item)
```

for문이 두번째로 실행되면 item에는 3이 들어가므로 4번줄의 조건식은 참이 됩니다. 그럼 5번줄이 실행되므로 blist 변수에는 3이 추가됩니다.

```
3: for 3 in alist:
4:     if 3 <= 10: ←— 조건식은 참이 됩니다.
5:        blist.append(3)
```

동일한 방법으로 리스트의 모든 항목에 대해 10보다 작은지 검사한 후 조건에 맞는 숫자를 blist 변수에 추가합니다. 리스트에서 10보다 작은 숫자는 3, 6, 7이므로 blist 변수에는 [3, 6, 7]이 할당됩니다.

6번줄이 실행되면 blist 변수값이 반환되고 함수를 호출한 위치로 되돌아갑니다. 10번줄에서 filter(val)의 반환 결과가 result 변수에 할당됩니다. 마지막으로 11번줄이 실행되면 다음의 결과를 출력합니다.

```
반환결과 : [3, 6, 7]
```

244. 정답 : 아래 해설 참조

리스트를 입력 인자로 받아 각 항목에 대해 절대값을 구한 후 그 결과를 반환하는 함수를 정의하는 문제입니다. 문제의 설명에 따라 함수 인자 및 반환값을 다음과 같이 정의할 수 있습니다.

```
def getAbs(alist):
    blist = []
    # 코드 작성
    return blist
```

리스트의 각 항목을 가져와 절대값을 구해야 하므로 다음과 같은 패턴으로 for문을 사용합니다. 그러면 alist 변수에서 하나씩 항목을 꺼내와 item 변수에 할당합니다.

```
for item in alist:
    # 코드 작성
```

item 변수에 들어간 값의 절대값을 구해야 하므로 다음과 같이 abs() 함수를 사용합니다.

```
abs(item)
```

abs() 함수의 반환값을 blist에 추가하기 위해 다음과 같이

append() 함수를 사용합니다. 그리고, 각 항목마다 반복되므로 for문 아래 들여쓰기해서 넣어줍니다.

```
blist.append(abs(item))
```

지금까지 설명한 코드를 완성하면 다음과 같습니다.

정답!

```
1: def getAbs(alist):
2:     blist = []
3:     for item in alist:
4:         blist.append(abs(item))
5:     return blist
```

아래의 함수를 호출하는 코드와 함께 단계별로 실행과정을 살펴보겠습니다.

```
6:  alist = [-6, 3, -5, 6, 3]
7:  blist=getAbs(alist)
8:
9:  print('입력값 : ', alist)
10: print('절대값 : ', blist)
```

코드를 실행하면 7번줄의 getAbs() 함수가 호출되어 [-6, 3, -5, 6, 3]가 인자로 전달되고, 이것이 1번줄의 alist 변수에 할당됩니다.

3번줄이 실행되면 alist 변수의 첫번째 항목인 -6이 item 변수에 담깁니다. 4번줄에서 abs(item)가 실행되어 6이라는 반환값을 얻습니다. 이 반환값은 append() 함수의 인자로 들어갑니다. 즉, blist.append(6)이 실행되어 blist 변수에는 다음과 같이 항목이 추가됩니다.

```
blist = [6]
```

다시 3번줄이 실행되고 item 변수에는 3이 담깁니다. 4번줄에서 abs(item)이 실행되어 3이라는 반환값을 얻습니다. blist.append(3)이 실행되면 다음과 같이 blist 변수에 항목이 추가됩니다.

```
blist = [6, 3]
```

이와 동일한 방법으로 3~4번줄이 반복되면 다음과 같이 blist 변수에 항목에 절대값이 추가됩니다.

```
blist = [6, 3, 5, 6, 3]
```

5번줄이 실행되어 blist가 반환되면 함수가 호출된 위치로 되돌아갑니다. 그러면 7번줄에서 함수의 반환값이 blist 변수에 담깁니다. 마지막으로 9~10번줄이 실행되면 다음의 결과를 출력합니다.

```
입력값 : [-6, 3, -5, 6, 3]
절대값 : [6, 3, 5, 6, 3]
```

245. 정답 : 아래 해설 참조

리스트를 입력 인자로 받아 최대값과 최소값을 구한 후 이를 리스트로 반환하는 함수를 정의하는 문제입니다.

다음 함수 호출 부분의 코드에서 minmax() 함수의 반환값이 score 변수에 할당되고 있습니다. score[0]과 같이 인덱스를 사용하고 있으므로 minmax()의 반환값은 리스트나 튜플형 변수를 사용해야 한다는 힌트를 제공합니다.

```
# 함수 호출 부분
score = minmax([90, 80, 60, 70, 100])
print('최소값 : ', score[0])
print('최대값 : ', score[1])
```

인자와 반환값의 자료형이 정해졌으므로 다음과 같이 함수를 정의할 수 있습니다. return에 여러 개의 변수나 값을 나열하면 튜플형 변수로 처리되어 반환됩니다.

```
def minmax(alist):
    # 코드 작성
    return [minVal, maxVal]
```

문제에서는 반환값을 리스트형 변수로 지정하라고 명시되어 있으므로 return [minVal, maxVal]이라고 작성합니다. 최소값과 최대값은 다음과 같이 min()과 max() 함수를 통해 구할 수 있습니다.

```
minVal = min(alist)
maxVal = max(alist)
```

지금까지의 코드를 완성하면 다음과 같습니다.

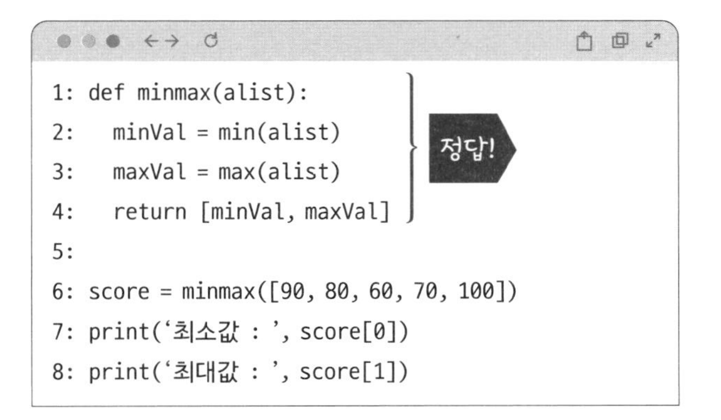

```
1: def minmax(alist):
2:    minVal = min(alist)
3:    maxVal = max(alist)
4:    return [minVal, maxVal]
5:
6: score = minmax([90, 80, 60, 70, 100])
7: print('최소값 : ', score[0])
8: print('최대값 : ', score[1])
```


코드가 실행되는 과정을 함께 살펴보겠습니다. 우선 6번줄이 실행되어 minmax()의 인자로 [90, 80, 60, 70, 100]가 전달됩니다. 그러면 1번줄의 alist 변수에 할당됩니다.

2번줄이 실행되면 min() 함수의 반환값이 60이므로 minVal 변수에 이 값이 할당됩니다. 3번줄이 실행되면 max() 함수의 반환값이 100이므로 maxVal 변수에 100이 할당됩니다.

4번줄은 [60, 100]과 같이 리스트형으로 값이 반환됩니다. 그러면 함수가 호출된 위치인 6번줄로 되돌아갑니다. 6번줄에서 minmax() 함수의 반환값인 [60, 100]이 score 변수에 할당됩니다.

7번줄에서 score[0]은 60을 가져오고, 8번줄에서 score[1]은 100을 가져옵니다. 그러므로 7, 8번줄을 실행하면 다음과 같이 결과가 출력됩니다.

```
최소값 : 60
최대값 : 100
```

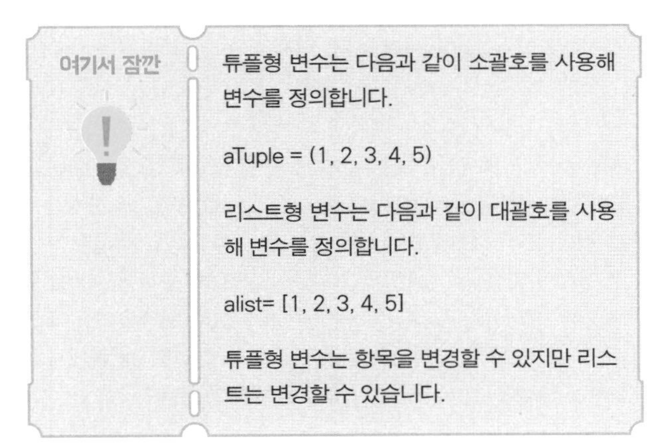

여기서 잠깐

튜플형 변수는 다음과 같이 소괄호를 사용해 변수를 정의합니다.

aTuple = (1, 2, 3, 4, 5)

리스트형 변수는 다음과 같이 대괄호를 사용해 변수를 정의합니다.

alist= [1, 2, 3, 4, 5]

튜플형 변수는 항목을 변경할 수 있지만 리스트는 변경할 수 있습니다.

246. 정답 : 아래 해설 참조

문자열을 인자로 받아 콤마(,)를 기준으로 분리하여 이를 리스트 변수로 반환하는 함수를 정의하는 문제입니다. 문제에서 설명한 내용에 따라 다음과 같이 입력 인자와 반환값을 작성할 수 있습니다.

```
def getItems(s)
    # 코드 작성
    return items
```

입력 인자 s는 문자형 변수이지만, items은 리스트형 변수여야 합니다. 문자열을 특정 값을 기준으로 분리하기 위해서는 split() 함수를 사용합니다. 문제에서는 콤마(,)를 기준으로 분리하도록 요구하고 있으므로 다음과 같이 코드를 작성합니다.

```
items = s.split(',')
```

지금까지 설명한 코드를 완성하면 다음과 같습니다.

정답!

```
1: def getItems(s)
2:     items = s.split(',')
3:     return items
```

getItems() 함수를 호출하기 위해 문제에서는 다음과 같이 코드를 제시하고 있습니다.

```
4: str = 'I,Love,Python'
5: alist = getItems(str)
```

그럼 코드를 단계별로 살펴보겠습니다.

코드를 실행하면 5번줄의 getItems() 함수가 호출됩니다. 이 함수는 str 변수를 인자로 사용하고 있기 때문에 4번줄에서 str 변수로 정의된 문자열 'I,Love,Python'이 인자로 전달되어 1번줄의 s변수에 할당됩니다.

2번줄에서 split() 함수는 콤마를 기준으로 문자열을 분리하여 리스트로 반환하기 때문에 items 변수에는 다음과 같이 값이 할당됩니다.

```
items = ['I', 'Love', 'Python']
```

3번줄에서 items 변수값을 반환하면 함수가 호출된 위치인 5번줄로 되돌아갑니다. 마지막으로 이 반환값은 alist 변수에 할당됩니다.

247. 정답 : 아래 해설 참조

리스트의 변수를 인자로 받아 짝수인 항목만 더해 그 결과를 반환하는 함수를 정의하는 문제입니다. 인자와 반환값이 정해졌으므로 다음과 같이 함수를 정의할 수 있습니다.

```
def sumEvenValues(scores)
    # 코드 작성
    return sum
```

입력 인자 scores는 리스트형 변수이지만, sum은 정수형 변수여야 합니다. 리스트 항목을 차례대로 가져와 짝수인지를 확인해야 하므로 다음과 같이 for문 안에 if문을 사용합니다.

```
for item in scores:
    if item % 2 == 0:
        # 짝수만 더하는 코드 추가
```

item을 2로 나눈 나머지가 0과 같다면 item의 값이 짝수라는 의미입니다. 리스트 항목 중 짝수만 sum 변수에 누적해서 더하기 위해 다음과 같이 코드를 작성합니다.

```
sum = sum + items
```

지금까지 완성된 코드는 다음과 같습니다.

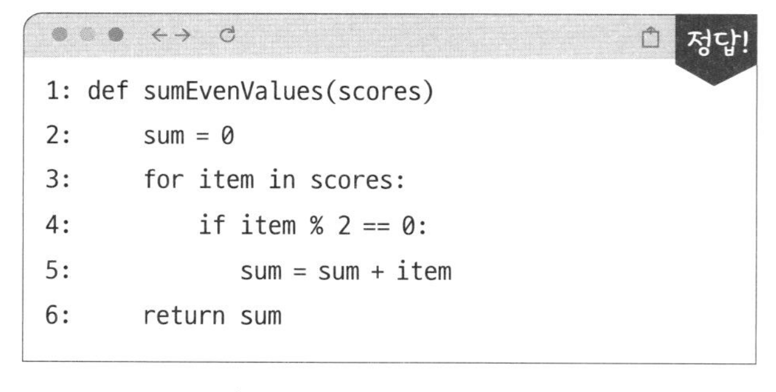


```
1: def sumEvenValues(scores)
2:     sum = 0
3:     for item in scores:
4:         if item % 2 == 0:
5:             sum = sum + item
6:     return sum
```

sumEvenValues() 함수를 호출하기 위해 문제에서는 다음과 같이 코드를 제시하고 있습니다.

```
7: scores = [5, 6, 4, 7, 8, 2]
8: alist = sumEvenValues(scores)
```

코드를 단계별로 살펴보겠습니다.

코드를 실행하면 8번줄의 sumEvenValues() 함수가 호출됩니다. 이때 scores 변수가 인자로 전달되어 1번줄의 scores 변수에 할당됩니다. 3~5번줄은 리스트의 항목 개수만큼 반복됩니다. 리스트 항목이 6개이므로 6번 반복됩니다. 3번줄이 첫번째로 실행되면 scores 변수에서 첫번째 항목인 5를 가져와 item 변수에 할당합니다. 4번줄에서 item 변수값을 2로 나눈 나머지가 0과 같은지 확인합니다. 즉, 4번줄은 item이 짝수인지를 확인하는 코드입니다. 5는 짝수가 아니므로 4번줄은 거짓이 되어 5번줄은 실행되지 않습니다.

```
             5        [5, 6, 4, 7, 8, 2]
3:     for item in scores:
4:         if item % 2 == 0:   5는 홀수이므로 조건식 거짓
5:             sum = sum + item     실행 안 됨
```

두번째로 3~5번줄이 실행되면 scores 변수에서 6이 item 변수에 할당됩니다. 6은 짝수이므로 4번줄이 참이 되어 5번줄이 실행됩니다. sum에는 0이 할당되어 있고, item은 6이므로 두 변수값을 더한 결과는 6이 됩니다. 이 값은 sum 변수에 할당됩니다.

```
             6        [5, 6, 4, 7, 8, 2]
3:     for item in scores:
4:         if item % 2 == 0:   6은 짝수이므로 조건식 참
5:             sum = sum + item
                6     0 +   6
                   할당
```

세번째로 3~5번줄이 실행되면 scores 변수에서 4가 item 변수에 할당됩니다.

```
             4        [5, 6, 4, 7, 8, 2]
3:     for item in scores:
4:         if item %2 == 0:   4는 참이므로 조건식 참
5:             sum = sum + item
               10     6  +  4
                   할당
```

4은 짝수이므로 4번줄이 참이 되어 5번줄이 실행됩니다. sum 변수에는 6이 할당되어 있고, item 변수는 4이므로 두 변수값을 더한 결과는 10이 됩니다. 10은 sum 변수에 할당됩니다. 이와 유사한 방법으로 for문이 반복되면 sum 변수에는 최종적으로 20이 할당됩니다. 그리고 6번줄을 통해 sum 변수값이 반환되면 함수가 호출된 위치로 되돌아 갑니다. 그러면 8번줄에서 sumEvenValues()의 반환값이 alist 변수에 할당합니다.

여기서 잠깐

함수 내부에서 변수가 정의되면 이를 지역변수라고 합니다. 이 변수의 존재는 함수 내부에서만 알 수 있기 때문에 함수 밖에서는 이 변수를 사용할 수 없습니다. 반면, 함수 밖에

서 정의되어 있으면 글로벌 변수라고 부릅니다. 이 변수는 함수 내부뿐만 아니라 외부에서도 이 변수를 사용할 수 있습니다.

248. 정답 : 아래 해설 참조

임의의 숫자를 인자로 받아 부울형 변수를 반환하는 함수를 정의하는 문제입니다. 문제의 설명에 따라 다음과 같이 함수를 정의할 수 있습니다.

```
def checkEvenNumber(number):
    # 코드 작성
    return isEvenNumber
```

입력 인자 number는 정수형 변수이지만, isEvenNumber는 True 혹은 False 값을 갖는 부울형 변수이어야 합니다. 부울형 변수를 사용하기 전에 다음과 같이 정의합니다.

```
isEvenNumber = False
```

num 변수가 짝수이면 True를 반환하고, 홀수이면 False를 반환하도록 다음과 같이 조건식을 작성합니다.

```
if num % 2 == 0 :
    isEvenNumber = True
else:
    isEvenNumber = False
```

지금까지 설명한 코드를 완성하면 다음과 같습니다.

정답!

```
def checkEvenNumber(number):
    isEvenNumber = False
    if num %2 == 0 :
        isEvenNumber = True
    else:
        isEvenNumber = False

    return isEvenNumber
```

함수를 호출하기 위해 다음과 같이 작성합니다.

```
checkEvenNumber(4)
```

함수의 반환값을 확인하기 위해 print() 함수를 사용해보겠습니다.

```
print(checkEvenNumber(4))
```

위 코드를 실행하면 다음과 같이 True가 출력됩니다.

```
True
```

함수의 인자에 홀수값인 3을 넣어보겠습니다.

```
print(checkEvenNumber(3))
```

그러면 다음과 같이 False가 출력됩니다.

```
False
```

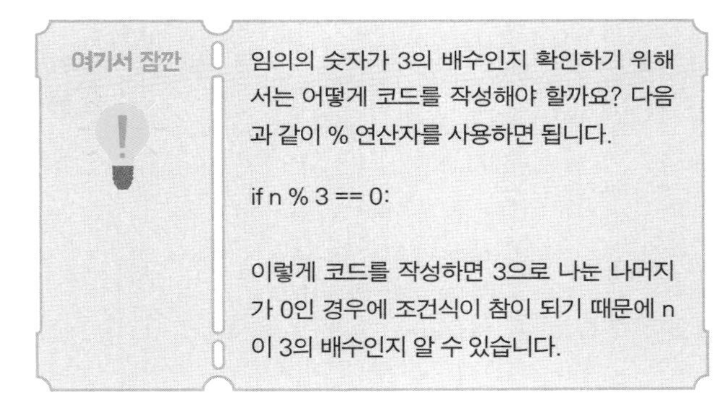

여기서 잠깐

임의의 숫자가 3의 배수인지 확인하기 위해서는 어떻게 코드를 작성해야 할까요? 다음과 같이 % 연산자를 사용하면 됩니다.

```
if n % 3 == 0:
```

이렇게 코드를 작성하면 3으로 나눈 나머지가 0인 경우에 조건식이 참이 되기 때문에 n이 3의 배수인지 알 수 있습니다.

249. 정답 : 아래 해설 참조

특정 기준 이상의 값을 구하기 위해 두 개의 인자를 받아 리스트를 반환하는 함수를 정의하는 문제입니다. 함수 이름, 인자 및 반환값이 지정되어 있으므로 다음과 같이 함수를 정의합니다.

```
def filtering(numbers, criteria):
    # 코드 작성
    return selected
```

selected 변수는 함수 정의 부분 안에 다음과 같이 정의해야 합니다.

```
selected = []
```

numbers 리스트에서 각각의 항목이 기준값 이상인지 반복적으로 확인해야 하므로 다음과 같이 코드를 작성합니다.

```
for item in numbers:
    # 반복할 코드 작성
```

리스트의 항목이 기준값보다 큰지 확인하기 위해 다음과 같이 조건식을 사용합니다.

```
if item >= criteria:
   # 조건식이 참일 때 실행되는 코드
```

조건식이 참이면 selected 변수에 항목을 추가하고, 이를 위해 append() 함수를 사용합니다.

```
selected.append(item)
```

지금까지 설명한 내용을 완성하면 다음과 같습니다.

정답!

```
1:  def filtering(numbers, criteria):
2:      selected = []
3:      for item in numbers:
4:          if item >= criteria:
5:             selected.append(item)
6:      return selected
```

문제에서 제시된 함수 호출 부분과 함께 단계별로 살펴보겠습니다.

```
7:  alist = [90, 50, 65, 73, 100, 80]
8:  criteria = 90
9:
10: result = filtering(alist, criteria)
11: print('입력값: ', alist, criteria)
12: print('반환값:', result)
```

10번줄에서 filtering() 함수를 호출하면 alist와 criteria 변수가 인자로 전달됩니다. 그러면 1번줄에서 numbers 변수에는 [90, 50, 65, 73, 100, 80] 할당되고, criteria 변수에는 90이 할당됩니다.

3번줄에서는 리스트에서 각 항목을 꺼내와 item 변수에 할당합니다. 그리고 4번줄에서 item 변수값이 criteria 변수값과 동일하거나 큰지 확인합니다.

3번줄의 for문이 첫번째로 실행되면 item 변수에 90이 할당됩니다. 4번줄에서 item 변수값(90)이 criteria 변수값(90)과 같으므로 조건식이 참이 됩니다. 최종적으로 5번줄이 실행되어 selected 변수에 90이 추가됩니다.

```
   90        90
if item >= criteria:
   selected.append(item) ←   조건식이 참이 되므로
                              리스트에 90 추가
```

for문이 두번째로 실행되면 item 변수에 50이 할당됩니다. 4번줄에서 item 변수값(50)이 criteria 변수값(90)보다 작으므로 조건식이 거짓이 되어 5번줄이 실행되지 않습니다.

```
   50        90
if item >= criteria:
   selected.append(item)  조건식이 거짓이므로 실행되지 않음
```

유사한 방식으로 3~5번줄의 코드가 리스트 항목 개수(6)만큼 반복됩니다. 이 코드가 완료되면 6번 코드가 실행되어 selected 변수가 반환됩니다. 함수 반환 시 함수가 호출된 위치로 되돌아가므로 10번줄이 다시 실행되고 함수 반환값이 result 변수에 할당됩니다. 11~12번줄이 실행되면 다음과 같이 출력됩니다.

```
입력값 : [90, 50, 65, 73, 100, 80], 90
반환값 : [90, 100]
```

250. 정답 : 아래 해설 참조

하이픈으로 연결된 문자열을 인자로 받아 이를 정렬된 형태로 반환하는 함수를 정의하는 문제입니다. 함수 이름을 fruitSort로 지정하고 함수 인자와 반환값은 문자형 변수인 fruits와 sorted를 사용하겠습니다.

```
def fruitSort(fruits):
    # 코드 작성
    return result
```

문자열이 하이픈으로 연결되어 있으므로 이를 분리하기 위해 다음과 같이 '변수명.split()' 형식으로 코드를 작성하고, 괄호 안에는 구분자를 넣어줍니다.

```
리스트형 변수      문자형 변수
fruitlist = fruits.split('-')  구분자
```

이렇게 하면 split() 함수는 '-'을 기준으로 문자열을 분리하여 리스트로 반환합니다. 즉 문제에서 제시된 입력 문자열은 다음과 같

이 리스트 변수로 반환됩니다.

```
['apple', 'grape', 'banana', 'strawberry']
```

리스트 항목 정렬을 위해 sorted() 함수를 사용하고 이 함수의 반환 결과를 sortedlist 변수에 할당합니다.

```
sortedlist = sorted(fruitlist)
```

그러면 fruitlist 변수의 항목이 다음과 같이 정렬됩니다.

```
['apple', 'grape', 'banana', 'strawberry']
```

리스트의 항목을 특정 구분자('-')를 사용하여 연결하기 위해 다음과 같이 join() 함수를 사용합니다.

```
result = '-'.join(fruitlist)
```

지금까지 설명한 코드를 완성하면 다음과 같습니다.

정답!

```
1: def fruitSort(fruits):
2:    result = ''
3:    fruitlist = fruits.split('-')
4:    sortedlist = sorted(fruitlist)
5:    result = '-'.join(fruitlist)
6:    return result
```

이제 함수를 호출하는 코드를 살펴보겠습니다. 함수 호출을 위해 다음과 같이 fruitSort() 함수에 인자를 작성합니다.

```
7: fruitSort('apple-grape-banana-strawberry')
```

우선 코드가 실행되면 7번줄을 통해 fruitSort() 함수가 호출됩니다. 이때 'apple-grape-banana-strawberry'가 인자로 전달되기 때문에 1번줄의 fruits 변수에 할당됩니다. 3번줄을 실행하면 다음과 같이 fruits 변수가 '-'를 기준으로 분리되어 리스트형 변수에 할당됩니다.

```
fruitlist = ['apple', 'grape', 'banana', 'strawberry']
```

4번줄의 sorted() 함수를 실행하면 fruitlist 변수의 항목이 a, b, c 순서로 정렬됩니다.

```
fruitlist = ['apple', 'banana', 'grape', 'strawberry']
```

5번줄을 실행하면 fruitlist 변수의 각 항목을 '-'를 구분자로 연결하여 result 변수에 할당합니다.

```
fruitlist = apple-banana-grape-strawberry
```

마지막으로 6번줄을 실행하면 fruitlist 변수를 반환해줍니다.

251. 정답 : 아래 해설 참조

리스트를 인자로 받아 중복된 값이 없는 리스트를 반환하는 getUniqueValue() 함수를 정의하는 문제입니다. 인자와 반환값은 리스트 변수로 사용하여 다음과 같이 함수를 정의합니다.

```
def getUniqueValue(alist):
    # 코드 작성
    return result
```

result 변수를 사용하기 위해 다음과 같이 정의합니다.

```
result = []
```

alist 리스트의 항목을 하나씩 꺼내온 후 원하는 코드를 반복하기 위해서는 다음과 같이 for문을 사용합니다.

```
for item in alist:
    # 반복할 코드 작성
```

result 변수에 동일한 항목이 없는 경우에만 result 변수에 항목을 추가하도록 조건식을 다음과 같이 작성합니다.

```
if item not in result:
   result.append(item)
```

result 변수를 반환하기 위해 다음과 같이 작성합니다.

```
return result
```

지금까지 설명한 코드를 완성하면 다음과 같습니다.

정답!

```
1:  def getUniqueValue(alist):
2:      result = []
3:      for item in alist:
4:          if item not in result:
5:              result.append(item)
6:      return result
```

이제 문제에서 제시한 함수 호출 부분과 함께 코드를 살펴보겠습니다.

```
7:  alist = [1, 2, 2, 3, 5, 4, 3, 1]
8:
9:  print('입력값:', alist)
10: print('반환값:', getUniqueValue(alist))
```

코드가 실행되면 9번줄이 실행되어 다음과 같이 출력합니다.

```
입력값 : [1, 2, 2, 3, 5, 4, 3, 1]
```

alist 변수가 인자로 사용되어 10번줄의 getUniqueValue() 함수가 호출됩니다. 10줄의 alist 변수값이 함수의 인자로 사용되어 1번줄의 alist 변수에 전달됩니다. 3번줄이 맨 처음 실행되면 alist 변수의 첫 번째 항목인 1이 item 변수에 할당됩니다. 그리고 4번줄에서 item 변수값이 result 변수라는 리스트에 포함되어 있는지 확인합니다. 만약 포함되어 있지 않으면 result 변수에 item 변수값을 추가합니다.

```
result = [1]
```

3번줄이 다시 실행되면 alist 변수의 두 번째 항목인 2가 item 변수에 할당됩니다. item 변수값이 result 변수에 포함되어 있지 않기 때문에 4번줄의 조건식은 참이 됩니다. 그러므로 result 변수에 item 변수값 2를 추가합니다.

```
result = [1, 2]
```

3번줄이 다시 실행되면 alist 변수의 세 번째 항목인 2가 item 변수에 할당됩니다. item 변수값이 result 변수에 포함되어 있으므로 4번줄의 조건식은 거짓이 되고, 5번줄은 실행되지 않습니다.

```
result = [1, 2]
```

이와 같은 방식으로 alist 리스트의 항목 개수만큼 3번줄의 for문이 반복됩니다. 반복이 완료된 후 6번줄이 실행되면 result 변수값이 반환되고 함수를 호출한 위치로 되돌아갑니다. 10번줄에서 getUniqueValue()는 다음의 리스트를 반환합니다.

```
[1, 2, 3, 4, 5]
```

그러므로 10번줄의 실행 결과는 다음과 같습니다.

```
반환값 : [1, 2, 3, 4, 5]
```

252. 정답 : 아래 해설 참조

임의의 숫자를 함수의 인자로 받아 0~100 사이의 숫자인지 확인하는 checkRange() 함수를 정의하는 문제입니다. 함수의 인자는 정수형 혹은 실수형 변수로 사용하고, 반환값은 부울형 변수로 정의해야 합니다.

```
def checkRange(number):
    # 코드 작성
    return inRange
```

정수형 변수

부울형 변수

isRange 변수를 사용하기 전에 다음과 같이 변수를 정의합니다.

```
isRange = False
```

number에 임의의 숫자가 들어 있으므로 이 숫자가 0~100 사이의 숫자인지 확인하는 조건식을 작성합니다.

```
if 0 <= number <= 100:
    # 조건식이 참일 때 실행되는 코드
```

조건식이 참일 때 isRange에 True을 반환해야 하므로 다음과 같이 코드를 작성합니다.

```
if 0 <= number <= 100:
    isRange = True
```

만약 number 변수값이 0~100 사이의 숫자가 아닌 경우에는 False를 반환하므로 다음과 같이 작성합니다.

```
else:
    isRange = False
```

지금까지 설명한 코드를 완성하면 다음과 같습니다.

정답!

```
def checkRange(number):
    isRange = False
    if 0 <= number <= 100:
        isRange = True
    else:
        isRange = False
    return inRange
```

그럼 문제에서 제시된 입력값을 이용해 코드가 어떻게 실행되는지 살펴보겠습니다. 만약 함수의 인자값이 98이라면 if문이 참이 되기 때문에 4번줄에서 isRange 변수에 True가 할당됩니다. 참고로, if문이 참이 되므로 else문은 실행되지 않습니다.

```
                 98
1: def checkRange(number):
2:     isRange = False
3:     if 0 <= number <= 100:  ←—— if 조건식 참
4:         isRange = True
5:     else:
6:         isRange = False
7:     return inRange
```

만약 함수의 인자값이 103이라면 if 조건식은 거짓이 되어 else문이 실행됩니다. 그러면 6번줄에서 isRange는 False가 할당됩니다.

```
                 103
1: def checkRange(number):
2:     isRange = False
3:     if 0 =< number <= 100:  ←—— if 조건식 거짓
4:         isRange = True
5:     else:
6:         isRange = False
7:     return inRange
```

4단계 모듈 활용하기

253. 정답 : import a

모듈을 가져오는 방법을 묻는 문제입니다. b모듈에서 a모듈을 가져오기 위해서는 import a라고 작성합니다.

254. 정답 : ②

모듈을 가져올 때 닉네임을 지정하는 방법을 묻는 문제입니다. myCalculator 모듈을 mc라는 닉네임으로 가져오기 위해서는 다음과 같은 형식으로 작성합니다.

```
import 모듈명 as 닉네임
import myCalculator as mc
```

255. 정답 : myCal.circum(2)

import를 통해 가져온 모듈의 함수를 사용하는 방법을 묻는 문제입니다. 모듈의 함수를 가져오기 위해서는 다음과 같이 '모듈명.함수명'과 같이 작성해야 합니다.

```
myCal.circum(2)
```

256. 정답 : ③

모듈에 대한 개념을 묻는 문제입니다. abc.py을 모듈로 가져오기 위해서는 파일명과 동일하게 작성해야 하므로 ③번이 잘못된 설명입니다.

257. 정답 : ①, ④

주어진 코드에서는 다음과 같이 abc 모듈의 함수 3개를 사용하고 있습니다. 그러므로 abc 모듈에는 해당 함수가 정의되어 있어야 합니다.

```
abc.getValue()
abc.setValue(3)
abc.setValue(1)
```

pint(), input() 함수는 파이썬에서 기본적으로 제공하는 내장함수이므로 abc 모듈에 정의될 필요가 없습니다.

258. 정답 : getRandomNumber.py

파이썬 파일의 이름과 모듈의 이름이 동일해야 합니다. 모듈명이 getRandomNumber이므로 모듈의 파일명은 getRandom Number.py가 되어야 합니다.

259. 정답 : math.pi

math 모듈에서 제공하는 pi 상수를 사용하기 위해서는 '모듈

명.상수명'과 같이 작성하면 됩니다. 그러므로 빈칸에는 math.pi 라고 작성합니다.

260. 정답 : ②, ④

①번 코드를 실행하면 now에 괄호가 누락되어 오류가 발생합니다. ③번 코드를 실행하면 datetime 모듈 안에 있는 datetime 객체의 datetime() 함수를 호출한다는 의미입니다. 하지만, datetime 객체에는 datetime() 함수가 없으므로 오류가 발생합니다. ②, ④은 올바르게 now() 함수를 호출하고 있습니다.

261. 정답 : dt.date.tody()

그림에서 datetime 모듈 안에 date 객체가 있고, 이 안에 replace() 함수가 있습니다. 이 함수를 호출하기 위해서는 '모듈명.객체명.함수명'의 형식으로 코드를 작성해야 합니다. 문제의 코드에서 모듈의 닉네임을 dt로 지정하고 있으므로 '닉네임.객체명.함수명'으로 작성합니다. 그러므로, 빈칸에는 dt.date.replace()라고 코드를 작성합니다.

262. 정답 : ②

코드의 오류를 해결하는 문제입니다. 아래 오류는 datetime 모듈에 today() 함수가 없다고 설명하고 있습니다.

```
AttributeError: module 'datetime' has no attribute
'today'
```

datetime 모듈 안에 date 객체가 있고, 이 안에 today() 함수가 있습니다. 그러므로 '모듈명.객체명.함수명'의 형식으로 코드를 작성해야 하지만, 문제에서 주어진 코드에서는 '모듈명.함수명'으로 작성되어 있어 오류가 발생하였습니다.

263. 정답 : ①, ②, ④

'datetime.함수명'의 형식으로 작성되었다면 이들 함수들은 datetime 모듈 안에 정의되어 있어야 합니다. 코드에서 datetime.today(), datetime.weekday(td), datetime.now()와 같이 함수를 호출하고 있으므로 3개의 함수가 datetime 모듈 안에 정의되어 있어야 합니다. print() 함수는 내장함수이므로 datetime 모듈에 이 함수가 정의될 필요가 없습니다.

264. 정답 : c = myCalc.circum(3)

myCalc 모듈의 circum() 함수를 이용해 원둘레를 구하는 코드를 작성하는 문제입니다. circum() 함수는 r을 인자로 받고 있고, 반지름 3에 대한 원둘레를 계산하도록 요구하고 있으므로, 다음과 같이 코드를 작성합니다.

```
myCalc.circum(3)
```

또한, 이 함수의 반환값을 c변수에 할당하기 위해 다음과 같이 코드를 작성합니다.

```
c = myCalc.circum(3)
```

265. 정답 : myCalc 모듈을 가져오는 코드(import myCalc)가 누락되어서

모듈의 함수를 호출하기 위해서는 반드시 모듈을 먼저 가져와야 합니다. myProgram.py 코드에서는 myCalc 모듈의 함수를 호출하고 있지만, myCalc 모듈을 가져오는 코드가 누락되어 있어 "name 'myCalc' is not defined"라는 오류가 발생하였습니다.

266. 정답 : ②

함수를 호출하기 위해서는 정의된 함수의 이름과 인자가 동일해야 합니다. 글자 하나라도 다르면 다른 함수로 인식하기 때문에 대소문자도 동일해야 합니다. 주어진 코드를 보면 timetable.py에는 getTable()이라는 함수가 정의되어 있지만, myProgram.py에는 gettable()로 함수를 호출하고 있습니다. 함수의 이름이 완전히 동일하지 않기 때문에 파이썬은 gettable() 함수가 정의되어 있지 않다고 생각합니다. 이런 이유로 myProgram.py 코드 실행 시 "module 'timetable' has no attribute 'gettable'"이라는 오류가 발생하였습니다.

267. 정답 : random 모듈을 가져오는 코드가 누락되어서

오류 내용은 random이 정의되어 있지 않다는 의미입니다.

```
NameError: name 'random' is not defined
```

주어진 코드에서 random.randint(1,9)와 같이 '모듈명.함수명' 형식으로 코드를 작성하고 있지만, random 모듈을 가져오는 코드가 맨 아래에 위치하고 있습니다. 오류를 해결하기 위해 'import random'을 코드 맨 위로 위치시킵니다.

268. 정답 : random.randint(80, 100)

특정 범위에서 무작위 수를 뽑는 방법을 묻는 문제입니다. 무작위 수를 뽑기 위해서는 다음과 같이 함수를 작성합니다.

```
random.randint(80, 100)
```

빈칸을 채운 코드가 어떻게 동작하는지 단계별로 살펴보겠습니다.

```
1: import random
2:
3: alist = []
4: for num in range(10):
5:    alist.append(random.randint(80, 100))
6:
7: print(alist)
```

1번줄에서 random 모듈을 가져옵니다. 3번줄은 alist 변수를 정의하고 있습니다. 4번줄에서 range() 함수의 인자값이 10이므로 4~5번줄을 10번 반복합니다.

5번줄에서 random.randint(80, 100)을 실행하면 무작위 수가 반환됩니다. 이 반환값이 append() 함수를 통해 alist 변수에 추가됩니다. 이 과정이 10번 반복되면 alist 변수에는 무작위 수가 10개 추가됩니다. 7번줄 코드에서는 alist 변수를 출력합니다.

269. 정답 : random.choice(alist)

리스트에서 무작위로 항목을 선택하는 방법을 묻는 문제입니다. 리스트에서 무작위로 항목을 선택하기 위해서는 빈칸에 다음과 같이 함수를 작성합니다.

```
random.choice(alist)
```

빈칸을 채운 코드가 어떻게 동작하는지 단계별로 살펴보겠습니다.

```
1:  import random
2:
3:  alist = ['서아', '권우', '지호', '지원', '연주', \
          '하늘', '연우', '준희'] #학생 리스트
4:  blist = [] # 발표자 리스트
5:  while True :
6:    name=random.choice(alist)
7:    if name not in blist:
8:        blist.append(name)
9:    if len(blist) >= 3 :
10:        break
11: print(blist)
```

3번줄에는 학생 리스트가 alist 변수에 정의되어 있고, 4번줄에는 발표자 리스트를 위한 blist 변수가 정의되어 있습니다. 5번줄에서 while True:라고 작성되어 있기 때문에 6~10번줄은 break가 실행되기 전까지 계속 반복됩니다.

6번줄에서 alist 변수에서 무작위로 항목을 뽑아 name 변수에 할당합니다. 7번줄에서 name 변수값이 blist 변수에 없는지 확인하고, 없다면 8번줄에서 blist 변수에 추가합니다. 9번줄에서 blist의 항목 개수가 3개 이상이면 while문의 반복을 멈춥니다.

270. 정답 : random.sample(letters, k=8)

주어진 문제는 random 모듈의 sample() 함수를 사용하는 방법을 묻는 문제입니다. 리스트 변수 letters에서 무작위로 8가지 항목을 뽑기 위해서는 다음과 같이 코드를 작성합니다.

```
pwdList = random.sample(letters, k=8)
```

빈칸을 채운 결과는 다음과 같습니다.

```
import random

letters = ['a', 'b', 'c', 'd', 'e', 'f', 'g', '1', '2', '3', \
          '4', '5', '6', '7', '8']
pwdList = random.sample(letters, k=8)
pwdStr = ''.join(pwdList)
print(pwdStr)
```

여기서 ''.join(pwdList)는 pwdList 변수의 항목들을 연결하여 하나의 문자열로 만들어줍니다. 완성된 코드를 실행하면 다음과 같이 출력됩니다.

```
4bgf7c31
```

글자가 무작위로 정해지기 때문에 다시 코드를 실행하면 다른 값이 출력됩니다.

```
8f3g2bc5
```

271. 정답 : random.randint(1,9)

주어진 문제는 random 모듈의 randint() 함수를 사용하는 방법을 묻는 문제입니다. 코드 실행 결과에서 '1에서 9 사이의 숫자를 맞춰보세요.'라는 내용이 있으므로 다음과 같이 코드를 작성합니다.

```
guess=random.randint(1,9)
```

빈칸을 채운 코드를 단계별로 살펴보겠습니다.

```
1:  import random
2:
3:  guess=random.randint(1,9)
4:
5:  while True:
6:    val = int(input('1에서 9사이의 숫자를 \
          맞춰보세요 : '))
7:    if val==guess:
8:        print('정답입니다.')
9:        break
10:   else:
11:       print('틀렸습니다. 다시 시도하세요.')
```

1번줄에서 random 모듈을 가져옵니다. 3번줄에서 1에서 9 사이의 무작위수를 뽑기 위해 random 모듈의 randint() 함수를 사용합니다. 이 함수의 반환값이 guess 변수에 할당됩니다. 5번줄에 while True:가 작성되어 있으므로 들여쓰기한 코드인 6~11번줄이 계속 반복되다가 break가 실행되면 반복을 멈춥니다. 6번줄이 실행되면 다음 문장이 출력됩니다.

```
1에서 9 사이의 숫자를 맞춰보세요 :
```

여기서 숫자를 입력하면 val 변수에 할당됩니다. 7번줄에서는 val과 guess 변수값이 동일한지를 확인합니다. 두 값이 동일하다면 8~9번줄이 실행되므로 '정답입니다'라고 출력하고 break가 실행되어 계속 반복하기가 중단됩니다.

```
정답입니다.
```

두 값이 동일하지 않아 7번줄의 조건식이 거짓이 된다면 10~11번줄이 실행되어 다음 문장이 출력됩니다.

```
틀렸습니다. 다시 시도하세요.
```

272. 정답 : random.random()

random 모듈의 random() 함수를 사용하는 방법을 묻는 문제입니다. random.random()과 같이 코드를 작성하면 0에서 1 사이의 무작위 실수값을 반환합니다.

273. 정답 : 2, 10.0, 4, 25.0

sqrt() 함수는 인자의 제곱근을 구하는 함수입니다. 인자가 4이므로 이 함수는 2를 반환합니다.

```
print(math.sqrt(4))  ──→  2
```

fab() 함수는 인자의 절대값을 구하는 함수입니다. 인자가 -10이므로 이 함수는 10를 반환합니다.

```
print(math.fabs(-10))  ──→  10.0
```

floor() 함수는 인자의 소수점 이하 값을 버림하여 정수로 만드는 함수입니다. 인자가 4.90이므로 이 함수는 4를 반환합니다.

```
print(math.floor(4.90))  ──→  4
```

pow() 함수는 인자의 제곱을 계산하는 함수입니다. 인자가 5, 2이므로 이 함수는 25를 반환합니다.

```
print(math.pow(5, 2))  ──→  25.0
```

274. 정답 : 아래 해설 참조

math 모듈의 e 상수와 pow() 함수를 사용하는 방법을 묻는 문제입니다. e 상수를 사용하기 위해 math.e라고 작성하고, 이 값을 pow() 함수의 첫번째 인자로 사용해 e의 10승을 구합니다.

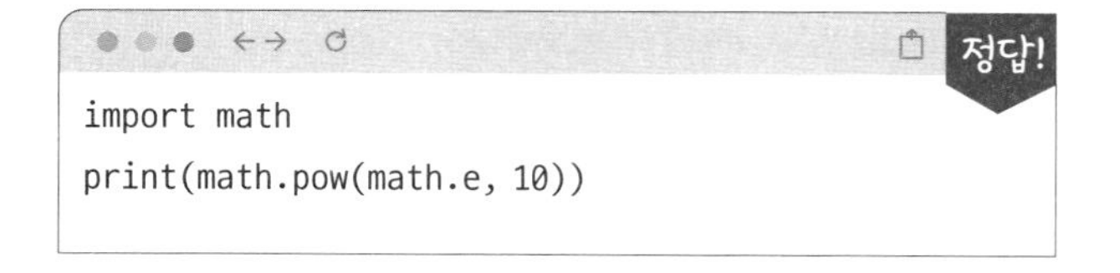


```
import math
print(math.pow(math.e, 10))
```

275. 정답 : 아래 해설 참조

math 모듈의 ceil() 함수를 사용하는 방법을 묻는 문제입니다. input() 함수를 통해 입력받은 값은 문자형으로 취급하므로, 이를 실수형으로 변환하기 위해 float() 함수를 사용합니다.

```
inputVal = float (input('실수값을 입력하세요.'))
```

입력받은 값이 inputVal 변수에 할당되므로 이 변수를 ceil() 함수의 인자로 사용하면 소수점 이하 값을 올림한 결과를 얻을 수 있습니다.

```
ceiledVal = math.ceil(inputVal)
```

지금까지 설명한 코드를 완성하면 다음과 같습니다.

정답!

```
import math
inputVal = float (input('실수값을 입력하세요.'))
ceiledVal = math.ceil(inputVal)
```

276. 정답 : math.pi

math 모듈의 원주율 pi를 사용하는 방법을 묻는 문제입니다. 아래와 같이 코드를 작성하면 math 모듈의 원주율 상수값을 사용할 수 있습니다.

```
math.pi
```

277. 정답 : 아래 해설 참조

math 모듈의 sqrt() 함수를 사용하는 방법을 묻는 문제입니다. 다음과 같이 input() 함수의 반환값을 sqrt() 함수의 인자로 사용하면 입력값에 대한 제곱근을 계산할 수 있습니다.

정답!

```
import math
inputVal = int(input('숫자를 입력하세요.'))
ceiledVal = math.sqrt(inputVal)
```

278. 정답 : random.floor(item)

주어진 문제는 random 모듈의 floor() 함수를 사용하는 방법을 묻는 문제입니다. 리스트에서 각 항목을 가져오기 위해 아래와 같이 for문을 사용하고 있습니다.

```
for item in alist:
    blist.append(          )
```

리스트 변수 alist 변수의 각 항목은 item 변수에 할당되고, 이 변수값을 소수점 이하 버림해야 합니다. 그러므로 아래와 같이 item 변수를 floor() 함수의 인자로 사용합니다. 빈칸을 채운 결과는 다음과 같습니다.

```
1: import math
2: def getIntVal(alist):
3:   blist = []
4:   for item in alist:
5:     blist.append(math.floor(item))
6:   return blist
7: print(getIntVal([1.1, 3.5, 5.0, 3.9, -7.2]))
```

단계별로 코드가 어떻게 실행되는지 살펴보겠습니다. 코드를 실행하면 7번줄부터 실행됩니다. getIntVal() 함수가 호출되어 [1.1, 3.5, 5.0, 3.9, -7.2]가 인자로 전달되고, 2번줄의 alist 변수에 할당됩니다. 4~6번줄은 alist 변수의 항목 수만큼 반복되므로 5번 실행됩니다. for문이 첫번째로 실행되면 item변수에 1.1이 할당됩니다. 그리고 floor() 함수가 실행되어 1이 반환됩니다.

```
    1.1
for item in alist:
  blist.append(math.floor(item))
                     1
```

그리고 append() 함수를 통해 반환값 1이 blist 변수에 추가됩니다.

```
blist = [1]
```

그 다음으로 4번줄이 실행되어 item 변수에는 3.5가 할당됩니다. 5번줄을 실행하면 floor() 함수가 3을 반환하므로 blist 변수에는 3이 추가됩니다.

```
blist = [1, 3]
```

동일한 방법으로 for문이 5번 실행되면 다음과 같이 blist에는 소수점 이하가 버려진 값이 추가됩니다.

```
blist = [1, 3, 5, 3, -8]
```

for문 실행이 완료되면 6번줄이 실행되어 blist 변수가 반환되고, 함수를 호출한 위치로 되돌아갑니다. 7번줄의 getIntVal() 함수의 반환값은 [1, 3, 5, 3, -8]이 되므로 print() 함수를 통해 해당 값이 화면에 출력됩니다.

```
print(getIntVal([1.1, 3.5, 5.0, 3.9, -7.2]))
```

[1, 3, 5, 3, -8]

279. 정답 : gcd(a, b)

주어진 문제는 random 모듈의 gcd() 함수를 사용하는 방법을 묻는 문제입니다. input() 함수를 통해 입력받은 두 값 a와 b에 대한 최대공약수를 구하기 위해 다음과 같이 코드를 작성합니다.

```
gcd(a, b)
```

280. 정답 : 아래 해설 참조

random 모듈을 사용하여 무작위 숫자를 뽑는 방법을 묻는 문제입니다. 우선 random 모듈을 사용하기 위해 이 모듈을 가져오는 코드를 작성합니다.

```
import random
```

1부터 25까지 무작위 숫자를 뽑기 위해서는 다음과 같이 randint() 함수를 사용해 범위를 지정합니다.

```
val=random.randint(1, 25)
```

5개의 숫자를 뽑기 위해 다음과 같이 for문을 사용하고, 뽑혀진 숫자를 리스트에 추가하기 위해 append() 함수를 사용합니다.

```
for a in range(5):
    val=random.randint(1, 25)
    vallist.append(val)
```

리스트 변수를 출력하기 위해 다음과 같이 코드를 작성합니다.

```
print(vallist)
```

지금까지 설명한 내용을 코드로 완성하면 다음과 같습니다.

정답!

```
import random
vallist = []
for a in range(5):
    val=random.randint(1, 25)
    vallist.append(val)

print(vallist)
```

위 코드를 실행하면 다음과 같은 결과가 출력됩니다. 무작위 수가 뽑히므로 코드를 실행할 때마다 다른 값이 출력됩니다.

```
[22, 1, 24, 14, 9]
```

281. 정답 : 아래 해설 참조

math 모듈을 사용해 수학 공식을 계산하는 문제입니다. 우선 수학 모듈을 이용하기 위해 다음과 같이 math 모듈을 가져옵니다.

```
import math
```

삼각형의 세 변의 길이를 입력받아야 하고 이 값은 정수형이어야 하므로 다음과 같이 작성합니다.

```
a = int(input('a 값을 입력하세요.'))
b = int(input('b 값을 입력하세요.'))
```

c의 길이를 계산하기 위해 다음과 같이 계산식을 작성합니다.

```
c = math.sqrt(a*a + b*b)
```

c 변수값을 출력하기 위해 다음과 같이 print() 함수를 사용합니다.

```
print(c)
```

지금까지 설명한 내용을 코드로 완성하면 다음과 같습니다.

정답!

```
import math

a = int(input('a 값을 입력하세요.'))
b = int(input('b 값을 입력하세요.'))
```

```
c = math.sqrt(a*a + b*b)
print(c)
```

위 코드를 실행하면 다음과 같이 출력됩니다.

```
a 값을 입력하세요 3
b 값을 입력하세요 4
5.0
```

282. 정답 : 아래 해설 참조

주어진 문제는 정의된 함수를 호출하는 방법을 묻는 문제입니다. 문제를 풀기 위해 우선 주어진 코드를 이해해보겠습니다.

```
1: import math
2:
3: def getLetters(max_length):
4:     s = “”
5:     for i in range(random.randint(1, max_length)):
6:         s+=random.choice(string.ascii_letters)
7:     return s
```

1번줄에서는 무작위 값을 뽑기 위해 math 모듈을 가져오고 있습니다. 3번줄에서는 max_length 변수를 인자로 받아 5번줄에서 사용하고 있습니다. 5번줄에서 random.randint(1, max_length) 함수는 1부터 max_length 사이의 무작위 숫자를 반환해줍니다. 이 반환값이 range() 함수의 인자로 사용됩니다.

```
for i in range(random.randint(1, max_length)):
```

1 부터 max_length 사이의 무작위 값을 뽑아서 range() 함수의 인자로 사용합니다.

예를 들어, max_length가 5가 할당되어 있으면 random.randint(1, 5)와 같이 함수가 호출됩니다. 이 함수는 1에서 4 사이의 숫자 중 하나를 무작위로 뽑아 반환하는 함수로, 반환값이 4라고 한다면 다음과 같이 range() 함수의 인자에 4가 들어갑니다.

```
for i in range(4):
```

6번줄에서 random.choice() 함수는 string.ascii_letters에서 무작위로 글자를 하나 뽑아줍니다. string.ascii_letters에는 abcdefghijklmnopqrstuvwxyzABCDEFGHIJKLMNOPQRSTUVWXYZ가 할당되어 있으므로 이 문자열에서 문자 하나가 뽑힙니다.

```
s+=random.choice(string.ascii_letters)
```

a부터 Z까지 무작위로 글자가 하나 뽑힙니다.

예를 들어, c가 뽑혔다면 다음과 같이 s 변수에 c가 추가됩니다.

```
s+=‘c’
```

for 문이 4번 반복된다면 4개의 문자가 무작위로 뽑혀 s변수에 추가됩니다. 예를 들어, 다음과 같이 s 변수에 4개 문자가 할당됩니다.

```
s = dAze
```

문제의 설명에 따라 함수를 호출하는 코드를 작성해야 합니다. 함수 호출시 인자는 사용자의 입력을 받아 결정해야 하므로 다음과 같이 코드를 작성합니다.

```
max_length  = int(input(‘숫자를 입력하세요.’))
getLetter(max_length)
```

함수 호출 코드는 함수 정의 코드 뒤에 위치해야 합니다. 지금까지 설명한 내용을 코드로 완성하면 다음과 같습니다.

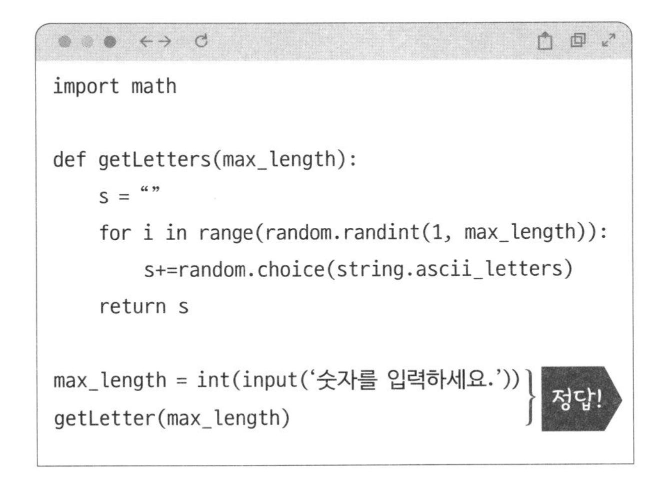

```
import math

def getLetters(max_length):
    s = “”
    for i in range(random.randint(1, max_length)):
        s+=random.choice(string.ascii_letters)
    return s

max_length = int(input(‘숫자를 입력하세요.’))
getLetter(max_length)
```


283. 정답 : 아래 해설 참조

주어진 문제는 math 모듈의 pi 상수 사용 방법을 묻는 문제입니다. 우선 math 모듈을 가져오는 코드를 다음과 같이 작성합니다.

```
import math
```

사용자로부터 반지름을 입력받기 위해서는 다음과 같이 코드를 작성합니다.

```
r = int(input('반지름을 입력하세요.'))
```

원의 둘레는 2 * 원주율 * 반지름이므로 다음과 같이 계산식을 코드로 작성합니다.

```
circle = 2 * math.pi * r
```

지금까지 설명한 내용을 코드로 완성하면 다음과 같습니다.

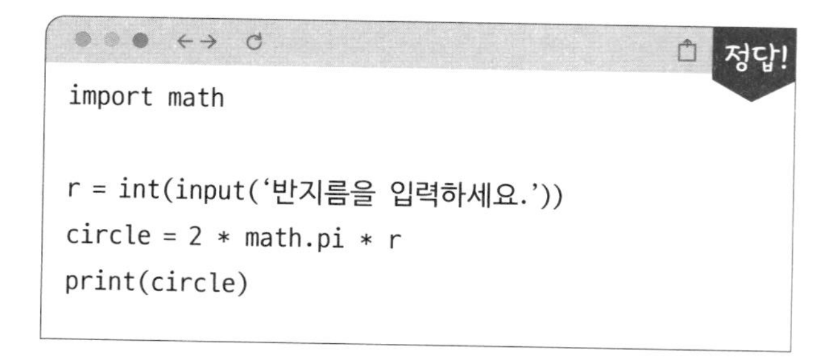


```
import math

r = int(input('반지름을 입력하세요.'))
circle = 2 * math.pi * r
print(circle)
```

284. 정답 : 아래 해설 참조

이미 정의된 모듈을 가져와 함수를 호출하는 방법을 묻는 문제입니다. 파일 이름이 statistics.py이므로 다음과 같이 모듈을 가져옵니다.

```
import statistics
```

statistics 모듈에는 2개의 함수가 정의되어 있습니다. getAvg()는 평균을 구하는 함수이고, getVariance()는 분산을 구하는 함수입니다. [1, 2, 3, 4, 5]에 대해 평균을 구하기 위해서는 다음과 같이 statistics 모듈의 getAvg() 함수를 호출해야 합니다.

```
vals = [1, 2, 3, 4, 5]
meanVal=statistics.getAvg(vals)
```

getVariance() 함수는 2개의 인자를 필요로 하기 때문에 다음과 같이 Vals와 meanVal를 인자로 작성합니다.

```
varVal = statistics.getVariance(Vals, meanVal)
```

지금까지 설명한 내용을 코드로 완성하면 다음과 같습니다.

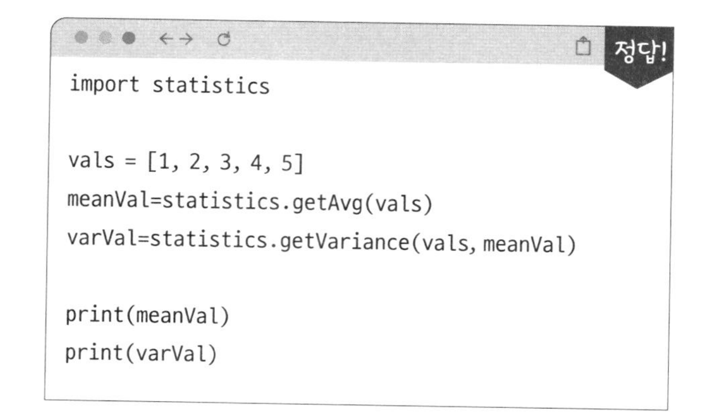


```
import statistics

vals = [1, 2, 3, 4, 5]
meanVal=statistics.getAvg(vals)
varVal=statistics.getVariance(vals, meanVal)

print(meanVal)
print(varVal)
```

5단계 종합 실습하기

285. 정답 : 아래 해설 참조

문자열을 리스트로 변환하고, 리스트의 각 항목을 인덱스로 접근하는 방법을 묻는 문제입니다.

우선 숫자열을 두 번 입력받아야 하기 때문에 다음과 같이 코드를 작성합니다. 여기서 '\n'는 새로운 줄을 추가하라는 의미입니다.

```
firstnum = input('첫번째 숫자열을 입력하세요:\n')
secondnum = input('두번째 숫자열을 입력하세요:\n')
```

firstnum은 문자형 변수이기 때문에 split() 함수를 사용해서 다음과 같이 콤마(,)를 기준으로 문자열을 나눌 수 있습니다. 즉, 문자열은 콤마(,)를 기준으로 분리되어 리스트로 변경됩니다.

```
firstlist = firstnum.split(',')
secondlist = secondnum.split(',')
```

sumlist 변수를 정의합니다.

```
sumlist=[]
```

리스트의 각 항목끼리 더한 후 그 결과를 sumlist 리스트에 추가하기 위해서는 다음과 같이 코드를 작성합니다.

```
for x in range(len(firstlist)):
    sumval = int(firstlist[x]) + int(secondlist[x])
    sumlist.append(str(sumval))
```

항목끼리 더하기 위해 리스트의 항목이 숫자형이어야 합니다. 그러므로 int() 함수를 사용해 문자형을 숫자로 변경합니다.

```
sumval = int(firstlist[x]) + int(secondlist[x])
```

리스트 항목을 더한 결과를 sumval 변수에 할당합니다. 그리고 append() 함수를 사용해 sumlist 변수에 sumval 변수값을 추가합니다. join() 함수를 사용하기 위해 sumval 변수에 str() 함수를 사용합니다.

```
sumlist.append(str(sumval))
```

이제 sumlist 변수의 항목을 출력할 차례입니다. 각 항목을 콤마를 이용해 묶어 출력하기 위해서는 join() 함수를 사용합니다.

```
print('\n각각을 더한 결과는 다음과 같습니다.')
print(', '.join(sumlist))
```

코드를 완성한 결과는 다음과 같습니다.

정답!

```
firstnum = input('첫번째 숫자열을 입력하세요:\n')
secondnum = input('두번째 숫자열을 입력하세요:\n')

firstlist = firstnum.split(',')
secondlist = secondnum.split(',')

sumlist=[]

for x in range(len(firstlist)):
    sumval = int(firstlist[x]) + int(secondlist[x])
    sumlist.append(str(sumval))

print('\n각각을 더한 결과는 다음과 같습니다.')
print(', '.join(sumlist))
```

286. 정답 : 아래 해설 참조

랜덤 모듈을 이용하여 무작위 수를 뽑는 방법을 묻는 문제입니다. 숫자, 영어 대소문자 및 특수문자를 뽑기 위해서는 다음과 같이 변수를 정의합니다.

```
numbers = '0123456789'
smallletters = 'abcdefghijklmnopqrstuvwxyz'
bigletters = 'ABCDEFGHIJKLMNOPQRSTUVWXYZ'
special = '@#$%'
```

무작위 수를 뽑기 위해 random 모듈을 가져옵니다.

```
import random
```

8자리 문자열을 만들어야 하므로 비밀번호의 길이가 8자리가 되도록 들여쓰기한 코드를 반복합니다.

```
password = ''
while len(password) < 8 :
    password += random.choice(numbers)
    password += random.choice(smallletters)
    password += random.choice(bigletters)
    password += random.choice(special)
```

마지막으로 print() 함수를 사용하여 생성된 비밀번호를 출력합니다.

```
print(password)
```

지금까지 설명한 내용을 완성하면 다음과 같습니다.

정답!

```
numbers = '0123456789'
smallletters = 'abcdefghijklmnopqrstuvwxyz'
bigletters = 'ABCDEFGHIJKLMNOPQRSTUVWXYZ'
special = '@#$%'

import random

password = ''
while len(password) < 8 :
    password += random.choice(numbers)
    password += random.choice(smallletters)
    password += random.choice(bigletters)
    password += random.choice(special)

print(password)
```

완성된 코드를 실행하면 다음과 같이 8자리 비밀번호가 출력됩니다.

```
2eX%3z0$
```

287. 정답 : 아래 해설 참조

조건식에 따라 짝수와 홀수의 개수를 카운트하는 방법을 묻는 문제입니다. 우선 숫자열을 입력받기 위해 다음과 같이 input() 함수를 사용합니다.

```
inputVals = input('숫자를 입력하세요.')
```

콤마를 기준으로 문자를 분리하기 위해 split() 함수를 사용합니다.

```
vallist = inputVals.split(',')
```

짝수와 홀수의 개수를 카운트하기 위한 변수를 정의합니다.

```
evencnt = 0
oddcnt = 0
```

리스트의 각 항목을 가져와 짝수 또는 홀수인지 확인하기 위해 'if int(item) % 2 ==0'을 작성합니다. 리스트의 항목을 정수형으로 바꾸기 위해 int() 함수를 사용합니다.

```
for item in vallist:
    if int(item) % 2 == 0:
        evencnt += 1
    else:
        oddcnt += 1
```

마지막으로 짝수와 홀수의 개수를 출력하기 위해 다음과 같이 작성합니다.

```
print('짝수의 개수는', evencnt, '개입니다.')
print('홀수의 개수는', oddcnt, '개입니다.')
```

지금까지 설명한 내용을 코드로 완성하면 다음과 같습니다.

정답!

```
inputVals = input('숫자를 입력하세요.')
vallist = inputVals.split(',')

evencnt = 0
oddcnt = 0

for item in vallist:
    if int(item) % 2 == 0:
        evencnt += 1
    else:
        oddcnt += 1

print('짝수의 개수는', evencnt, '개입니다.')
print('홀수의 개수는', oddcnt, '개입니다.')
```

288. 정답 : 아래 해설 참조

입력된 문자열을 리스트에 추가하고, 문자열에 특정 문자가 있는지 확인하는 방법을 묻는 문제입니다. 전화번호를 5번 반복적으로 입력받기 위해서는 다음과 같이 for문을 사용합니다.

```
for x in range(5):
    vars = input('전화번호를 입력하세요.')
```

문자형 변수 var에서 특정 문자를 제거하기 위해서는 다음과 같이 코드를 작성합니다.

```
if '-' in vars:
    vars = vars.replace('-', '')
```

리스트에 var 변수값을 추가하기 위해서는 append() 함수를 사용합니다.

```
phonelist.append(vars)
```

지금까지 설명한 내용을 코드로 완성하면 다음과 같습니다.

정답!

```
phonelist = []

for x in range(5):
    vars = input('전화번호를 입력하세요.')

    if '-' in vars:
        vars=vars.replace('-', '')

    phonelist.append(vars)

print(phonelist)
```

289. 정답 : 아래 해설 참조

문자열을 인덱스로 접근하는 방법을 묻는 문제입니다. 우선 사용자로부터 문자열을 입력받기 위해 다음과 같이 코드를 작성합니다.

```
inputStr = input('문자열을 입력하세요: ')
```

range() 함수의 괄호 안에는 3개의 인자가 들어갈 수 있습니다. 첫번째 인자는 시작 인덱스, 두번째 인자는 끝 인덱스, 세번째 인자는 감소폭을 지정합니다. 예를 들어, 다음과 같이 함수를 작성하면 10부터 시작해 2까지 1씩 감소해서 10, 9, 8, 7, 6, 5, 4, 3, 2의 숫자를 만들어줍니다.

```
range(10, 1, -1)
```

문자열에서 역순으로 글자를 가져오기 위해서는 range() 함수의 첫번째 인자에 '입력 문자열의 길이-1'의 값이 들어가야 합니다. 예를 들어, 인덱스가 0부터 시작하므로 문자열(예: abcdef)의 길이가 5라면 4가 첫 번째 인자로 들어가야 합니다.

```
range(len(inputStr)-1, -1, -1)
```

반복적으로 글자 하나씩 가져와 리스트에 추가하기 위해서는 다음과 같이 for문을 사용합니다.

```
for x in range(len(inputStr)-1, -1, -1):
    alist.append(inputStr[x])
```

마지막으로 리스트를 문자열로 변환하기 위해 join() 함수를 이용해 다음과 같이 코드를 작성합니다.

```
print('문자열의 역순은', ''.join(alist), '입니다.')
```

지금까지 설명한 내용을 완성하면 다음과 같습니다.

정답!

```
alist = []
inputStr = input('문자열을 입력하세요: ')

for x in range(len(inputStr)-1, -1, -1):
    alist.append(inputStr[x])

print('문자열의 역순은', ''.join(alist), '입니다.')
```

290. 정답 : 아래 해설 참조

사전형 변수의 활용 방법을 묻는 문제입니다. 횟수 지정 없이 반복해서 입력을 받기 위해서는 다음과 같이 whie Time:를 작성합니다.

```
while True:
    # 코드 작성
```

영어와 한글 단어쌍을 입력받아 문자형 변수에 할당하고, 이것을 split() 함수를 기준으로 분리합니다.

```
inputStr = input('영어와 한글 단어의 쌍을 입력하세요: ')
inputList = inputStr.split(', ')
```

다음과 같이 사전형 변수에 추가합니다.

```
wordsDic[inputList[0]] = inputList[1]
```

입력 문자열이 '종료'라면 while문의 반복을 멈추도록 break를 추가합니다.

```
if inputStr == '종료' :
   break
```

마지막으로 사전형 변수의 결과를 출력하기 위해서 다음과 같이 코드를 작성합니다.

```
print(wordsDic)
```

지금까지 설명한 내용을 코드로 완성하면 다음과 같습니다.

정답!

```
wordsDic = {}
while True:
    inputStr = input('영어와 한글 단어의 쌍을 입력하세요:')
    if inputStr == '종료':
        break
    else :
        inputList = inputStr.split(',')
        wordsDic[inputList[0]] = inputList[1]

print(wordsDic)
```

291. 정답 : 아래 해설 참조

반복문 사용 방법을 묻는 문제입니다. 숫자 n을 입력받기 위해 다음과 같이 input() 함수를 사용합니다.

```
n = int(input('숫자를 입력하세요: '))
```

n부터 1까지 숫자가 곱해지므로 다음과 같이 range() 함수를 작성합니다. 그러면 5, 4, 3, 2, 1의 숫자열이 만들어지고, x변수에 숫자가 하나씩 차례대로 할당됩니다.

```
for x in range(n, 0, -1):
    # 코드 작성
```

x에 할당된 숫자를 곱하기 위해서 다음과 같이 코드를 작성합니다.

```
result = result * x
```

계산식을 출력하기 위해서는 다음과 같이 조건식을 사용합니다. x변수가 1보다 클 경우에는 숫자 사이에 '*'를 추가하고, 1과 같을 경우에는 '='를 추가하도록 코드를 작성합니다.

```
if x > 1 :
    formula = formula + str(x) + '*'
else :
    formula = formula + str(x) + '='

print(formula, result)
```

지금까지 설명한 내용을 코드로 완성하면 다음과 같습니다.

정답!

```
n = int(input('숫자를 입력하세요: '))
result = 1
formula = ''

for x in range(n, 0, -1):
    result = result * x

    if x > 1 :
        formula = formula + str(x) + '*'
    else :
        formula = formula + str(x) + '='

print(formula, result)
```

292. 정답 : 아래 해설 참조

반복문을 사용하는 방법을 묻는 문제입니다. 숫자를 입력받기 위해 다음과 같이 코드를 작성합니다.

```
n = int(input('숫자를 입력하세요: '))
```

입력한 숫자만큼 반복하기 위해 다음과 같이 for문을 작성하고, x에 1, 2, 3, 4, 5 … n이 할당되기 위해 range() 함수의 인자로 범위의 최소값과 최대값+1을 작성합니다.

```
for x in range(1, n+1) :
```

숫자가 n… 5, 4, 3, 2, 1과 같이 역순으로 출력되어야 하므로 range()의 인자를 다음과 같이 작성합니다.

```
for x in range(n, 0, -1) :
```

x 변수값을 x번 반복하기 위해 다음과 같이 작성합니다. 숫자에 곱하기 연산을 하면 두 수가 곱해지지만, 문자에 곱하기 연산을 하면 해당 문자가 반복됩니다. 문제에서 제시된 실행 결과에서는

동일한 문자를 반복 출력하고 있으므로 str() 함수를 사용해 숫자를 문자로 변경합니다.

```
print(str(x) * x)
```

지금까지 설명한 내용을 코드로 완성하면 다음과 같습니다.

정답!

```
n = int(input('숫자를 입력하세요:'))

for x in range(n, 0, -1) :
    print(str(x) * x)
```

293. 정답 : 아래 해설 참조

사전형 변수를 사용하는 방법을 묻는 문제입니다. 사전형 변수는 다음과 같이 키와 값의 쌍으로 정의합니다.

```
fruit = {'사과': 0, '바나나': 0, '포도': 0, '오렌지': 0}
```

문제에서 제시된 실행 결과에 따라 문자열을 입력받기 위해서는 다음과 같이 코드를 작성합니다.

```
inputStr = input('문장을 입력하세요.')
```

입력받은 문장을 콤마를 기준으로 나누어 리스트로 만들기 위해 split() 함수를 사용합니다.

```
inputList = inputStr.split(',')
```

inputList 변수의 항목을 하나씩 가져와 종류별로 과일 개수를 카운트하기 위해서는 다음과 같이 반복문과 조건문을 사용합니다.

```
for item in inputList:
    if item == '사과':
        fruit['사과'] += 1
    elif item == '바나나':
        fruit['바나나'] += 1
    elif item == '포도':
        fruit['포도'] += 1
    elif item == '오렌지':
        fruit['오렌지'] += 1
    else:
        fruit[item] += 1
```

카운트 결과를 출력하기 위해 다음과 같이 코드를 작성합니다.

```
print('종류별 과일의 개수:')

for item in fruit:
    print(item, fruit[item], end=" ")
```

지금까지 설명한 내용을 코드로 완성하면 다음과 같습니다.

정답!

```
fruit = {'사과': 0, '바나나': 0, '포도': 0, '오렌지': 0}

inputStr = input('문장을 입력하세요.')
inputList = inputStr.split(',')

for item in inputList:
    if item == '사과':
        fruit['사과'] += 1
    elif item == '바나나':
        fruit['바나나'] += 1
    elif item == '포도':
        fruit['포도'] += 1
    elif item == '오렌지':
        fruit['오렌지'] += 1
    else:
        fruit[item] += 1

print('종류별 과일의 개수:')

for item in fruit:
    print(item, fruit[item], end=' ')
```

294. 정답 : 아래 해설 참조

random 모듈을 사용하여 코드를 작성하는 방법을 묻는 문제입니다. 우선 random 모듈을 사용하기 위해 다음과 같이 모듈을 가져옵니다.

```
import random
```

두 숫자를 입력받기 위해 다음과 같이 input() 함수를 사용합니다.

```
a = int(input('첫번째 숫자를 입력하세요:'))
b = int(input('두번째 숫자를 입력하세요:'))
```

a와 b 사이의 무작위 수를 정하기 위해 randint() 함수를 사용하고 '무작위 숫자가 정해졌습니다'를 출력하는 코드를 작성합니다.

```
randomNumber = random.randint(a, b)
print('\n무작위 숫자가 정해졌습니다.')
```

이제 무작위 숫자를 맞추기 위한 코드를 작성해야 합니다. 다음과 같이 input() 함수를 사용해 숫자를 입력을 받아 guess 변수에 할당하고, 이 변수값과 randomNumber과 동일한지 판단하는 코드를 추가합니다.

```
guess = int(input('\n숫자를 맞춰보세요:'))
if guess == randomNumber:
   print('정답입니다.')
else:
   print('다시 시도하세요.')
```

이 과정을 계속 반복해야 하므로 다음과 같이 while문을 사용합니다.

```
while True:
    # 반복할 코드 작성
```

입력한 값이 정답이면 반복하기를 멈추도록 break를 추가합니다.

```
while True:
    guess = int(input('\n숫자를 맞춰보세요:'))
    if guess == randomNumber:
        print('정답입니다.')
        break
    else:
        print('다시 시도하세요.')
```

지금까지 설명한 내용을 코드로 완성하면 다음과 같습니다.

정답!

```
import random

a = int(input('첫번째 숫자를 입력하세요:'))
b = int(input('두번째 숫자를 입력하세요:'))
randomNumber = random.randint(a, b)
print('\n무작위 숫자가 정해졌습니다.')

while True:
    guess = int(input('\n숫자를 맞춰보세요:'))
    if guess == randomNumber:
        print('정답입니다.')
        break
    else:
        print('다시 시도하세요.')
```

295. 정답 : 아래 해설 참조

리스트에서 조건에 맞는 항목을 포함하는지 확인하는 방법을 묻는 문제입니다. 문제에서 제시된 실행 결과와 같이 숫자열을 입력받기 위해서 다음과 같이 코드를 작성합니다.

```
numbers = input('숫자를 입력하세요 ')
```

input() 함수를 통해 입력받은 값은 문자형으로 취급되므로 numbers 변수는 문자형 변수가 됩니다. 문자형 변수는 split() 함수를 사용해 구분자를 기준으로 문자열을 나눌 수 있습니다. 제시된 문제의 경우 콤마를 기준으로 숫자가 나열되어 있으므로 다음과 같이 코드를 작성합니다.

```
numlist = numbers.split(',')
```

numlist 변수에 있는 항목을 하나씩 꺼내와 uniquelist 변수에 추가하는 과정을 반복하기 위해 for문을 사용합니다.

```
for item in numlist:
    # 반복할 코드 작성
```

중복된 항목이 없어야 하므로 다음과 같이 코드를 작성하며 uniquelist 변수에 중복되지 않는 항목만 추가합니다.

```
for item in numlist:
```

```
    item = item.strip()
    if item not in uniquelist:
        uniquelist.append(item)
```

item에 할당된 문자열에 공백이 포함될 수 있으므로 strip() 함수를 추가합니다. strip() 함수는 문자열 양 끝에 공백이 있으면 이를 제거해 줍니다. 마지막으로 uniquelist 변수값을 출력하기 위해 다음과 같이 코드를 작성합니다.

```
print('중복된 숫자를 제외한 결과는 다음과 같습니다.')
print(','.join(uniquelist))
```

지금까지 설명한 내용을 코드로 완성하면 다음과 같습니다.

정답!

```
uniquelist = []
numbers = input('숫자를 입력하세요 ')
numlist = numbers.split(',')

for item in numlist:
    item = item.strip()
    if item not in uniquelist:
        uniquelist.append(item)

print('중복된 숫자를 제외한 결과는 다음과 같습니다.')
print(','.join(uniquelist))
```

296. 정답 : 아래 해설 참조

함수를 정의하고 조건에 따라 호출하는 방법을 묻는 문제입니다. 버킷리스트를 만들기 위해 다음과 같이 리스트 변수를 사용합니다.

```
bucketlist = ['유럽여행', '보라색으로 머리 염색하기, '프랑
              스어 공부하기']
```

버킷리스트 조회, 추가 및 삭제를 위해 3개의 함수를 정의해야 합니다. 첫번째로 버킷리스트를 조회하는 함수는 다음과 같습니다. 이 함수에서는 print() 함수를 이용해 bucketlist 변수를 출력하도록 코드를 작성합니다.

```
def viewBucketlist():
    print('버킷리스트는 다음과 같습니다.')
    print(bucketlist)
```

이번엔 버킷리스트를 추가하는 함수인 addBucketlist() 함수를 정의해보겠습니다. 다음과 같이 추가할 버킷을 입력받아 append() 함수를 통해 bucketlist 변수에 추가합니다.

```
def addBucketlist():
    item = input('추가할 버킷을 입력하세요:')
    bucketlist.append(item)
    print('\n버킷이 추가되었습니다.')
    print(bucketlist)
```

버킷리스트를 삭제하기 위해 다음과 같이 deleteBucketlist() 함수를 정의합니다.

```
def deleteBucketlist():
    index = int(input('삭제할 버킷의 인덱스를 입력하세
                 요:'))
    del bucketlist[index]
    print('버킷이 삭제되었습니다.')
    print(bucketlist)
```

함수 정의가 모두 끝났습니다. 이제 조건에 따라 함수를 호출하는 코드를 작성해보겠습니다. 문제에서 제시된 실행 결과에서는 메뉴를 고르고 입력값에 따라 해당하는 함수를 호출하고 있습니다. 이를 위해 다음과 같이 코드를 작성합니다.

```
menu = input('원하는 메뉴를 고르세요. (1: 버킷리스트 조
              회, 2: 버킷리스트 추가, 3: 버킷리스트 삭제)')
if menu == '1':
    viewBucketlist()
elif menu == '2':
    addBucketlist()
elif menu == '3':
    deleteBucketlist()
```

특정 코드 블록을 계속 반복하기 위해서는 다음과 같이 while True를 사용합니다.

```
while True:
    # 반복할 코드
```

그리고 조건에 따라 반복문을 멈추기 위해 break를 추가합니다. 입력값이 없다면 반복을 멈추도록 아래와 같이 코드를 작성합니다. 이렇게 코드를 작성하면 사용자가 값을 입력하지 않고 엔터키를 누르면 break가 실행됩니다.

```
if menu == “”:
   break
else:
   # 코드 추가
```

while의 else문 코드 블록에 조건식을 다음과 같이 작성합니다.

```
while True:
    if menu == “”:
       break
    else:
       menu = input(‘원하는 메뉴를 고르세요. (1: 버킷
리스트 조회, 2: 버킷리스트 추가, 3: 버킷리스트 삭제)’)

       if menu == ‘1’:
          viewBucketlist()
       elif menu == ‘2’:
          addBucketlist()
       elif menu == ‘3’:
          deleteBucketlist()
```

지금까지 설명한 코드를 완성하면 다음과 같습니다.

정답!

```
bucketlist = [‘유럽여행’, ‘보라색으로 머리 염색하기’,
              ‘프랑스어 공부하기’]

def viewBucketlist():
    print(‘버킷리스트는 다음과 같습니다.’)
    print(bucketlist)

def addBucketlist():
    item = input(‘추가할 버킷을 입력하세요:’)
    bucketlist.append(item)
    print(‘\n버킷이 추가되었습니다.’)
    print(bucketlist)

def deleteBucketlist():
    index = int(input(‘삭제할 버킷의 인덱스를 입력하세
                요:’))
    del bucketlist[index]
        print(‘버킷이 삭제되었습니다.’)
        print(bucketlist)
while True:
    if menu == “”:
       break
    else:
       menu = input(‘원하는 메뉴를 고르세요. \
       (1: 버킷리스트 조회, \
       2: 버킷리스트 추가, 3: 버킷리스트 삭제)’)

       if menu == ‘1’:
          viewBucketlist()
       elif menu == ‘2’:
          addBucketlist()
       elif menu == ‘3’:
          deleteBucketlist()
```

297. 정답 : 아래 해설 참조

함수를 정의하는 방법을 묻는 문제입니다. 리스트 변수인 numbers를 인자로 받아 evenNumbers를 반환하도록 다음과 같이 함수를 정의합니다.

```
def getEvenNumbers(numbers):
    # 코드 작성
    return evenNumbers
```

함수의 인자는 리스트 변수로 전달됩니다. 리스트의 각 항목을 꺼내와 짝수인지 확인하기 위해서는 다음과 같이 for문을 사용합니다.

```
evenNumbers = []
for num in numbers:
    if num % 2 == 0:
       evenNumbers.append(num)
```

사용자의 입력을 받아 구분자(,)를 기준으로 나누기 위해 다음과 같이 코드를 작성합니다.

```
                ↙ 문자형 변수입니다.
inputNumbers = input('숫자를 입력하세요. (예: 1, 2, 3)')
inputNumbers = inputNumbers.split(',')
                ↖ 리스트형 변수입니다.
```

inputNumbers 변수를 인자로 사용하여 함수를 호출하기 위해 다음과 같이 작성합니다. 함수 호출 후 반환값은 evenNumbers 변수에 할당됩니다.

```
evenNumbers=getEvenNumbers(inputNumbers)
```

4번줄에서 num변수는 문자형이므로 4숫자 2로 연산하면 오류가 발생합니다.

```
1: def getEvenNumbers(numbers):
2:    evenNumbers = []          ← 리스트의 각 항목은 문자형
3:    for num in numbers:
4:       if num % 2 == 0:       ← 문자형을 2로 연산하므로 오류 발생
5:          evenNumbers.append(num)
6:     return evenNumbers
```

오류가 발생하지 않도록 리스트의 각 항목을 문자형에서 정수형으로 바꾸기 위해 다음과 같이 map() 함수를 1번과 2번줄 사이에 사용합니다.

```
numbers = list(map(int, numbers))
```

5번줄에서 num 변수를 문자형으로 변환하기 위해 다음과 같이 str() 함수를 사용합니다. 문자형으로 변환하는 이유는 리스트의 항목을 합쳐서 출력하는 join() 함수를 사용하기 위해서입니다.

```
evenNumbers.append(str(num))
```

마지막으로 함수의 반환된 결과를 출력하기 위해 다음과 같이 작성합니다. 앞에서 설명한 것처럼 join() 함수를 사용해 리스트의 항목을 콤마(,)로 연결합니다.

```
print('짝수는 다음과 같습니다.')
print(', '.join(evenNumbers))
```

지금까지 설명한 내용을 코드로 완성하면 다음과 같습니다.

```
def getEvenNumbers(numbers):
   numbers = list(map(int, numbers))

   evenNumbers = []
   for num in numbers:
      if num % 2 == 0:
         evenNumbers.append(str(num))
   return evenNumbers

inputNumbers = input('숫자를 입력하세요. (예: 1, 2, 3)')
inputNumbers = inputNumbers.split(',')

evenNumbers = getEvenNumbers(inputNumbers)

print('짝수는 다음과 같습니다.')
print(', '.join(evenNumbers))
```

298. 정답 : 아래 해설 참조

for문을 사용하는 방법을 묻는 문제입니다. 문제에서 제시된 실행 결과에 따라 코드를 작성하려면 input() 함수를 이용해 숫자를 입력받아야 합니다.

```
num = int(input('숫자를 입력하세요(예: 3): '))
```

1부터 num 변수값까지 숫자를 반복적으로 더해야 하므로 다음과 같이 for문을 작성합니다.

```
for x in range(1, num+1):
    # 반복할 코드 작성
```

1부터 num 변수값까지 숫자를 누적해서 더해야 하므로 다음과 같이 작성합니다.

```
sum = 0                 ↙ 1부터 num 변수값까지의 숫자열 생성
for x in range(1, num+1):
    sum = sum + x   ← 1부터 num까지 더하는 코드
```

실행 결과를 화면에 출력하기 위해서 다음과 같이 코드를 작성합니다.

```
print('1부터', num, '까지 더한 결과:', sum)
```

지금까지 설명한 내용을 코드로 완성하면 다음과 같습니다.

정답!

```
num = int(input('숫자를 입력하세요(예: 3): '))

sum = 0
for x in range(1, num+1):
    sum = sum + x
print('1부터', num, '까지 더한 결과:', sum)
```

299. 정답 : 아래 해설 참조

random 모듈을 이용해 로또번호 생성 방법을 묻는 문제입니다. 제시된 문제에 따라 사용자의 입력을 받기 위해서는 다음과 같이 input() 함수를 사용합니다.

```
num = int(input('로또를 몇 장 구매하시겠습니까?'))
```

num 변수값만큼 로또번호를 반복해 생성하기 위해서는 다음과 같이 for문을 사용합니다.

```
for x in range(num):
    # 반복할 코드 작성
```

특정숫자 범위에서 6개의 숫자를 중복 없이 무작위로 뽑기 위해서는 random 모듈의 sample() 함수를 사용합니다. sample() 함수의 괄호에는 리스트 변수명과 무작위로 뽑을 숫자 개수가 들어가야 합니다. 1부터 46까지 리스트를 만들기 위해서 range() 함수를 사용합니다.

```
numbers = random.sample(range(1, 47), 6)
```

[1, 2, 3, 4, 5, … 47] 와 같은 리스트가 생성됩니다.

리스트의 각 항목을 정렬하기 위해 sort() 함수를 사용합니다.

```
numbers.sort()
```

리스트의 각 항목은 정수형이므로 map() 함수를 이용해 이를 문자형으로 변경하겠습니다. 문자형으로 변경하는 이유는 join() 함수를 이용해 리스트의 항목들을 연결하기 위해서입니다.

```
numbers = list(map(str, numbers))
```

num 변수값만큼의 로또번호열을 만들어야 하므로 다음과 같이 append() 함수를 사용해 lotto 리스트 변수에 numbers 리스트 변수를 추가합니다. 그러면 2차원 리스트가 생성됩니다.

```
lotto.append(numbers)
```

실행 결과를 화면에 출력하기 위해 다음과 같이 코드를 작성합니다.

```
print('다음과 같이 로또번호가 무작위로 생성되었습니다.')

for x in range(num):
    print('[', x ']', ','.join(lotto[x])
```

지금까지 설명한 내용을 코드로 완성하면 다음과 같습니다.

정답!

```
import random

num = int(input('로또를 몇 장 구매하시겠습니까?'))
numbers = []
lotto = []
for x in range(num):
    numbers = random.sample(range(1, 47), 6)
    numbers.sort()
    numbers = list(map(str, numbers))
    lotto.append(numbers)

print('다음과 같이 로또번호가 무작위로 생성되었습니다.')

for x in range(num):
    print('[', x+1, ']', ','.join(lotto[x]))
```

300. 정답 : 아래 해설 참조

random 모듈을 이용해 구구단 계산 게임을 만드는 문제입니다. 첫번째 코딩 요구사항은 다음과 같습니다.

1에서 9 사이의 무작위 값 두 개 생성하고, 두 값에 대한 곱셈 결과를 묻는 문제를 보여줍니다.

요구사항에 따라 두 개의 무작위 값을 생성하고 곱셈 결과를 묻도록 아래와 같이 코드를 작성합니다. 무작위 값을 생성하기 위해 random 모듈을 사용합니다.

```
import random

a = random.randint(1, 9)
b = random.randint(1, 9)

answer1 = int(input(a + 'X' +  b + '='))
answer2 = a * b
```

두번째 코딩 요구사항은 다음과 같습니다.

사용자의 입력을 받아 구구단 문제를 맞추면 '정답입니다'라고 출력하고, 그렇지 않으면 '오답입니다'라고 출력합니다.

조건에 따라 정답 여부가 출력해되도록 코드를 작성해야 하므로 if문을 사용합니다.

```
if answer1 == answer2:
    print('정답입니다.')
else:
    print('오답입니다.')
```

다음은 세번째 요구사항입니다.

이 과정을 10번 반복하고, 정답 횟수를 출력합니다.

요구사항에 따라 코드를 반복하기 위해 for문을 사용합니다.

```
for x in range(10):
    # 반복할 코드 작성
```

10번 반복이 완료되면 정답 횟수를 출력해야 하므로 if문 안에 다음과 같이 정답 횟수를 카운트하는 코드를 추가합니다.

```
if answer1 == answer2:
    print('정답입니다.')
    count = count + 1
else:
    print('오답입니다.')
```

마지막으로 정답 횟수를 출력하기 위해 다음과 같이 코드를 작성합니다.

```
print('총 10개 문제 중', count, '개를 맞췄습니다.')
```

지금까지 설명한 내용을 코드로 완성하면 다음과 같습니다.

```
import random

count = 0

for x in range(10):
    a = random.randint(1, 9)
    b = random.randint(1, 9)

    answer1 = int(input(a + 'X' +  b + '='))
    answer2 = a * b

    if answer1 == answer2:
        print('정답입니다/\n')
        count = count + 1
    else:
        print('오답입니다.\n')

print('총 10개 문제 중', count, '개를 맞췄습니다.')
```